“十三五”职业教育国家规划教材

高职高专国际贸易类
专业系列教材

国际贸易实务

（第2版）

俞　涛　叶红玉　方　榕　主　编
金忍冬　高剑刚　副主编

電子工業出版社
Publishing House of Electronics Industry
北京 · BEIJING

图书在版编目（CIP）数据

国际贸易实务 / 俞涔，叶红玉，方榕主编. —2 版. —北京：电子工业出版社，2022.9
ISBN 978-7-121-44083-0

Ⅰ. ①国… Ⅱ. ①俞… ②叶… ③方… Ⅲ. ①国际贸易—贸易实务—高等职业教育—教材 Ⅳ. ①F740.4

中国版本图书馆 CIP 数据核字（2022）第 138766 号

责任编辑：刘淑丽
印　　刷：天津千鹤文化传播有限公司
装　　订：天津千鹤文化传播有限公司
出版发行：电子工业出版社
　　　　　北京市海淀区万寿路 173 信箱　　邮编 100036
开　　本：787×1092　1/16　印张：15　字数：356 千字
版　　次：2018 年 1 月第 1 版
　　　　　2022 年 9 月第 2 版
印　　次：2023 年 12 月第 5 次印刷
定　　价：56.00 元

凡所购买电子工业出版社图书有缺损问题，请向购买书店调换。若书店售缺，请与本社发行部联系，联系及邮购电话：（010）88254888，88258888。
质量投诉请发邮件至 zlts@phei.com.cn，盗版侵权举报请发邮件至 dbqq@phei.com.cn。
本书咨询联系方式：（010）88254182，liusl@phei.com.cn。

前　言

近年来，“一带一路”倡议、“互联网+”、企业“走出去”等深入推进，极大地加快了企业全球化、国际化和一体化发展的进程。我国的开放型经济发展亮点纷呈，迈上新台阶。

当前，我国国际贸易人才供需缺口非常大，国际贸易人才不仅数量不足，还存在结构上的缺陷。其中，熟悉国际市场游戏规则、掌握外贸业务操作流程的高技能人才尤为缺乏。根据行业企业发展需要和完成职业岗位实际工作任务需要的知识、能力、素质要求，选取教学内容，以真实工作任务及其工作过程为依据整合、序化教学内容，是近几年我国职业教育课程改革所积极倡导的方向。职业教育的培养目标就是根据人才市场需求及工作岗位要求，培养熟悉岗位业务操作技能，并具有良好职业道德的应用型人才。

高职国际贸易类专业学生的就业方向主要包括了外贸企业业务员、跟单员、单证员，货代企业货运业务员和报关报检员，以及跨境电商企业网络推广、平台运营等岗位人员。其中，不同的岗位虽然要求各不相同，但是这些岗位之间的职业技能有交叉和联系的部分。因此，本教材专门针对外贸业务操作实务进行讲解，以外贸新人在实际操作中关注的重点、难点为阐述对象，结合国际贸易惯例，以贯穿一笔业务整个流程的外贸业务员的工作任务和要求为核心，采用基于工作业务流程分析的设计思路，依据实际工作内容，依托真实企业案例，把外贸业务流程系统化，形成一个完整的知识体系。本教材具有以下几个特点。

1．体例清晰，结构完整

本教材采用项目、任务的编写体例，以一笔外贸出口业务的各环节工作内容为主线，将外贸业务知识的讲授与操作能力的培养置于现实外贸流程操作与外贸企业运营的情境之中。全书结构如图 0-1 所示。

2．注重实践，强化技能

本教材突出外贸业务的情境设计与组织，导入真实企业案例，创建真实工作场景，重点关注实际操作与技能，使教材内容与实际业务更加贴近。本教材以工作任务为载体，构建学生学习的任务目标和要求。其中包括了 18 项工作任务：（1）熟悉目标产品；（2）了解目标市场；（3）寻找潜在客户；（4）建立业务关系；（5）选择价格术语；（6）出口报价核算；（7）交易条件磋商；（8）签订外贸合同；（9）联系落实货源；（10）核实品质、数量与包装；（11）开立信用证；（12）审核信用证；（13）安排其他支付方式；（14）办理托运订舱；（15）办理货运投保；（16）办理报检报关；（17）制作外贸单据；（18）外贸业务善后，如图 0-2 所示。

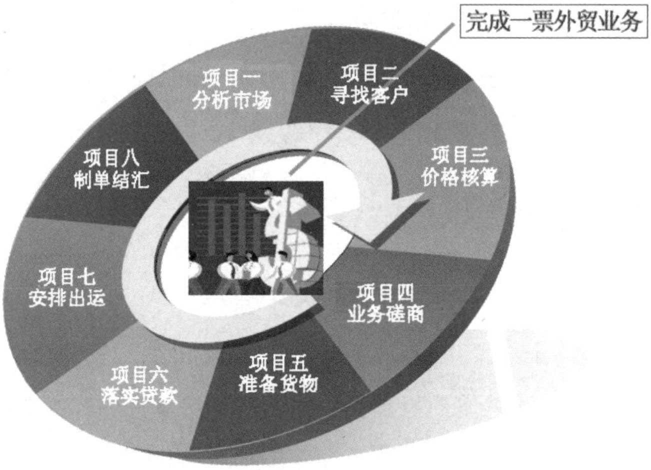

图 0-1　全书结构

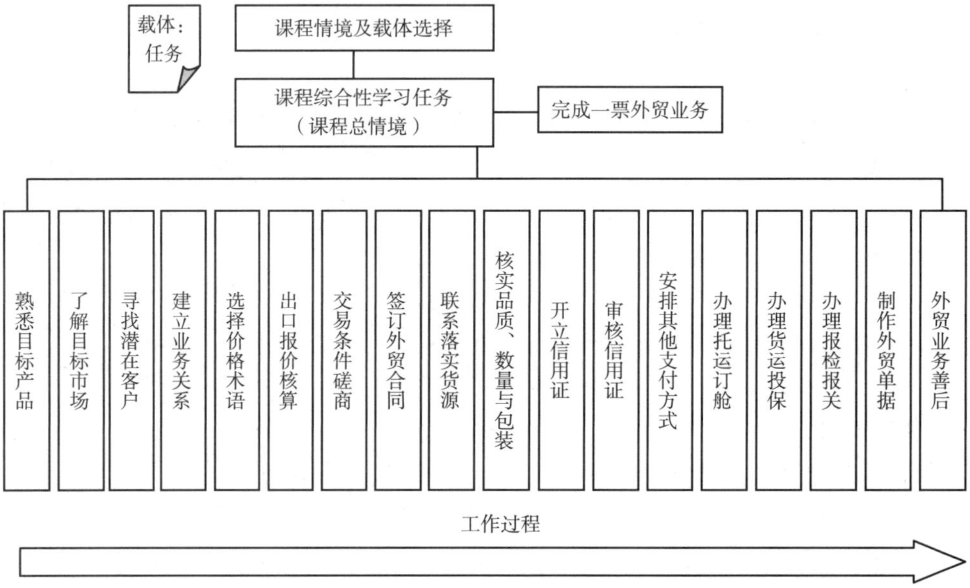

图 0-2　课程情况设计与组织

3．转换角色，以学生为主

本教材在体例上采用了“情境引例为导入—流程图解做说明—知识准备做铺垫—操作技巧为指导—业务操作做参考—技能训练为核心—操作总结来提升”的模式，在每个项目任务中都按照这样的思路来编写，力求以引导为主、辅导为辅。每个项目先让学生进入【情境引例】，自行面对现实工作任务，独立思考遇到的障碍，然后再去探究学习所需要的知识与技能，通过【学习目标】的安排，引导学生在工作中学习，在学习中工作，达到主动学习、自主建构、强化技能的目的，凸显以学生为核心的教学思想。

本教材由浙江商业职业技术学院俞涔教授负责全书的框架设计，俞涔教授、叶红玉教授、方榕老师担任主编。其中，项目一、二由俞涔、方榕编写，项目三、六、七、八由叶红玉负责完成，项目四由俞涔、叶红玉完成，项目五由浙江同济科技职业学院金忍冬副教授和杭州旺连福服装有限公司高剑刚经理完成。

由于编者水平有限，书中难免有偏颇、疏漏之处，请同行专家和读者批评指正。

目　　录

走进外贸

开启外贸之门

近年来，随着我国国际化进程的加快，企业对外交往日益扩大，国际贸易活动日益频繁。特别是在2013年，我国进出口总额达到4.16万亿美元，超过美国，成为世界第一货物贸易大国，这是我国开放型经济发展的重要里程碑，是我国坚持改革开放和参与经济全球化的重大成果。2017年年初，商务部明确了“十三五”期间外贸工作发展战略：以推进供给侧结构性改革为主线，以推进“一带一路”建设统领对外开放，大力实施优进优出战略，加快转变外贸发展方式，巩固和提升传统竞争优势，培育竞争新优势，推动外贸向优质优价、优进优出转变，巩固贸易大国地位，推进贸易强国进程。这为高职国际贸易类专业发展创造了良好的机遇，但也对外贸从业人员的知识能力素质要求提出了新的要求。

据调查显示，高等职业教育院校国际贸易类专业培养的学生的职业岗位定位主要包括三类。①国际商务方向：主要从事外贸业务员、外贸跟单员、外贸单证员等岗位的工作。②国际货代方向：主要从事货运操作、货运业务、报关报检等岗位的工作。③跨境电商方向：主要从事跨境网络推广、跨境平台运营、跨境物流等岗位的工作。下面我们将对其中主要岗位的工作任务进行深入分析。

1. 外贸相关工作岗位描述

（1）外贸业务员。外贸业务员是外贸企业中最重要的岗位，也是外贸企业业务团队的骨干力量。外贸业务员是以有形产品和加工劳务为主要贸易对象，按照国际贸易惯例和国内相关的法律法规，以单笔销售、加工贸易为主要贸易手段，在业务领导指导下具体承担承揽业务、定制产品、办理进出口手续、分销作业等工作的人员。外贸业务员是外贸企业中从事进出口贸易磋商、谈判、签约等工作的人员，有时可能还要兼顾运输、保险、报关、报检等业务。

外贸业务员是企业外贸业务具体的承担者和执行者，需要具备外经贸业务流程所有环节的执行能力，是企业开展外经贸业务的骨干人员，也是广大外经贸企业需求最大的业务专才。这类人员需要有丰富的项目运作经验和客户资源，能够独立承担外贸业务，统筹各个业务环节，协调多方关系；对海外市场深入研究，能够为公司及产品选择有潜力的目标市场，制定有效的出口营销整体策略并贯彻实施；还要负责建立和巩固与国际买家的关系、提高投资回报率等。这类人员通常需英语流利，熟悉海外市场，熟悉国际贸易整个流程，具备良好的市场开拓能力。

（2）外贸跟单员。外贸跟单员是指在进出口贸易业务过程中，根据已签署的贸易合同，代表公司选择生产加工企业，采购原材料，对生产进度与品质等环节进行控制，确保按合同规定履行的业务人员。

外贸跟单员需要按照贸易合同的规定，对原材料采购、生产进度、品质控制、货物运输和报检报关进行跟进，实现合同履行的义务并收取货款作业的全过程。随着我国对外贸易经济的迅猛发展以及市场竞争的日趋激烈，外贸跟单工作已显得尤为重要。外贸跟单员需要具备国际贸易业务、生产与物流管理、货物运输与报检报关等综合专业知识技能，是企业基础性专业人才之一。企业对于跟单员的要求是对某类产品和跟单流程都比较熟悉，同时也注重沟通能力和团队精神，强调做事细心踏实。

（3）外贸单证员。一笔国际贸易业务需要买卖双方及运输、保险、海关、检验检疫、银行、港口等多方参与才能实现。在国际贸易流程中，各方的权利与义务都要通过各种国际贸易单证来维系，因此单证制作的正确与否、专业与否，直接影响到各方当事人的权利能否顺利实现。

外贸单证员的主要工作有审证、制单、审单、交单和归档等一系列业务活动，它贯穿于进出口合同履行的全过程，具有工作量大、涉及面广、时间性强和要求高等特点。企业对外贸单证员最看重的是单证工作经验，同时也注重独立工作能力和高度的敬业精神，强调做事细心，尤其是要求熟练操作各种常用办公软件。

从单证、跟单以及业务三个岗位的工作任务分析可以看出，外贸业务员与外贸单证员、外贸跟单员组成一个团队，共同完成进出口贸易工作。其中外贸业务员主要负责合同的磋商、确立、执行以及客户维护等工作；外贸单证员主要负责商检、运输、保险、报关、结汇等环节的单证事务；外贸跟单员主要负责合同签订后对货物生产、检验、运输、保险、报关、结汇等合同执行情况进行跟踪和操作。可见，外贸单证员和外贸跟单员是外贸业务员的左膀右臂，共同协助外贸业务员做好履约工作。外贸单证员完成的是若干个业务点的工作；外贸跟单员完成的是其中一条业务线的工作；外贸业务员完成的是一个业务面的工作。

（4）跨境电商运营专员。随着电子信息技术的发展，互联网把世界连成了一个整体，我国电子商务步入一个快速发展的时期。跨境电子商务成为外贸企业转型升级的重要模式，在国际贸易中的地位和重要作用日益凸显，在打破贸易壁垒、实现商品和服务的高效流转、促进市场公平竞争方面发挥着重要作用。伴随着跨境电子商务业务的不断发展，相关就业岗位对专门人才的需求也不断增长。熟悉国外营销及市场规则、通晓跨境电子商务通关等监管制度，掌握跨境电子商务物流、供应链规则的跨境电商人才供不应求。

跨境电商运营专员的工作内容包括推广、用户运营、营销策划、促销活动等，需要有统筹货源、物流、网站推广、订单处理、售后跟踪等环节的综合能力。具体工作内容包括各大平台的运营和日常管理；了解和收集同行及竞争产品的动态信息，通过市场调研数据分析和研究竞争产品，制定产品营销定位、定价、在线销售策略；根据公司的业务需求制订合理推广计划，提高店铺浏览量和点击率、转化率。

跨境运营岗位需要从业者具备较强的逻辑思维能力和数据分析能力，能利用各种数据分析工具积极收集、总结、分析产品营销过程中的市场信息。还要求员工有较强的书面英语写作能力，具备一定的文案创意、策划能力，不断推出各种推广策划方案。

（5）其他岗位。外贸相关工作岗位还包括国际物流与货代从业人员、报关报检人员等，主要负责产品分拣、包装、出库、物流跟踪、报关、报检等环节的工作内容。要求从业人员熟悉国家相关政策与法律法规，全面掌握货运、报关、报检的业务流程，具备良好的沟通能力。

2．企业对外贸人才的素质能力要求

企业对外贸人才的需求不仅体现在量上，更多体现在对人才素质的高要求上。拥有高素质的外贸人才已成为外贸企业生存和发展的一大必要条件。在此背景下，外贸行业对外贸专业人才的要求将不断提高。由于从事外贸事务，牵涉的环节多、范围广，这就要求外贸人才在能使用外语的基础上，更要懂得国际贸易、商务流通、经济、法律、谈判等专业综合知识。反映到企业的具体要求上，往往要求从业者能流利地用外语和对方交流，还要全面掌握产品专业术语、合同规定、付款方式等，而且要有一定年限的实务操作经验，同时具备良好的职业素养。具体分析，行业、企业对外贸人才的要求主要体现在以下几个方面：

（1）较强的语言运用能力。企业选用国际贸易专业人才时，不仅注重学历，更注重其实践操作技能和经验，以及对所在行业是否了解。出于与海外客户沟通联络的需要，外贸人员必须具备一定外语水平，外贸业务员、跟单员等直接与国外客户打交道的人员更要能够熟练运用英语，甚至是小语种应用。

（2）灵敏把握市场信息以及沟通协调的能力。外贸业务涉及海关、物流等方方面面，且每个国家的市场需求千差万别，外贸企业必须灵敏捕捉不同国家和地区的市场信息，同时协调好各方面关系。

（3）较强的营销能力。仅仅能说英语，能翻译文件，是远远不够的，现在企业对外贸人员的要求包括多方面，如沟通、商务谈判、把握商机等能力，有的企业还希望员工拥有广泛的客户资源。

（4）良好的职业道德和职业素养。我们在与企业沟通的过程中，许多企业都谈到了员工的职业道德操守和职业素养问题。许多企业甚至认为，这比娴熟的岗位操作技能更加重要。从企业的角度，往往希望员工能够关注以下几个方面：①敬业爱岗；②积极主动；③诚实守信；④勤勉坚守。

01 项目一 分析市场

学习目标

▶ 知识目标	▶ 能力目标
1. 熟悉产品的基本信息与主要特点。 2. 把握国际市场调研和宏观、微观环境分析的主要内容。	1. 能根据产品信息制作产品目录，发布供求信息。 2. 能通过对国际市场的调研，完成调研分析报告。

任务一　熟悉目标产品

情境引例

杭州 ABC 服饰及配件公司（HANGZHOU ABC GARMENTS & ACCESSORIES CO.,LTD）成立于 1998 年，总投资 3 000 万元人民币，占地面积 18 000 平方米。原为杭州市滨江区浦沿街道村办服装厂，2001 年改制后成为私营服装出口企业，主营梭织童装生产和销售。近年来公司不断调整客户和产品结构，向多元化经营发展。目前公司订单主要来源于杭州的两家外贸企业，希望能找到自己的渠道进行海外推广。公司共有三个车间，共约 200 名工人，其中两个梭织车间，一个针织车间，两个版房，15 位打版师傅。

杭州 ABC 服饰及配件公司基本资料如下。

公司名称：杭州 ABC 服饰及配件公司（HANGZHOU ABC GARMENTS & ACCESSORIES CO.,LTD）

公司地址：中国浙江省杭州市滨江区滨文路 888 号

联系方式：TEL: 86-571-8771××××；FAX: 86-571-8771××××

许颖是新加入该公司的一名外贸业务员，主要负责产品的出口推广与外贸流程的操作。公司下一步打算多渠道利用互联网络开展电子商务活动，拓展国际市场。因此，许颖首先要做好的事就是熟悉产品基本信息与主要特点，并撰写产品介绍信息和产品的电子目录册，便于建设公司网站，发布供求信息。

流程图解

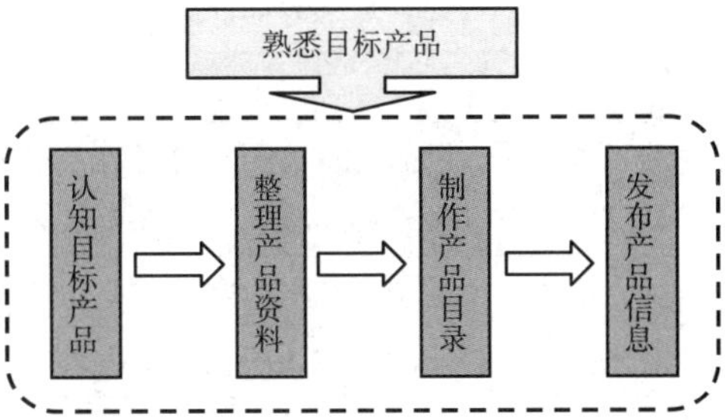

知识准备

一、认知目标产品

对产品认知的切入点包括产品的技术含量、主要原料、质量、工艺水平、性能参数、主要功能、卖点以及更新换代周期等方面。熟悉目标产品的主要内容，如表 1-1 所示。

表 1-1　认知目标产品需要掌握的内容

内　容	说　明
认清目标产品的成本构成	包括产品成本构成的四个主要项目，分别为直接材料费用、燃料及动力费用、直接工资和制造费用；三个次要要素，分别为流通费用、利润和税金
认清目标产品的核心卖点	包括分析产品核心卖点时需要遵循的四项原则，分别为以产品品质为依托、产品“卖点”与“买点”相契合等
认清市场同类产品的相关情况	包括认清同类产品的两个切入点，分别为研究同类产品的七项内容和认清同类产品的五条途径

1．认清目标产品的成本构成

当一家企业与另一家企业生产的产品在性能、效用、样式、包装、提供的服务、生产者信誉、广告宣传等方面都无差异时，认清自身产品的成本构成（见表 1-2），制定具有绝对竞争力的价格策略是十分必要的，这涉及产品的成本构成问题。

表 1-2　目标产品的主要成本构成

构成项目	具体内容
直接材料费用	用于购买生产产品的原料、主要材料及有助于产品形成的辅助材料费用
燃料及动力费用	直接用于产品生产的外购与自制燃料和动力费用
直接工资	直接参加产品生产的工人工资以及按生产工人工资和规定比例计提的职工福利费
制造费用	直接用于产品生产，但不便于直接计入产品成本，因而没有专设成本项目的费用（机器设备的折旧费用），间接用于产品生产的各项费用（物料消耗、车间厂房折旧费和办公费等）

此外，产品成本的构成还包括三个次要要素（见表 1-3）。

表 1-3　目标产品的其他成本构成

其他要素	说　　明
流通费用	流通过程中所发生的各种费用，包括商品从产地到销地之间的运输费，保管、挑选、整理、分类、包装以及开展商品购销活动和管理核算业务活动所需要的一系列开支
利润	利润是商品价格与生产成本、流通费用和税金之间的差额
税金	经济单位和个人无偿缴付的预算缴款，纳入国家财政收入

2. 认清目标产品的核心卖点

产品的核心卖点必须依产品的实际功效而定。提炼产品的核心卖点时，应考虑客户和市场需求，而不是产品的功效排序。例如，一款手机的功能排序是音乐、游戏、智能输入、待机时间长，市场需求排序是待机时间长、智能输入、游戏、音乐，产品的发展方向无疑要以市场需求为准进行定位。

产品的功效和卖点必须有足够数量的受众（客户或潜在客户数量要足够庞大），否则难以保证销量，盈利空间相对狭小。

不同发展阶段的产品，传达给客户的信息不同，因此，要考虑产品的生命周期，并制定不同阶段的卖点提炼策略（见表 1-4）。

表 1-4　不同阶段产品卖点提炼策略

阶段	提炼策略
初期	客户对产品的核心概念不清晰，应围绕产品的功能提炼核心卖点，明确能给客户带来的基本利益，从众多功能中提炼出最重要的一点
成长期	在充分研究、分析竞争对手产品及策略的基础上，突出自己产品的特点，与众多竞争者建立起差异性间隔
成熟期	结合自己独有的优势和资源，选择竞争对手产品不具备的特性作为核心卖点，做到"人无我有"

在提炼核心卖点时，避免使用拗口的学术用语，要让客户听得懂、易于记忆，同时语言生动、亲切，富于联想。

3. 认清市场同类产品的相关情况

要想认清同类产品，业务员应首先研究同类产品的内容，可以从表 1-5 所示的几个角度加以考虑。

表 1-5　市场同类产品分析的内容

内　　容	说　　明
产品的技术含量	弄清同类产品的技术来源、技术先进性表现、技术缺陷，以及企业的科技研发力量等

续表

内　　容	说　　明
产品使用的主要原材料、部件	弄清其核心部件的品牌、原材料、零部件的来源，以及供应商的生产能力和信誉等
产品的质量	实物质量在同行业中的地位、市场占用率、出口创汇率、品牌知名度等
产品的工艺水平	产品的表面是粗糙还是精致、细腻
产品的性能参数	主要性能参数、指标是否具有明显的优势
产品的主要功能	功能是否齐全、可靠、方便，且具有特色
产品的生命周期	该产品的市场适应性、销售量、利润等

业务员应选择恰当的途径认识同类产品：

（1）通过间接或直接的方式询问当地主流经销商。

业务员可从经销商处获得第一手资料。经销商的回答不会很全面，但其评价极为重要。例如，经销商一眼就能看出产品制造工艺粗糙还是精致，产品会不会畅销。

（2）通过间接或直接的方式询问维修人员。

维修人员对各个品牌的优劣势有深刻的认识，因此，他们在产品方面最有发言权。同时，他们的言语通常言简意赅。

（3）通过间接或直接的方式询问促销员。

促销员直接面对消费者，熟悉产品卖点与客户喜好，对各个品牌的产品认识比较深刻。

（4）公众调研。

通过设计调查问卷，向社会大众进行调查、问询，了解他们对各个品牌的看法。

（5）通过有关媒体收集信息。

二、整理产品资料

认知了目标产品的主要内容以后，接下来的工作就是整理产品资料，建立一个全面的产品信息库。产品信息库中的资料包括：

（1）产品及各部件的准确中、英文名称。

（2）产品照片。

（3）工艺流程及质控质检。

（4）产品优势。

（5）产品生产进程和时间控制。

（6）产品是否可拆分、组合。

（7）产品价格范围。

（8）生产周期波动。

（9）可接受的付款方式。

（10）与竞争对手产品的比较。

产品资料既要详尽、周全，又要准确、通俗易懂，使非专业人员的客户也能明白。另外，介绍产品时，要附上产品原型、照片或其他介绍。在准备产品资料时通常应考虑如图 1-1 所示的以下 5 个问题。

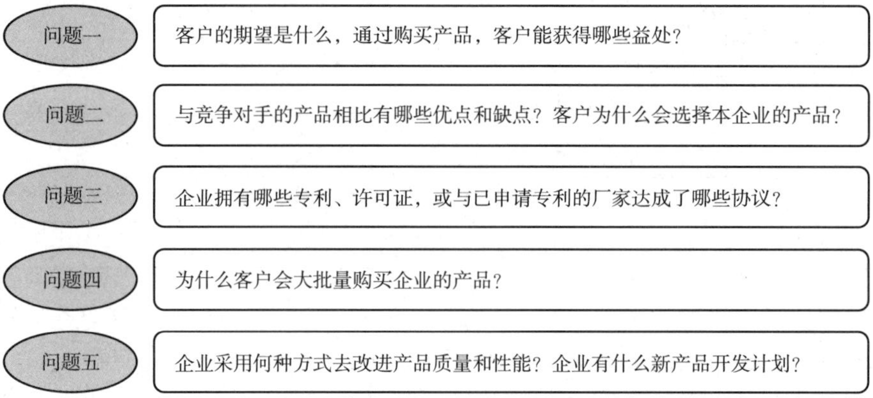

图 1-1　应考虑的问题

温馨提示

帮外贸新人快速熟悉产品信息的几个技巧

对于外贸新人来说，“熟悉产品”是踏入外贸行业首先要面对的问题，想必很多新人都想知道怎么让自己快速地熟悉产品。这里收集整理了一些经验，希望能帮助新人更快地熟悉产品信息。

1. 产品多，分类记，细分记

外贸公司的产品一般不会只有一个，少则五六十个，多则上百上千个，这么多产品要想让一个刚入行的新人烂熟于心，逐个记下，那肯定是非常难的。但凡是产品都有分类，所以建议从这些类别着手记，先记住该产品类别的特点，而后慢慢熟悉这个类别的所有产品细节特点，接着再触类旁通，记住其他类别的产品。这样既不会混，也能成批地联想熟记。

2. 实地观察产品

在外贸行业一直都提倡到生产一线去实地观察，这是因为很多拿到手的产品资料图片，跟实际的产品会有一些差距。当你到生产一线，看着拿到的产品资料，再对照产品实例，这样更方便你熟悉资料内容，甚至遇到一些细节问题，还可以直接咨询工厂技术人员。

3. 不懂产品细节，可请教同事前辈

这第三点跟上面的第二点有些相似，新人刚进入一家公司，都会认识一些资历较深的前辈，他们对产品的认识肯定比你深入，当遇到细节处不懂的问题时，可以多向他们请教，多学多问，问题是最好的老师。

案例分析

如何熟悉产品

一般来说，熟悉产品不外乎几个方面：产品的原材料、工艺、成本、性能、产量、规格及包装方式、价格、用途、最终使用场所和二次开发的可能性。不同的产品所涉及的要点也不一样，所以外贸新人要针对产品特点和行业来熟悉产品，掌握专业的产品知识。比如你做 PVC 产品，那么势必要先了解一下 PVC 的有关知识。

1. 关于原材料

高、中、低端的产品原材料，成分不同，特性也必然不同。首先要了解各原料的特性。举个例子，如果你做婴儿奶瓶，同样是塑料原料，PP、PC、PES、PPSU 有何不同?

首先，从物理和化学特性上来了解：耐热抗变形性，强度、比重、透明度。其次，从使用的性能方面来了解：耐磨性，亲油性，易清洗性。再次，从使用的安全性来了解：材料是否释放毒性物质。最后，从材料成本上来了解，三种材料的原料价格是多少钱一吨?以上问题，可以从网上查资料初步了解，再询问工厂的技术人员和负责人，最终得出正确的答案。

了解原材料的价格，可以及时预判国内市场材料成本动向。有些原料，每年在固定的几个时期都会有较大的价格变动。多关注一些这方面的信息，对外贸业务还是很有帮助的。比如，可以定期给客户发送一些市场信息，客户对这些信息总是欢迎的，当你把原料市场预期上涨的信息发给客户之后，很多时候客户会尽快考虑是否安排新的订单。对于那些未成交的客户，只要坚持做，也总会有意想不到的效果。

了解原材料的价格，深入了解产品成本组成，有利于更加自信地谈判。例如，国外客户发个询盘，要求材质是 PES 的奶瓶，核算之后，客户目标价却只能勉强做到 PC 材质的，你怎么办？气得不打一处来，扔掉这个客户吗？这个时候千万不要气馁，这恰恰是你充分体现专业度的好机会。自信而专业地跟客户解释，根据市场的价格接受能力和我们做市场的常年经验，这个价格应该是 PC 材质，并善意地提醒客户是否材质有误，解释两种材质性能的不同，同时给客户两种材质的报价和样品供选择。

另外如果作为外贸公司方，和最终产品的供应商谈判时，清楚原材料的行情，对方会高看你一眼，觉得你懂行，不会随意欺骗你。

2. 关于工艺

现在大多数都是机械化生产，首先要了解不同机器的原理，例如，做塑料产品，要知道吹膜机有哪几种，哪些是关键部件，对吹出来的塑料膜有什么影响，易损坏的是哪些部件，哪些部件更换后就可以吹不同的材料，生产中哪些环节容易出问题，哪些情况会造成质量不合格。

怎样积累这些知识？一是询问上游的设备厂家，现在国内做各种机器设备的厂家都有，利用阿里旺旺可以询问到一些信息，当然咨询也必须有技巧，不然你总是问别人，而没有购买的意向，别人也没有必要免费提供咨询服务。二是可以虚心求教工厂的厂长、生产经理、机器操作工等。三是问问有经验的公司前辈，如采购、业务经理等。

按理说，这应该是工厂管理人员和机修工负责的范畴。可是外贸业务员如果对这部分略懂一二或者深谙于心，在贸易谈判中总是能处在非常有利的位置。

3. 关于成本

这些不是很好核算，一般业务员是老板给的或者工厂给的最低出厂价。对产品和行业了然于心的业务员可能会推算一番，首先根据原材料成本、加工的成本、机器的产量、工人一天的平均工资、一天的产量、打包工一天能做多少，根据工资再反推。另外还要包括水电、管理人员工资。

4. 关于性能

首先当然要参照生产方提供的标准。但有些企业自我感觉良好，研发和质量意识不强，因此也不能全信。只要产品是能拿来自己用的，小到牙签、微波炉饭盒、吹风机，大到空气净化器、空调，都可以拿来先自己试用。产品是拿来用的，如果自己用起来都不理想，怎么能有信心向国外客户推销？

5. 关于产量

第一手资料当然是工厂生产管理人员提供的。当然有时候是不太准确的，必要时可以现场测算一分钟、五分钟、半小时、一小时的产量等。

6. 关于规格及包装方式

常见的规格和包装方式很容易掌握，这个不用再提，需要注意的是不同的市场可能规格和包装方式不一样。所以请关注：

（1）对于客户询价中的产品规格和包装方式，你是否按照不同国家、不同行业用途记录过？

（2）对于客户需要的样品的产品规格，你是否按照不同国家、不同行业用途记录过？

（3）对于已成交客户订单的产品规格和包装方式，你是否按照不同国家、不同行业用途记录过？

（4）对于目标国当地市场上的产品规格和包装方式，你是否在该国几个主要的 B2C 零售网站上调查过？

（5）对一些行业内知名品牌的产品规格是否有基本了解？对这些公司的网站是否已研究透彻？

（6）客户询价时经常没有详细给出哪些规格？

（7）哪些规格对成本有重大影响？

（8）哪些规格报价时可以有策略性地不提，报虚盘？

（9）哪些规格你们可以做而且生产快，或者材料损耗少？哪些规格生产慢，产量低，或者材料损耗多？

7. 关于价格

首先，如果能了解到竞争对手的价格，那么将会很有帮助。各种方法大家自行百度搜索。其次，要了解当地市场的最终销售价格，这可以通过目标国当地市场的零售网站来了解。

8. 关于产品二次开发的可能性

这个是在已经有一定的产品了解的基础之后，对产品的外观、性能，以及用途进行再次研究，结合创意，找出产品新的卖点和新的客户群体。很多时候产品的二次开发会是产品利润增长的新突破点，并有可能大幅提高产品的利润。

每一个外贸从业人员只有熟悉了解自己的产品之后，才有把握留住客户的资本。如果你有专业产品知识和能力，即使面对很多同行都纷抢的大客户，也能底气十足地拿下客户。

三、制作产品目录

为了向客户更好地展示并推销企业经营的主要产品，一般外贸企业都要制作产品目录。图 1-2 所展示的就是一份完整的产品目录的样本。

【产品名称】

此处插入产品图片。

一、概述

- 简述该产品，以及此次展示所面对的客户群；
- 概括可选的不同型号；
- 特征与益处；
- 使用几张幻灯片概述产品的特性；
- 将特征按逻辑关系分类，每类使用一张幻灯片；
- 叙述每项特征对用户的好处；
- 如有必要，每个型号使用一张幻灯片。

二、应用

- 讨论产品怎样用于不同用户群体，如有可能给出实际的用户例子；
- 给出产品的相关技术细节。

三、报价

- 详述可选用的产品型号并列出相应的价格和附加项。

四、适用性

- 列出有效日期；
- 叙述在何处购买产品或发出订单。

图 1-2　产品目录参考样本

制作产品目录时，图片的选择和制作非常重要。高质量的图片能更好地展示产品，吸引更多的买家。图片的拍摄角度、光线、清晰度、专业化程度对于引起买家注意很重要。保证图片质量的关键在于选择好的产品图片，并在此基础上利用专业图像处理软件进行针对性处理。例如，在阿里巴巴平台上发布的产品图片要求遵循以下几个原则：

（1）图片要清晰。模糊不清的图片不能完美地展现产品结构，因此产品目录中产品图片首先必须清晰。另外，尺寸很小的图片放大后也会显得模糊发虚，最好不要使用。

（2）产品要单一。提供产品图片时，一定要注意同一张图片上不宜放置过多的产品。

（3）产品展示要完整。图片中产品展示得要完整，不要只有局部图，否则会影响产品对买家的吸引力。

（4）不要在产品图片上覆盖过多的文字，否则会严重影响产品的展示效果。

（5）透明产品和反光产品建议在白色背景下拍摄，或者在统一的背景中拍摄，切忌在凌乱不统一的背景中拍摄。

（6）不能放与侵权有关的产品。如果图片中有其他公司的著名商标和动画形象，需要提供相关的授权证明，否则不能直接在商务网站或平台上发布。

四、发布产品信息

在网络时代，电子商务无疑是企业开拓市场最便捷的途径。外贸企业在电子商务平台发布的信息专业与否，决定着外贸企业产品和公司是否能够吸引买家，从而进一步获得买家询盘的机会。所以，在商务平台发布产品信息的时候，以下四个要素非常关键。

1. 准确、完善的产品名称

外贸产品名称应是行业内通用的产品名称，以便产品被买家成功搜索到。产品名称的准确与否直接决定目标买家能否直接找到外贸企业的产品，错误的产品名称只会让推广事倍功半甚至无功而返。因此，在开始网络推广之前，首先要给外贸产品找到一个准确的外贸产品名称。

案例分析

产品名称错误

某外贸公司给产品命名为 cap monitor。cap 是帽子，monitor 是监视，cap monitor 是什么呢？放在帽子上的监控器？错！借助搜索引擎了解一下该产品，用 cap monitor 搜索出来的图片中都找不到类似该企业发布的产品。为什么呢？因为 cap monitor 根本是个错误的外贸产品名称。这个外贸产品到底该叫什么名字呢？原来这种外贸产品准确的名称是 type value，一种轮胎用的阀门。需要购买轮胎配件的买家只会用行业的专业名称去搜索寻找轮胎阀门。换句话说，该客户的 cap monitor 不会被目标买家直接搜索到，那么推广也就难以取得好的效果。

外贸产品名称首先要准确，其次要完善。如上述的案例所示，外贸产品名称如果不正确，将会直接影响目标买家能否直接找到外贸企业的产品。而完善的外贸产品名称，则可以向目标买家充分传递信息，引起买家的关注。外贸平台采购商最关心的是能否在最短的时间内找到最匹配、最合适的供应商。那些为采购商提供便利的供应商，更容易获得对方的青睐。所以在给外贸产品命名时，除了名称的准确，还要注意使用完整、完善的外贸产品名称。

2. 专业、详尽的产品描述

在电子商务平台确定外贸产品名称后，就要对该外贸产品进行详细的描述说明。外贸产品描述，也就是向潜在的海外买家介绍产品，首先应写明产品的优点，写最重要的几点即可。这样客户就知道你的产品跟别人的有什么不同。其次应细化产品的功能，把用法和特点写明白。最后注明产品的使用范围，应注意突出产品优势、特性，激起买家的采购兴趣，进一步发来询盘。

3. 美观的产品图片

在商务平台上发布清晰、完整、美观的产品图片是客户最直观了解产品的一种方法，能吸引更多的买家询盘。图片可以包括整体效果、内部构造、产品细节、包装等。

4．准确的产品目录

（1）关键词搜索。买家输入某产品的关键词进行搜索。如买家需要采购胸针（brooch），那么就可以用 brooch 这个关键词在外贸平台上进行搜索。

（2）产品目录搜索。外贸平台将所有产品分为很多大类。胸针产品属于目录工艺品—时尚饰物—胸针。买家可以逐级点击目录找到胸针。试想一下，如果某位客户的胸针被错误地放置到农业食品类别下，买家会到农业食品下找胸针吗？所以发布外贸产品时需要给外贸产品选择准确的产品类别。

拓展阅读

如何准确设置外贸平台上的产品关键词

首先你必须要了解外贸平台上买家是如何通过关键词搜索获得外贸产品信息的。买家在外贸平台首页的搜索框中输入想要查找的外贸产品名称关键词，选择下拉框中的“by product”，点击“search”，即可查询到相关产品信息。

因此，通过设置丰富有效的外贸产品关键词，可以让买家更容易找到外贸企业的产品信息。

1．设置产品关键词的三大误区

（1）无关产品关键词。设置无关产品关键词，不仅目标买家不会用无关词找目标产品，而且会影响产品信息在搜索结果中的排名。

（2）产品关键词冗长。在通常情况下，买家不会用冗长、生僻的关键词来搜索产品。同时，设置冗长的产品关键词也会降低信息的相关性，影响产品信息在搜索结果中的排名。

（3）以“非通用”的产品型号作为关键词。有的产品型号只是生产商用于识别不同产品的标志，作为买家并不清楚，自然不会用这样的型号来搜索产品。

2．设置外贸产品关键词的两大技巧

（1）与外贸产品相符、符合买家搜索习惯的单词。

（2）选择相关的关键词。有些外贸产品可能有几种产品名称，那么我们就可以将相关的产品名称都填写在关键词栏目中。

同时，注意在挑选关键词的时候需要注意避免用过于宽泛的词。在填写外贸产品关键词时最好使用“修饰词+产品名称”的短语，也就是我们常说的长尾词。这样竞争度也会相应下降（搜索结果数值减少），关键词和产品的匹配度也会提升，外贸企业可以获得更好的信息排名，进一步获得更多的询盘。

3．获取关键词设置参考

（1）Google Trends，利用该工具，我们可以进行两个或多个关键词浏览搜索量的对比，通过对比了解哪些词在买家搜索时用得最频繁，另外还可以知道不同地区使用的对应的常用关键词。

（2）在外贸平台网搜索栏中，输入产品名称，在搜索结果页面下方会出现与该产品相近的关键词。

4. 公司关键词

除了用外贸产品关键词搜索产品，买家还可能会用到关键词搜索公司。因此，有效地准确设置外贸平台上外贸产品关键词，将是外贸平台营销的成败关键。有效地设置好外贸平台产品关键词，将会从外贸平台上获得事半功倍的效果。

业务操作

公司业务员许颖（ELLA）根据公司的发展规划开始着手准备企业商务网站平台的筹建事宜。在基本确定网站框架和风格后，许颖着重准备产品资料与信息。

示例 1（见图 1-3）：

WELCOME TO KAMALA KIDS! Thank you for looking at my listing!

Boys Gymboree 12-18m Sweater Vest Fall and Winter

Item: Gymboree, Sweater Vest

Price: US $4.99

Brand: Gymboree

Gender: Boys

Material: 100% cotton

Size: 12-18m

Season: Fall and Winter

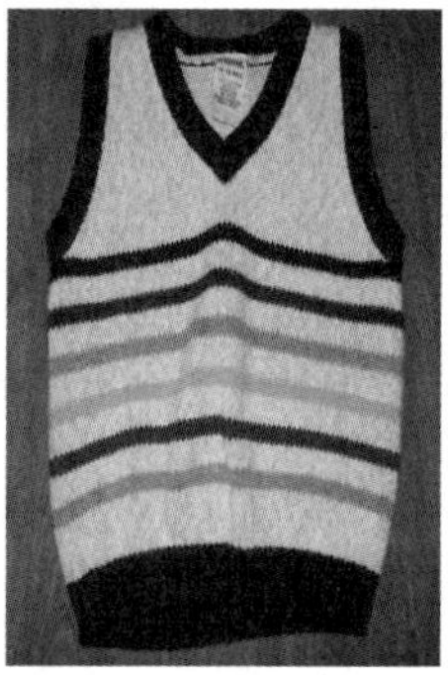

图 1-3　货物 1

示例 2（见图 1-4）：

Colour: pink

Place of Origin: Zhejiang China(Mainland)

Technics: embroidered

FOB Price: US$4.2-4.6 FOB Shanghai

Port: Shanghai

Payment terms: full irrevocable L/C or 30% T/T deposit, left 70% after shipment

Minimum order quantity: 1,500 sets

Supply ability: 100,000 sets per month

Package: one set in one polybag, one colour all size in one big polybag, all colour in strong export carton

Delivery: 45-60days after the sample is completely confirmed

图 1-4　货物 2

做中学，学中做

1. 请根据你的兴趣选择一类产品，通过企业现场或网络收集产品的基本信息，包括名称、图片、规格型号、材料、基本参数、供货价格等，并整理成电子目录册。

2. 请根据你对本次任务的完成情况填写下表。

你感兴趣的产品属于哪一大类？	1. 纺织服装类 2. 高新技术类 3. 机电产品类 4. 农副产品类 5. 其他类
你选择该产品的主要原因是什么？	1. 有很好的货源，或对该产品有较多的了解 2. 有亲朋好友做相关业务，可以较快入门 3. 该商品的利润较高，有很好的市场前景 4. 没有什么特殊原因，就是喜欢
该产品的主要产地是哪里？	
你的产品的价格定位是怎样的？	
你想通过什么样的手段来推销你的产品？	

任务二　了解目标市场

情境引例

作为出口企业开拓国际市场的“先遣队”，外贸业务员能否准确地把握国际市场宏观、微观环境的动向、国内外竞争对手的策略以及国际市场的需求特点等，将直接影响企业开发国际市场的进度。

因此，在完成了产品信息发布和产品目录整理的工作的同时，许颖还必须对国际市场进行调研和分析。本次工作任务就是通过对国际市场的调研，完成调研分析报告，并根据 ABC 公司自身的情况和实力，选择适当的目标市场。

流程图解

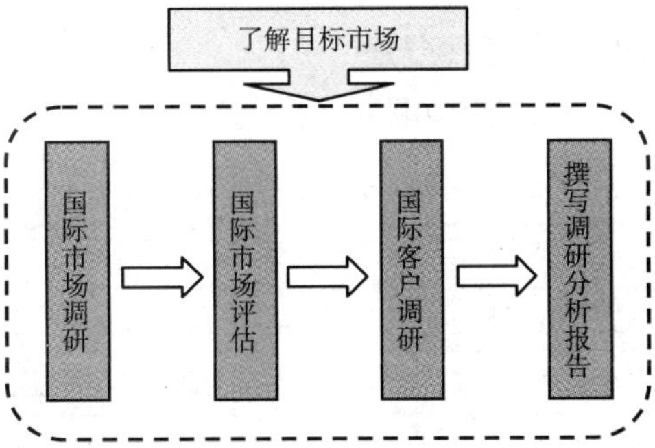

知识准备

一、国际市场调研

国际市场调研是指对出口企业所进行的以有关国际客户（顾客）的信息为中心的调查研究活动。该活动要解决的问题有：现有客户由哪些人或组织构成？潜在市场顾客由哪些人或组织构成？这些客户需要购买哪些产品或服务？为什么购买？何时何地以及如何购买等问题。

国际市场调研的内容很广，主要包括：对进口国别（地区）的调研，对商品市场的调研，对商品销售的调研。

（一）对进口国别（地区）的调研

对进口国别（地区）的调研，主要是调查研究有关国家或地区的经济状况、对外政策、进出口商品的结构、贸易对象国、贸易与外汇管制、有关对外经济往来的情况及其特点、市场惯例、政治财政状况、生活习惯等。通过进行国别（地区）调研，达到贯彻国别政策，选择适宜市场，创造有利条件，发展贸易关系的目的。具体内容包括以下几个方面。

1．经济环境要素

经济环境是构成国际市场宏观环境的首要因素。经济环境不仅直接影响国际市场对进口产品的种类、数量、质量及价格等不同的要求，而且决定了营销成本计算的方式。业务员分析经济环境要素，可以从表 1-6 所示的几个方面入手。

表 1-6　经济环境要素分析要点

切入点	说　明
经济发展阶段	不同经济发展阶段，居民收入高低有别，消费者对产品的需求也不同
人口和收入	市场是由持有货币且有购买欲望的人组成的，因此，研究市场首先要研究人口和收入状况
消费结构	随着收入的增加，食物支出在总支出中的比例下降
消费者储蓄	了解影响消费者储蓄的多种因素，分析、判断消费者需求、支出和消费水平的变化
消费者信贷	消费者信贷是指消费者预先支出未来的收入，提前消费。消费者信贷可直接创造新的购买力

2．科学技术环境和社会文化环境要素

科技和文化的进步对市场需求的影响如表 1-7 所示。

表 1-7　科技和文化环境要素分析要点

影　响	启　示
创造新需求	科技和文化的进步改变了人们的消费习惯，创造了新的需求
更新换代加快	关键技术的革新，使大部分产品的生命周期呈现明显缩短的趋势

续表

影　　响	启　　示
产业链更迭	新兴产业相继出现，传统产业面临接受改造的压力，落后产业被淘汰的威胁加重
竞争白热化	市场竞争日益激烈，技术竞争尤为突出
贸易观念改变	技术贸易的比重不断增加

3．政治环境要素

政治对市场环境的影响，通过政策、法规以及其他限制性措施来实现。企业进入某国家之前，需全面评估该国的政治和法律环境。

拓展阅读

埃及出口风险持续上升，出口需加倍谨慎

埃及当地时间2017年4月9日，位于尼罗河三角洲的埃及西部省首府坦塔和该国第二大城市亚历山大的两座基督教堂先后发生炸弹袭击事件，造成大量人员伤亡。据埃及媒体10日公布的最新统计显示，两起事件共造成47人死亡，126人受伤。极端组织“伊斯兰国”宣称对这两起爆炸事件负责。4月9日晚，总统塞西发表电视讲话，宣布埃及将进入为期三个月的紧急状态。提醒中国出口商若正与埃及客户接洽贸易事宜，应倍加谨慎，以免遭受重大损失。

贯通红海与地中海之间的苏伊士运河对全球经济至关重要，埃及也是“一带一路”沿途重要节点。

预警一：对全球贸易影响深远

埃及地处北非，扼守地中海和红海之间的咽喉要塞。每天有大量的石油和货物源源不断地经过苏伊士运河，如果埃及局势进一步加剧，苏伊士运河的运作被影响甚至被切断，石油和其他产品的贸易通道阻塞，油价高企，物流不畅，将严重影响全球经济。

预警二：中埃贸易风险升高

据官方数据公布，2016年，埃及是中国全球第47大贸易伙伴，非洲第三大贸易伙伴。但这个贸易位置还在下降。因为埃及方面对外国出口限制越来越多，而且对中国的赖账风险越来越高。2016年1月16日，埃及贸工部发布第43号令，要求对在管制清单内的商品出口生产厂商需首先在埃及进出口控制总局（GOEIC）完成注册，否则埃海关将不予放行其产品。规定自2016年3月17日起正式生效。

埃及管制产品清单：零售奶制品；零售水果罐头及果干；零售食用油及油脂；零售的巧克力及其他含可可类食品；糖类；面食；零售果汁；纯净水、矿泉水及汽水；化妆品、护肤品、牙齿护理品、除臭剂、洗浴用品、香水；零售肥皂、香皂类清洁用品；地面覆盖产品；餐具和厨具；浴缸、洗手台、马桶；卫生纸、化妆纸、尿不湿；瓷砖；玻璃材质的桌子；军工铁具；炉具、炸锅、空调、风扇、洗衣机、搅拌器、热水器等家电；家具及办公家具；自行车、摩托车及电动车；钟表；家用照明设备；儿童玩具、地面材料、鞋类产品等。

另外，由于埃及外汇短缺，近期赖账案件频发。驻埃及使馆集中接到中国公司多起投诉，主要涉及埃及公司在贸易过程中恶意拖欠货款、赖账或进行经济诈骗活动，给中国公司造成严重经济损失。驻埃及使馆经商处早已公示对埃出口企业要谨防收汇风险。

不过，目前，埃外汇储备实现持续增长，国际借款陆续到账，贸易赤字减少，旅游和侨汇收入提升，有利于埃经济改革顺利推进，是埃经济企稳向好的一个积极信号。而且在“一带一路”倡议下，中埃高层交往达到了新高度。但考虑埃及的局势，出口企业与埃及客户相处，风险控制排第一位。

4．自然环境要素

自然环境包括大气环境、水体环境、土壤环境和地质环境等。自然资源状况不同，对国际市场的影响（见表1-8）也不同。

表1-8 自然环境要素分析要点

影　响	基本说明	举　例
对产品选择的影响	在开拓海外市场时，选择销售地国所缺乏的或缺乏竞争力的产品	加拿大森林资源丰富，纸张生产的原料好，质量高，价格低，具有很强的竞争力。对加拿大进行国际市场营销时，应避开其优势，选择其薄弱的方面，例如，出口以棉花为原料的产品
对产品改进的影响	产品出口必须考虑其是否能适应对方国家的自然环境条件	进口国海拔高度、湿度和温度变化可能影响产品和设备的使用和性能，在温带地区运转良好的产品到了热带地区可能出现性能急剧恶化的情况
对出口时机的影响	时令产品的国际营销要特别注意进口国的气候情况	在中国很畅销的冬季服装，如果同时在澳大利亚销售，就无法达到预期的销售目的，不会被当地消费者认可

5．国际商务习俗要素

业务员要通过各种途径了解各国的民族、文化以及宗教背景等资料。例如，北美和西欧人认为准时是一种美德，在与之进行交往时，需适应这种需求；有些具有民族、国际特色的习俗，如衣着、饮食和礼节等，则不必刻意与对方完全一致；此外，一些有宗教背景或其他原因引起的特有的习俗，需尽量回避，生硬模仿有时会适得其反。

（二）对商品市场的调研

对商品市场的调研，主要是调查研究有关商品的供需情况及相关商品的品种、质量、包装、成本、价格，主要的供需国别（地区）及其发展状况。进行商品市场调研，主要是为了摸清适销市场，使商品销售在有利的条件下进行。具体内容如下：

（1）市场适销商品调研。包括品种、规格、用料、颜色、包装和商标使用等。

（2）市场竞争情况调研。包括市场容量、供货主要来源、主要生产者、主要竞争者和主要消费对象等。

（3）市场消费特点调研。包括顾客的需求以及消费水平和消费习惯、质量要求、销售季节、产品销售周期、商品供求价格变动规律等。顾客的需求是企业一切活动的中心和出发点，因而调查消费者或用户的需求，就成为市场调查的重点内容。这一方面主要包括服务对象的人口总数或用户规模、人口结构或用户类型、购买力水平及购买规律、消费结构及变化趋势、购买动机及购买行为、购买习惯及潜在需求、对产品的改进意见及服务要求等。

拓展阅读

法国男人爱穿花袜子

法国男人的绅士与浪漫天下闻名，他们对时尚大多具有良好的品位，衣着永远时髦光鲜，所以在巴黎街头，养眼的不仅有气质迷人的美女，还有形形色色的俊男。但是有一件事总令我们想不通，那就是法国男人的袜子。

在法国人时装秀般丰富多彩的着装中，男士脚上露出的花袜子总能不自觉地跳入人们的视野。按照标准的穿衣规则，男人穿皮鞋应该配深色的袜子，即使有花纹也应该是暗暗的，“不露声色”。可法国男人却我行我素，袜子不仅色彩丰富，上面的卡通图案也是花样翻新。男士们往往不分年龄、无所顾忌地将花袜子穿在脚上“招摇过市”。

在请教了一位社会学学者后，我们才了解到，法国男人的这种穿戴风格由来已久。在十六七世纪欧洲的上流社会中，男子的鞋做得非常合脚，鞋带会做成玫瑰花结或蝴蝶花结的样子，被称为“鞋玫瑰”。17世纪的英国，男式低筒靴鞋面的扣襻上也饰有大朵的玫瑰花。原来那时的男士已经爱美到如此地步。看拿破仑时代的电影，他们也很喜欢穿长筒袜，那些袜子也常是带花样的。在傅雷翻译的巴尔扎克的《幻灭》中有这样一段话：“矮小的夏布瓦梭头发扑着粉，穿着似绿非绿的外套，栗色背心，黑扎脚裤，花袜子，一双皮鞋踏在地上咯吱咯吱地响……”看来花袜子在法国历史悠久，只是到了现代才发展出卡通图案，也算是把传统发扬光大了。

（三）对商品销售的调研

对商品销售的调研，主要是指调查研究有关产品的销售渠道、广告宣传、计价货币和售前售后服务等。进行商品销售调研，主要是为了学会做贸易的技巧，运用有效的推销手段，扩大商品出口。具体内容如下。

1. 销售渠道的调研

调研内容包括各大类商品的主要销售渠道，各销售渠道的特点和地位及它们之间的相互关系，哪些销售渠道最合适，推销网点如何合理分布，经销代理商的选择，销售渠道是由谁控制的等。

拓展阅读

家乐福败走日本，“水土不服”原因何在

世界第二大零售商家乐福公司宣布，将在日本的8个家乐福超市以约100亿日元的价格全部出售给日本一家公司，并从日本全线撤退。家乐福4年前登陆日本时，决意要做日本零售市场的龙头老大，但其勃勃雄心已被严峻的现实击碎，最后以亏损约3亿欧元的代价败走日本。

家乐福在日本的经营缘何受挫？一些专家和市场人士认为，家乐福在日本照搬在欧美国家的经验，单纯依靠薄利多销的运营方式，没有根据日本不同的商业文化和消费习惯来调整自己的经营策略，导致“水土不服”是主要原因。

家乐福公司2000年在日本开设的第一家大型超市设在千叶县的幕张。该超市营业面积达到3万平方米，销售的商品超过6万种，其规模是东京及其周边地区最大的。但是，这里是日本在20世纪90年代兴建的国际展览中心和大型公司办公楼聚集地，几乎没有居民。开业之初，确实有大批消费者开着汽车前往那里采购，但时间一长，消费者的新鲜感减退，开车前往那里购物的消费者就逐渐减少。

远离市区的家乐福超市价格虽然有一定的优势，但价格不是获取顾客的唯一因素。日本消费者的消费习惯和欧美不同。欧美国家的许多家庭在休息日会驱车到郊区的大型超市大量采购价格便宜的食品和用品存放在家中，但日本人的饮食十分讲究新鲜度，特别是蔬菜、鱼、肉及其制成品，一般都随买随吃。另外，日本大部分妇女婚后不工作，主要在家料理家务、照看孩子，所以也有时间去附近的超市选购新鲜食品。

正因为在日本去超市购物基本上都由家庭主妇承担，所以日本的超市一般都设在交通流量大的车站附近或者居民比较集中的住宅区和闹市区。消费者也喜欢在交通方便的地方或就近购物。而家乐福在日本开设的超市全部位于城市的远郊区，离东京市区最近的也有20多千米。

家乐福原计划到2003年之前在日本开设13家超市，但由于经营业绩不理想，到宣布撤出日本之前，在日本一共只开设了8家。从家乐福在日本市场的表现来看，如果不能抓住消费者的消费心理和习惯，没有自己的营销特色，无论是哪国资本，也无论其实力是否雄厚，都难以在激烈的市场竞争中站稳脚跟。

2. 广告宣传的调研

调研内容包括商品在某个国家和地区最好的宣传媒介是什么；结合商品特点、消费习惯、顾客心理，国外广告宣传中有哪些好的方式和方法。

3. 选择计价货币的调研

调研内容包括选择什么货币计价较为有利，怎样制定价格策略，怎样使用佣金、折扣及奖励办法，采用何种支付方式，即期还是远期，等等。

4. 售前售后服务的调研

调研内容包括如何设立国外服务中心，怎样进行设备安装、技术培训、维修服务、零配件供应，售前售后服务有哪些形式（委托、派驻、合营）及利弊如何，等等。

5. 制定产品发展规划的调研

调研内容包括哪些市场要开拓，哪些市场要挤进，哪些市场要维持，哪些产品已被市场淘汰，哪些产品趋向淘汰，哪些产品有发展前途，新产品如何试销，等等。

二、国际市场评估

目标市场就是企业决定要进入的市场。企业在对整体市场进行细分之后，要对各细分市场进行评估，然后根据细分市场的市场潜力、竞争状况、本企业资源条件等多种因素决定把哪一个或哪几个细分市场作为目标市场。一般而言，企业考虑进入的目标市场，应符合以下标准或条件。

（一）有一定的规模和发展潜力

企业进入某一市场是期望能够有利可图，如果市场规模狭小或者趋于萎缩状态，企业进入后难以获得发展，此时，应审慎考虑，不宜轻易进入。当然，企业也不宜以市场吸引力作为唯一取舍，特别是应力求避免“多数谬误”，即与竞争企业遵循同一思维逻辑，将规模最大、吸引力最大的市场作为目标市场。大家共同争夺同一个顾客群的结果是，造成过度竞争和社会资源的无端浪费，同时使消费者的一些本应得到满足的需求遭受冷落和忽视。现在国内很多企业动辄将城市尤其是大中城市作为其首选市场，而对小城镇和农村市场不屑一顾，很可能就步入“多数谬误”的误区，如果转换一下思维角度，一些目前经营尚不理想的企业说不定会出现“柳暗花明”的局面。

（二）细分市场结构具有吸引力

细分市场可能具备理想的规模和发展特征，然而从盈利的观点来看，它未必有吸引力。波特认为有 5 种力量决定整个市场或其中任何一个细分市场的长期的内在吸引力。这 5 个群体是：同行业竞争者、潜在的新参加的竞争者、替代产品、购买者和供应商。他们具有如下 5 种威胁性。

1. 细分市场内激烈竞争的威胁

如果某个细分市场已经有了众多的、强大的或者竞争意识强烈的竞争者，那么该细分市场就会失去吸引力。如果出现该细分市场处于稳定或者衰退，生产能力不断大幅度提高，固定成本过高，撤出市场的壁垒过高，竞争者投资很大，那么情况就会更糟。这些情况常常会导致价格战、广告争夺战，新产品推出，并使公司要参与竞争就必须付出高昂的代价。

2. 新竞争者的威胁

如果某个细分市场可能吸引会增加新的生产能力和大量资源并争夺市场份额的新的竞争者，那么该细分市场就会没有吸引力。问题的关键是新的竞争者能否轻易地进入这个细分市场。如果新的竞争者进入这个细分市场时遇到森严的壁垒，并且遭受到细分市场内原来的公司的强烈报复，他们便很难进入。某个细分市场的吸引力随其进退难易的程度而有所区别。根据行业利润的观点，最有吸引力的细分市场应该是进入的壁垒高、退出的壁垒低。在这样的细分市场里，新的公司很难打入，但经营不善的公司可以安然撤退。如果细分市场进入和退出的壁垒都高，那里的利润潜量就大，但也往往伴随较大的风险，因为经营不善的公司难以撤退，必须坚持到底。如果细分市场进入和退出的壁垒都较低，公司便可以进退自如，然而获得的报酬虽然稳定，但不高。最坏的情况是进入细分市场的壁垒较低，而退出的壁垒却很高。于是在经济良好时，大家蜂拥而入，但在经济萧条时，却很难退出。其结果是大家都生产能力过剩，收入下降。

3．替代产品的威胁

如果某个细分市场存在着替代产品或者有潜在替代产品，那么该细分市场就失去吸引力。替代产品会限制细分市场内价格和利润的增长。公司应密切注意替代产品的价格趋向。如果在这些替代产品行业中技术有所发展，或者竞争日趋激烈，这个细分市场的价格和利润就可能会下降。

4．购买者讨价还价能力加强的威胁

如果某个细分市场中购买者的讨价还价能力很强或正在加强，该细分市场就没有吸引力。购买者便会设法压低价格，对产品质量和服务提出更高的要求，并且使竞争者互相斗争，所有这些都会使销售商的利润受到损失。如果购买者比较集中或者有组织，或该产品在购买者的成本中占较大比重，或产品无法实行差别化，或顾客的转换成本较低，或由于购买者的利益较低而对价格敏感，或顾客能够向后实行联合，购买者的讨价还价能力就会加强。销售商为了保护自己，可选择议价能力最弱或者转换销售商能力最弱的购买者。较好的防卫方法是提供顾客无法拒绝的优质产品供应市场。

5．供应商讨价还价能力加强的威胁

如果公司的供应商——原材料和设备供应商、公用事业、银行等，提价或者降低产品和服务的质量，或减少供应数量，那么该公司所在的细分市场就会没有吸引力。如果供应商集中、有组织，或替代产品少，或供应的产品是重要的投入要素，或转换成本高，或供应商可以向前实行联合，那么供应商的讨价还价能力就会较强大。因此，与供应商建立良好关系和开拓多种供应渠道才是防御上策。

（三）符合企业目标和能力

某些细分市场虽然有较大吸引力，但不能推动企业实现发展目标，甚至分散企业的精力，使之无法完成其主要目标，这样的市场应考虑放弃。另外，还应考虑企业的资源条件是否适合在某一细分市场经营。只有选择那些企业有条件进入、能充分发挥其资源优势的市场作为目标市场，企业才会立于不败之地。

温馨提示

选择受欢迎的经销产品

在经销产品的选择上，我们首先要避免常见的三个误区。

1. 品质越高越好

绝对不是。记住你的买家也是商人，并不是最终消费者。商人关心的永远是利润。假如一个低品质的产品比它同类的高品质产品利润空间大的话，国际批发商会更乐意选择前者并努力去推销它。毕竟质优价高是基本惯例，高品质产品利润高、资金占用量大，可市场相对较窄、订量小。大部分的国际商人会根据当地市场的接受程度在品质和价格间寻求平衡点。市场的构成通常是金字塔或橄榄形的，在实际的外贸中，中等或中下等品质反倒是主流。对初入行者来说，资金不多，行情不熟，大路货反倒是比较易于上手的选择。等发展到站稳根基寻求突破的阶段，从竞争与抢占市场的角度再考虑高端产品也不迟。

2. 价格越低越有竞争力

同样不是。一分价钱一分货是商界永恒的真理，有经验的国际买家不会忘记这一点。在与外国人谈生意的时候，常常会听到这样的讨价还价：某某工厂的价格比你的低许多。对这样的表述不要太当真，更不要因此乱了阵脚而贱卖你的产品。假如价格越低就越有竞争力的话，客户这时就该去与低价者签约才是。除去技术革新的因素，同一时期同一产品的生产成本相差不会太大，不顾一切地压缩成本的话，最容易的办法就是偷工减料了。作为国际买家，很难知道生产商的成本底线，为防范风险，最常见的就是去掉一个最高分，去掉一个最低分，处于中间价位的竞争者往往更受买家重视。

3. 关心产品是否属于朝阳产业

很多新入行的外贸业务员会关心这个问题。而实际上，对新手而言，这个问题没有多少意义。首先，随着科技的进步，产业间的相互整合与转化更为频繁易行，一个传统的产品，可能因为结构功效上的某些改进而脱胎换骨；一个新的产品，也会迅速为后来者取代。市场与消费口味永远在变化之中，朝阳还是没落只在一线间，界限越来越模糊。此外，不管哪种产业，能叱咤风云的永远是少数行业大腕。即便是朝阳产业，因为前景好利润高，竞争尤为激烈，外人难以插手分羹，更多的是陪人玩游戏而已。而一些所谓的传统产业，因为技术成熟，市场平稳，又需要革新进取，反倒更易于吸纳生力军。新人入行，相对也有更多的机会去磨砺学习。

排除对高品质、超低价、新潮朝阳产业等的迷信，心态就平和了，对产品的选择面也可以更广了。那么，如何选择产品呢？对于本身就是生产厂家的外贸组织，自己已有的行业产品当然是首选。因为你了解工艺生产，有条件自己去调整产品控制成本，这是一个很大的竞争优势。不过，把现有的产品直接出口多半不行，因为内销和出口在品质、外观、功用等方面常常会有差异，国内畅销的商品，不一定符合国外消费者的习惯与喜好。因此，刚开始的时候可以考虑模仿。向同行业中有出口业务的工厂学习，刺探军情，分析他们的产品，以了解其中差异。特别留意那些出口量大，客户多次订购的产品。一旦有机会，甚至不妨争取与同行工厂合作，不挣钱也替他们分包一些生产任务，以求实际操作经验。跟在别人后面模仿，通常不会有什么利润，但却是稳妥的第一步。

如果你是受雇于一家外贸公司的新手业务员，那么一般是受命推销本公司的产品。这些产品要么是公司下属或兄弟工厂生产的，要么是公司稳定的合作厂家生产的。这种情况下就没什么选择余地了，初始阶段也没有特意去改变的必要，因为公司既然有成熟的业务，就说明产品有市场，应该努力学习产品知识，积极推销。

还有一种情况就是普通的贸易公司希望发展国外市场。这类情况比较复杂，有些已经有比较看好的产品和供应厂家，有些则完全是一张白纸：无产品、无客户、无稳定供应商。这种情况下，就要认真考虑，寻找自身优势，比如行业知识，所在地区的特产或优势产品，人际关系等。一般的原则是以货源为考虑重心，毕竟你的角色是卖方。

有一种特例，就是个人从事外贸。常见的情况，一是有比较可靠的货源关系而希望做出口，这一类自然不存在产品选择的问题；二是有海外关系或联系上的优势，如移民、留学生等。这一类人的特点是既不了解产品，也不了解外贸，更无现成的供货方、客户关系。那么选择面就很广了，情况更加复杂。考虑到个人做生意的特点和局限，一般的选择原则是倾向于日常消费品，体积小，耐储藏，价格弹性大，品质标准比较模糊，不涉及进出口商品检验检疫的商品，比如工艺品、以年轻消费者为目标的流行饰品、时装箱包等，避免食品、农副产品、大宗纺织品、电器这类较专业、各国限制较多的类别。

外贸产品的品质不是一成不变的。即使同一类产品，销往不同国家的品质大不相同。外贸业务员要学会通过调整品质来调整成本，适应不同国家市场，从而取得价格上的竞争优势。

不同的市场，对同类产品有各自的偏好。外贸业务员选择经销产品的时候应有的放矢。因此，了解一点世界地理知识、风俗习惯和历史沿革，就能投其所好，少走弯路。从消费习惯来看，可大致分为美加市场、欧洲市场、日韩市场、东欧市场、中东市场、非洲市场这几类。具体到每个客户固然各有所好、风格不同，但一般来说日韩市场特别是日本市场，偏爱精致优质的产品，高、精、尖、小巧美观，喜好中国传统文化，一些具有民族特色的产品常能得到理解与欢迎，也能接受高价格，但数量不会太大；美加与西、北、南欧等英语国家市场一般对品质要求适中，喜欢简洁流畅、新奇多变的产品风格，价格适中，量比较大，是中国出口商喜爱的客户；中东市场对品质要求不高，对产品的审美方面较为朴实甚至俗气，价格也低，数量也比较大；非洲市场弹性最大，奢侈品和品质极差的产品都能接受。

正因为外贸产品在品质、功效和外观上的多变性，因此，选择什么样的经销产品，更多地应考虑产品变化的趋势，能够有效控制成本的产品。本身是工厂最好，否则至少也要有若干工厂愿意配合。单纯被动地去推销现成产品是很难有发展前景的，不断求变才是成功外贸的关键。从这个需求出发，找一家好的配合工厂，比选择一个产品要重要得多。

三、国际客户调研

关于国际客户的调研，也就是对交易对象的调查研究。主要是调查已经或有可能经营本企业出口产品的客户或潜在客户的资信情况、经营范围和经营能力等，以便于根据企业自身的特点有区别地选择和利用客户。

关于国际客户的调研的内容，具体如下：

（1）政治态度。包括客户的政治背景和对我国的政治态度。

（2）社会地位。包括客户在政治、经济组织中的头衔和地位。

（3）经营能力。包括企业历史、企业规模（推销人员、办公设施、仓库、销售网点）、经营技能和经验、业务往来关系户等。

（4）资信情况。包括注册资金多少、经营额大小、资产负债情况、客户品德、经营作风、经营范围和企业性质等。

（5）客户与我国贸易往来的情况。

四、撰写调研分析报告

如何将调研结果清晰明了地表现出来，需要一定的技巧和规范。一般市场调研分析报告的基本结构框架如图 1-5 所示。

目录

一、摘要
二、公司概述介绍
三、调研情况介绍
（一）调研的方法与手段
（二）调研的步骤与思路
四、调研情况分析
（一）该产品国内市场概况
（二）该产品在××国家市场竞争情况等
五、调研结论与市场策略
六、附录

图 1-5　一般市场调研分析报告的基本结构框架

拓展阅读

国际市场调研的方法

国际市场调研是复杂细致的工作，须有严格、科学的程序和方法。企业对国际市场调研获取的资料，按其取得的途径不同，一般分为案头调研法和实地调研法。

1. 案头调研法

案头调研是指查询并研究与调研项目有关资料的过程。这些材料又叫作二手资料。二手资料的来源有许多，概括起来主要有：

一是企业内部资料。它包括企业营销信息系统中存储的各种统计数据，如企业历年销售情况、主要竞争对手的销售和利润状况、有关市场的各种数据等。

二是政府资料。主要指本国或外国政府及驻外机构公布的资料。如驻外机构的一些重要职责就是促进相互商务往来，从事市场信息和系统资料的收集和传播工作。通过驻外商务机构和外国驻华的商务机构，可系统地收集到各国的市场情报，如贸易统计数据、进出口商名录等。

三是国际组织出版的国际市场资料、国际商会和行业协会提供的资料。如联合国国际贸易中心特种产品的研究、各国市场概况以及各国“促进进口办公室”名单和服务范围等方面的资料；许多行业协会定期收集并出版一些有关行业的产品信息；商会能为营销调研人员提供会员名称表、会员企业基本情况等资料。

此外，二手资料的来源还有银行、调研机构、消费者组织、图书馆等，这些都是在实际操作中需要不断扩大的信息来源。

2. 实地调研法

实地调研是指调研人员通过发放问卷、面谈、电话调查等方式收集、整理并分析第一手资料的过程。第一手资料的最大特点是真实、快捷，便于企业针对市场变化和消费者的反应及时调整营销决策。

但相对于案头调研而言，实地调研的成本很高，所以企业在采用这种方法收集信息时应谨慎行事。常用的实地调研方式有：

（1）询问调查法。询问调查法是指调查者直接向被调查人提出问题，并以所得到的答复为调查结果。这是最常见和最广泛采用的一种方法，它包括面谈调查（最常见的是个人访问和开小组座谈会）、电话询问、邮寄调查等。

（2）观察调查法。观察调查法是指通过观察有关人员的行为及现场情况来收集原始资料。比如，调研人员到零售店中观察本企业产品的购买和销售情况。通过这种观察，可了解到购买者在选择各种品牌时的表现，也可了解到零售商陈列、介绍和推销各种品牌的情况。调研人员采用观察调查法主要是为了获得那些被观察者不愿或不能提供的信息，如有些购买者不愿透露他们某些方面的行为，通过观察调查法可简易地了解到。但观察调查法有时不能得到另一些信息，如人们的情感、态度等。因此，调研人员通常应将观察调查法与其他方法结合起来使用。

（3）实验调查法。该方法是收集因果关系方面信息最适当的方法，如研究包装和广告对产品销售的影响。在其他因素不变的情况下，某种包装或广告使用前后销售量的变化就可看作该包装或广告的效果。

3. 网络调研法

网络调研法是通过计算机网络收集相关信息的一种调研方法。因为网络上的市场调研具有信息及时、共享、便捷、低成本耗费以及调研结果可观等优势，因此，我们可以积极利用计算机网络来收集资料，获取相关信息。

4. 在线调研法

这是一个全新的适合于各行各业的在线问卷调研应用平台，它利用网站作为平台，设计出专门的调查问卷表，让单位和个人能快速、方便地实施专业的问卷调研。实际上，它是网络调研的一种特殊形式。在线调研法的优点是简便易用，快速回收、跨地域、低成本，能即时获得丰富的反馈信息。

国际市场营销调研的内容不仅广泛，而且极其复杂，因而比国内市场营销调研碰到的问题更多。从总体上讲，国际市场调研面临三方面的问题：

（1）必须收集多个市场的信息情报。有时多达一百多个国家，而每一个国家的营销情报需求又千差万别，这样导致调研成本和调研难度增加，由于对各国的调研不能采取统一的模式，在做各国替代性研究时，调研人员可能会出现各种偏差。

（2）必须利用二手资料。有些国家的二手资料较多，而大多数国家的二手资料普遍缺乏，又由于统计概念在各国的解释口径不一样，再加上收集的数据精确性程度不同，以及二手资料的提供者态度是否客观公正，这些都影响了二手资料的有限性与不可比性。

（3）必须收集和利用原始资料。国际市场调研人员在收集原始资料时经常会碰到诸如语言，各个国家社会组织多样化，市场有效反映率低，商业及通信的基础设施局限等问题，而且收集费用昂贵，其难度则不言自明。

业务操作

公司业务员许颖（ELLA）根据公司的发展战略规划，准备以美国市场为切入点开发国际客户。因此，许颖在收集大量信息的基础上完成调研报告如下。

杭州 ABC 服饰及配件公司纺织服装产品开拓美国市场的调研报告

一、摘要

通过深入调查美国的服装，尤其是童装市场和我公司的生产经营状况与销售情况，分析我公司的各类服装产品进入美国市场的可行性，并进一步探讨应当采取怎样的市场营销组合进入目标市场，在计算出口换汇成本的基础上，提出适宜的出口价格和具体谈判应采取的方法和策略。

在上海浦东新国际博览中心成功举办的中国（上海）国际纺织品面辅料展览会（简称 CTFE）上，初次接触了一些来自美国的客户，双方都留下了不错的印象，对方对我公司的产品非常感兴趣，希望有机会能一起合作。先通过在 CTFE 上留下的联系方式，与对方公司在网上交流，使对方对我公司及产品产生好感。在谈判中以出口退税率调整、人民币汇率变动、纺织品利润少和我公司生产的产品质地优良等为由，把握价格尺度，以达成双赢为目标，从而扩大在美国的市场份额。

二、背景介绍

我公司从出口加工起家，通过全体员工的共同努力，公司近几年来发展迅速，公司产品质量稳定，符合国际市场需求特点，出口加工贸易额逐年上升。目前，公司已经取得自营进出口权，产品立足国内，下一阶段公司将加大开拓国际市场的力度，在国际市场上寻求更多的合作伙伴，以建立广泛长期的合作关系。基于这一目的，我公司自去年以来，积极参加各类展会，在刚刚结束的广交会上，与一些美国客户进行了磋商，并通过调查得知，该公司以经营各类男女童装为主营业务，在美国销售形势很好。如果能同该公司达成业务上的往来，将对扩大美国市场起到一定的推进作用。

三、调研的步骤和方法

由于跨国调查国际市场进行实地调研耗资巨大，因此采用获取二手资料信息的调研方法为主。

二手资料主要通过如下几个渠道获得：

（1）互联网上的相关评论文章分析。

（2）中国纺织品市场的最新动态及中美两国关于纺织品的相关政策等。

（3）海关及商务部的统计分析信息。

（4）中国驻外机构收集的信息。

（5）企业自身以往出口情况的研究报告。

四、调研内容介绍

（一）美国童装市场概述

1. 市场特点分析

美国的童装不但品种花色繁多，而且把市场细分做到了极致。童装按不同的年龄、用途，甚至不同的种族，划分出不同类型的市场。而且，价格上也拉开档次，以满足不同层次的消费者。

在美国，休闲童装已经成为独立的成衣组合类别。一些质地较韧、耐磨耐洗又兼具儿童嬉闹本色的服装颇受美国青少年的喜爱，其中T恤衫、运动上衣、半开襟衬衫、套头衫和牛仔裤等类服装最受青睐。

在服装的质地上，棉和聚酯混纺布料是童装或青少年服装的首选。另外，牛津布和一种新开发的合成布料塔斯纶（TASLAN）也是青少年运动服装的主要用布。在服装的设计上，以连颈帽与大口袋设计为重点。在色泽上注重亮丽，其中红色、鲜蓝或深海蓝是最受欢迎和最普遍的颜色。另外，橘红色、紫色、金色、黑色及栗色也颇受青少年的喜爱。在装饰上，3～8岁的儿童大多偏爱简单易懂的图案或符号。针对这一特点，服装商推出了带有花、星星、心形、船形等图案的服装。8岁以上儿童的装饰则可视具体情况而定。但这也可以从容易对青少年产生影响的电影明星、偶像歌手或卡通人物方面得到启示。如大受青少年推崇的魔幻童话《哈利·波特》系列就是一个很好的印证，印有其主人公图案的童装T恤，正成为无数美国儿童的服饰新宠。

2. 市场趋势分析

分析童装市场进展情况的依据是持续攀高的出生率，婴幼儿服装消费占该领域的比重最大，以及西班牙语地区各年龄段的儿童人口持续增长等因素。而对于那些中间年龄层的人口来说，由于他们的消费意愿不易被他人左右，遂成为市场增长的阻力。美国童装市场的强劲增势将会一直持续到2019年。其中0～2岁婴幼儿人口数量增加以及西班牙语地区人口增长将是主要的推动力。

3. 企业竞争分析

美国童装企业的竞争非常激烈，企业在童装的设计、质量等方面要求很严格。另外美国企业并不满足国内的经营，为提高企业的销售额及知名度，一些大的企业纷纷进军国际市场，销往中国、加拿大等国家。

（二）我公司的生产经营状况

（1）公司已发展成为拥有厂房18 000平方米，总投资3 000万元人民币，员工200多人的规模企业。目前公司拥有剑杆织机1 020台，进口喷气织机100台，主要以高档化纤、棉、锦纶及进口弹力丝为原料，致力于服装的设计、研发和生产，不断推出高品质产品，增强市场竞争力。产品紧跟国际潮流，在国内的服装行业遥遥领先，深受广大客户的好评。

（2）面对中国国际化进程不断加深的契机，企业将加大开拓国际市场的力度，在国际市场上寻求更多的合作伙伴，以建立广泛长期的产品合作关系，现公司已形成产品开发、生产、销售一体化经营格局。公司本着科技创新、诚信开拓的经营理念，质量第一的经营宗旨，将脚踏实地，更好地为顾客服务；勤奋创新，以卓越的业绩面对国际市场的挑战。

（3）我公司儿童服装的生产成本主要包括材料费、员工工资、管理费、包装费、技术研发费用、动力费、营销费用和设备折旧费等几个部分。因为纺织服装属于劳动密集型，因此手工构成中工资含量较高。

五、分析、结论与建议

美国是世界上最大的消费市场，市场上竞争十分激烈，“优胜劣汰”在这里体现得淋漓尽致，而且需求各不相同，行市瞬息万变。我公司产品一定要适应这种激烈的竞争的变化，否则就很难打入美国的市场，即使打进去也存在着被挤出来的危险。

为了增强我公司出口产品的适应性和竞争力，我们在开拓美国市场时应注意以下问题。

1. 做好准备工作

美国市场是目前世界上最大也最复杂的市场，不仅联邦政府制定了数目众多的管理条例，而且在各州也存在着不同的必须遵守的律例，这些法律条文与中国存在很大的差异。只有首先弄清楚这些差异，才不至于在美国市场上盲目乱撞。如果出口商没有搞清楚美国的有关法律条文，即使属于对路商品，也难免被美国律例束缚得“进退两难”。因此，出口商在初涉美国市场时，一定要做好充分准备，可向经验丰富的出口商提出咨询，如条件允许可聘请他们担任顾问，或者向中国政府驻美商务机构索要有关资料；在打入美国市场时争得他们的支持是十分重要的。

2. 瞄准一个市场，以商品的质量、信誉、价格建立立足点，然后逐步向全美国扩大

在这方面，我公司除自身的努力外，还要充分利用美国市场中错综复杂的销售渠道，如美国经销商、代理商、进口商、百货公司、超级市场、联销商店、杂货店、零售店等。如何科学合理地选择和利用这些销售渠道，直接关系到出口品在美国市场上能否站稳脚跟。一旦商品有了立足点，就可寻找大的经销商、代理商、进口商等中间商，他们一般全部设有分支机构，对当地市场比较熟悉，而且有固定的客户，又雇用了一批经验丰富的推销员，通过他们可以把商品推销到全美国去。当然在选择合作伙伴时一定谨慎，不要轻信承诺，要对他们的资信、实力、信誉等做出调查。

3. 严把出口商品质量关

在美国市场上，高、中、低档货物差价很大，如一件高档的西服零售价在40～50美元，而低档的则不到5美元。商品质量稍有缺陷，就只能放在商店的角落，减价处理。美国人最关心的首先是商品的质量，其次是包装，最后才是价格。因此产品质量的优劣是进入美国市场的关键。

4. 及时供货

在美国市场上，手头上要保证有充足的产品、包装服务和包装物料的存货。一旦美国批发商要求供货，就能迅速组织货源，及时提供货物。这首先要求对美国市场上商品的销售季节非常明确，每个季节都有一个商品换季的销售高潮，如果错过了销售季节，商品就要减价处理。美国大商场和超级市场的销售季节是：1—5月为春季，7—9月为初秋升学期，主要以销售学生用品为主；9—10月为秋季，11—12月为假期，即圣诞节时期，这时又是退税季节，人们都趁机添置用品，购买圣诞礼物。美国各地商场此时熙熙攘攘，人流不断，对路商品很快就会销售一空。这一时期的销售额占全年的1/3左右。过了销售季节，流行货将变成滞销货，只能降价销售，否则会赔更多。

5. 在商品包装上下功夫

美国人非常讲究包装，它和商品质量本身处于平等的地位。因此首先，出口商品包装一定要新颖、雅致、美观、大方，能够产生一种舒服惬意的效果，这样才能吸引顾客。其次，高低档出口商品在包装上要有区别，高档品的包装设计要精美，体积小巧玲珑，给人以稀有名贵之感。最后，包装要体现出名称易记、印刷醒目简明、良好信誉、颜色悦目、创新意识等特征。中国对美出口商品的包装近年虽有不少改进，但还不能适应美国市场的要求。中国的许多工艺品就是因包装问题一直未能打入美国的超级市场。如著名的宜兴紫砂壶，其单只用黄草纸包装，80只装在一个大箱子中，内以杂纸屑或稻草衬垫，十分简陋，在顾客心目中被排在低档货之列，只能在小店或地摊上销售。目前，世界的商品包装正在发生深刻的变化，只有改进和提高包装质量、包装款式经常翻新以及立足国内完成货物包装，才能从根本上解决中国对美出口品的包装问题，赶上世界包装潮流的变化。

6. 建立良好的商品售后服务

商品质量除对商品本身的要求外，另一个重要内容是商品的售后服务。美国商店普遍

认真执行保修、保退和保换的服务方针。因此我公司如果没有良好的售后服务，就很难在美国市场上站住脚。如中国的机电产品外销美国后，就因无售后维修点而妨碍了进一步出口。中国生产的电视机、收音机、电冰箱及其零配件有的已经达到国际先进水平，开始进入美国市场，如果售后服务能够跟上，必然增强用户使用中国产品的信心，这对扩大商品出口起着非常重要的作用。

7．减少中间环节直接进入对方的销售网络

我国公司要想进一步开拓美国市场和增加利润，就必须避免这些中间环节，直接进入美国的市场销售网络。要做到这一点，必须要了解美国的市场体系，寻找合适的代理商或直接设点，同时也要具备完善的销售手段，做到供货及时、规格齐全、质量稳定、包装精美以及形成良好的售后服务体系。

8．培养定向专业人才

培养了解美国市场的专业人才是进入美国市场的关键。中美之间不仅存在着文化差异，还有市场体系及法律制度等方面的区别。随着中美贸易往来的加强，对具备外语、法律及专业知识的复合型人才的需求也在日益增加。一些中国出口企业或贸易公司能在美国市场上获得成功，专业人才在其中起了很大的作用。

附录部分产品目录：

 8I7518	**GIRLS' SKIRT** MODEL NO.: 8I7518 MAIN FABRIC:100% COTTON POPLIN, SUPERFINE BIBRE. BUTTON:3PCS PLASTIC BUTTONS OF DIFFERENT COLOR. ELASTIC: IN CUFF, SWEEP. LACE: IN CHEST. COLOR: FABRIC IN SKIRT IS WHITE. SIZE RANGE: GIRLS 5-10. PRICE: USD4.281/PIECE.
 SH3960	**GIRLS' SKIRT** MODEL NO.: SH3960 FABRIC: 100% COTTON CORDUROY. SLEEVE STYLE: SHORT SLEEVE AND THE BUCKLE OF BELT IS MADE OF METAL. COLOR: GRAY. SIZE RANGE: 6-13. PRICE: USD5.33/PIECE.

做中学，学中做

1. 请根据你的产品和公司现状，通过各种渠道收集信息，分析公司产品开拓国际市场的可行性和操作建议，并完成国际市场调研报告。

2. 请根据你对本次任务的完成情况填写下表。

你是否清楚海外宏观环境对进入海外市场的影响？	
你是否能轻松地获取海外市场环境信息，并灵活运用？	
你是否清楚从互联网上获取各类市场信息的渠道？	
你是否能通过分析收集到你所需要的各种信息，并制订出有针对性的市场开拓方案？	

02 项目二 寻找客户

学习目标

▶ 知识目标	▶ 能力目标
1. 了解客户信息收集的各种常用渠道，掌握国外客户搜索方法和技巧。	1. 能收集客户资料并进行整理分类。
2. 掌握客户资信调查的内容和途径。	2. 能撰写客户开发信。

任务三　寻找潜在客户

情境引例

从事贸易活动必须有贸易伙伴，因此无论是从零开始国际贸易业务，还是扩展国际贸易业务，都必须寻找客户。在完成国际市场调研、明确目标市场后，企业接下来要关注的就是如何在目标国家寻找和发现潜在的客户，对客户的资信状况进行调查并与之建立业务关系，为下一步具体的交易磋商打下良好的基础。

经过前一段对国际市场的分析和了解，公司决定以传统的欧美市场为切入点逐步推广公司产品和开拓国际市场。因此，现在业务员许颖所面临的工作任务就是寻找潜在的海外客户。

流程图解

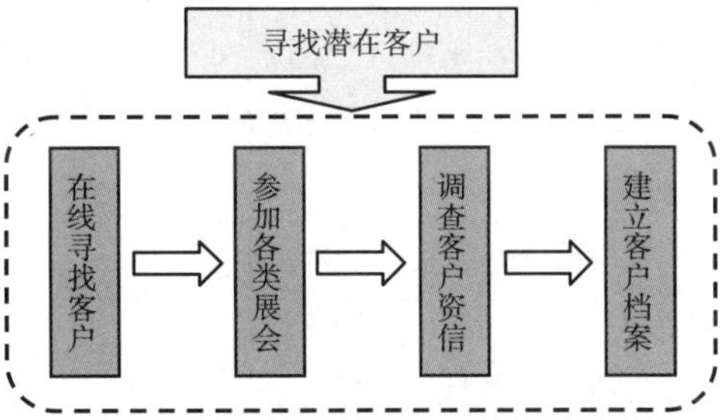

知识准备

外贸企业最大的难点在于寻找和发展海外客户，这关系到外贸企业发展的前途和机会。在形形色色的寻找方式上，除了参加展会等传统方式，越来越多的企业开始从互联网入手，寻找更多契机。电子商务平台的搭建为中小外贸企业接触海外客户提供更方便的渠道和桥梁。

一、在线寻找客户

网络平台最大的优势在于“资源共享”。外贸公司业务员可以通过搜索引擎和 B2B 商务网站两种在线寻找客户途径（见表 2-1）。

表 2-1　在线寻找客户的途径

途　　径	说　　明
通过搜索引擎寻找客户	包括几个主要技巧，分别是用好关键词，用目标市场当地的语言、词汇进行搜索，延伸查询，尝试用不同的关键词搜索等
通过 B2B 商务网站寻找客户	包括选择 B2B 商务网站的两个标准和利用 B2B 商务网站找客户的步骤

（一）通过搜索引擎寻找客户

利用搜索引擎是开发客户非常常见和实用的途径之一。搜索引擎是互联网信息收集的重要工具，通过搜索引擎每个人都能很轻松地获取相关信息，然而在浩瀚的信息海中大浪淘沙般筛选对你有用的信息需要一定的方法。就像我们平时“有困难找百度”一样，国外的客户也喜欢通过搜索引擎来收集信息或寻找供货商，只是他们除了习惯用最常见的 Google、Yahoo 等，还会使用一些本土流行的搜索引擎。了解并运用各国本土的搜索工具，对于提高搜索效率和获取有效信息能起到事半功倍的效果。从搜索引擎的工作原理来区分，搜索引擎有两种基本类型：一类是全文搜索引擎；另一类是分类目录型搜索引擎（见表 2-2）。一般我们使用后一种居多。

表 2-2　搜索引擎的类型

类　　型	搜索方法	示　　例	特　　点
分类目录型搜索引擎	按目录搜索。分类目录型搜索引擎不断收集网上信息，并进行整理，以分类目录的形式链接起来，供用户搜索。用户逐级点击所需信息。中国四大门户网站（新浪、网易、搜狐、腾讯）都是这种类型	新浪—网站分类—外贸—外贸代理商—童装出口代理商	利用分类目录逐级查找，找到相关网站，用户只能通过目录结构，了解信息的组织存储情况
全文搜索引擎	按关键词搜索。全文搜索引擎将收集到的网上页面和地址信息以数据库的形式组织存储。用户在搜索框中输入关键词，搜索引擎会从数据框中搜索与	直接访问百度搜索引擎，输入关键词，如“童装”	利用关键词查找，令搜索引擎自动搜索到与关键词匹配的网

续表

类　型	搜索方法	示　例	特　点
全文搜索引擎	之相匹配的记录，并按顺序反馈给用户。百度和Google 等都是这种类型		站和网页，通过数据库对信息进行组织和存储

1. 分类目录型搜索引擎

对于分类目录型搜索引擎，当用于网络营销时，一般需要人工提交网站信息（根据分类目录网站的在线提交表单填写网站相关内容，如网站名称、网址、类别、关键词、网站简介等），经过分类目录编辑人员审核才能决定是否收录网站，这样就对网站提出了较高的要求，必须符合分类目录的收录原则，而且往往有一定的限制。因此，分类目录型搜索引擎营销方法与技术性搜索引擎的方式有很大的不同，需要充分了解这种区别，才能充分发挥各种不同搜索引擎的作用。

分类目录在网络营销中的应用主要有以下特点：

- 通常只能收录网站首页（或者若干频道），而不能将大量网页都提交给分类目录；
- 网站一旦被收录将在一定时期内保持稳定，有些分类目录允许用户自行修改网站介绍等部分信息；
- 无法通过“搜索引擎优化”等手段提高网站在分类目录中的排名；
- 对于付费分类目录登录，通常需要交纳年度费用，如果希望继续保持在分类目录中的地位，不要忘记定期交费；
- 在高质量的分类目录登录，对于提高网站在搜索引擎搜索结果中的排名有一定价值；
- 由于分类目录收录大量同类网站，并且多数用户更习惯于用搜索引擎直接搜索，因此仅靠分类目录被用户发现的机会相对较小，难以带来很高的访问量，通常还需要与其他网站推广手段共同使用。

2. 全文搜索引擎

国外具代表性的有 Google，国内著名的有百度。它们都是通过从互联网上提取的各个网站的信息（以网页文字为主）而建立的数据库中，搜索与用户查询条件匹配的相关记录，然后按一定的排列顺序将结果返回给用户，因此它们是真正的搜索引擎。使用搜索引擎要注意以下问题。

第一，既然是搜索，那搜索用的关键词就十分重要了。在搜索客户的时候失败，很多时候就是因为关键词选用不对。选择搜索关键词的原则是，首先确定你所要达到的目标，在头脑里要形成一个比较清晰的概念——我要找的到底是什么？资料性的文档？还是某种产品或服务？要找的目标客户究竟是谁？是批发商？贸易商？代理？零售商？不同的目标客户要采用不同的关键词，其次分析这些信息都有什么共性，以及区别于其他同类信息的特性，最后从这些方向性的概念中提炼出此类信息中最具代表性的关键词。如果这一步做好了，往往就能迅速地定位你要找的东西，而且多数时候你根本不需要用到其他更复杂的搜索技巧。

第二，由于中文词汇丰富，因此选择关键词的时候，不妨用同义词或近义词。此外，涉及行业的时候，还要注意英文中的行业术语，以及对这一产品最喜欢的表达方式。比如菠萝，一般用 pineapple，但也有不少外国商人喜欢用 ananas。多了解一些相关的行业英文，有助于收集信息。

判断几个同义词中哪一个更受国际喜爱，更为常用的一个小窍门，就是分别去 Google 搜索，看哪一个得到的网页数量更多——特别是专业网站的网页更多。这不但可以为以后搜索信息做参考，同样可以成为日后与外商交流时用词的参考。

第三，用目标市场当地的语言、词汇来进行搜索。比如，用西班牙的 Google 搜索产品时，关键词就用西班牙语（可通过翻译软件获得）。这个时候，关键词会变色显示，你再仔细浏览下去，打开客户网站，一般会有英文版的，即使没有，要找一个联系方式也是很容易的。如此一来，信息量就大了。

第四，延伸查询，尝试着用不同的关键词搜索，比如，推销汽车配件的，很多人愿意直接用汽车配件进行搜索，结果反而不是那么理想。那么为什么不尝试一下，用汽车来搜索呢？这是因为，作为最终成品的企业，如果是生产商，那他就有购买零部件的需要，如果是贸易商，那他就有售后服务等需要，而这些，不正是你需要的吗？

温馨提示

怎么利用 Google 等搜索引擎搜索国外客户或者了解国外客户信息

一、产品名（Products name）+公共邮箱名后缀

（1）产品+通用邮箱后缀，如产品名称@hotmail.com、产品名称@gmail.com。

（2）Google 各国的版本搜索。

（3）产品名称+importers+email 或产品名称+distributors+email，产品名称+wholesaler+email，产品名称+buyer+email，产品名称+supplier+email。email 还可用@代替。

（4）产品+地区公共邮箱后缀或“产品+buy+地区邮箱”。

美国@netzero.net/@twcny.rr.com/@comcast.net/@warwick.net/

德国@t-online.de/@multi-industrie.de

法国@wannado.fr/@mindspring.com/@excite.com/@club-internet.fr

英国@cwgsy.net/@btinternet.com/@sltnet.lk

日本@yahoo.co.jp/@candel.co.jp

韩国@hanmail.com/net/@naver.com/@daum.net/@naver.com/@hanafos.com

印度@wilnetonline.net/@cal3.vsnl.net.in/@rediffmail.com/@sancharnet.in,

香港@hongkong.com/@ctimail.com/@hknet.com/@mail.hk.com/

俄罗斯@yandex.ru/@mail.ru

巴基斯坦@cyber.net.pk/@wilnetonline.net/@cal3.vsnl.net.in/@rediffmail.com

其他国家的公共 email 后缀可以通过自己客户的 email 后缀或者在 Google 搜索“国家名称+email”。

二、B2B采购信息+email到Google搜索

通常，B2B会公布采购信息的部分信息，如公司名称、地址等，要想获得此公司的email可采取在Google搜索此买家的“电话+email”“公司名称+email”等。

三、公司名称后缀+产品名称+email

中国的是Co.,Ltd.，美国是INC、LLC等，意大利是S.R.L，西班牙是S.P.A.，等等。

从世界各地的协会/工会网站找出协会会员，再到Google搜索email。除了Google.com，还可以用以上的方法用Google世界各地的版本去搜索。使用各地的搜索引擎、B2B、黄页、目录指南搜索email。

以上的方法都可以混合试用，最大限度地挖掘出买家的email地址来。找到目标客户的email还只是开发工作的开始，后续的开发信能否吸引眼球，引起关注，客户能否收到你的信息，你的信息是否对客户有用等一系列问题都在等着你，但是不管怎样第一步走好了，后面的道路就会更容易一些，只要坚持付出总能有所收获！

（二）通过B2B商务网站寻找客户

1. 主要的B2B商务网站

所谓国际贸易B2B（Business to Business）贸易平台，是指互联网上专供国际买卖双方发布各自供求信息，以促进合作的网站，是国际商人聚会的大本营，其重要性不言而喻。这类B2B贸易网站很多，规模大小不一，综合性的有阿里巴巴网、环球资源网、中国制造网等。

温馨提示

三大B2B平台的流量和用户特性分析

阿里巴巴集团（Alibaba Group）（NYSE：BABA）创立于1999年，是一家提供电子商务在线交易平台的公司，业务包括B2B贸易、网上零售、购物搜索引擎、第三方支付和云计算服务。集团的子公司及关系公司有阿里巴巴B2B、淘宝网、天猫、一淘网、阿里云计算及支付宝。英国《经济学人》杂志称其为“世界上最伟大的集市”。

中国制造网是由焦点科技运营的一个中国B2B在线贸易平台，于1998年开始运营。2006年，中国制造网与瑞士通用公证行SGS集团正式开展认证供应商合作，同时中国制造网在首届中国对外贸易年会上获“中国对外贸易最具影响力企业”称号；连续多年入选《互联网周刊》评选的“最具商业价值百强网站”。

环球资源（Global Sources）是美国纳斯达克上市公司（NASDAQ-GS: GSOL），获福布斯杂志评选为亚洲区首200家企业之一。环球资源的主要业务是国际贸易展览营办商、电子商务B2B及商贸杂志出版。环球资源服务的顾客多数是从事国际贸易的商人，他们的产品分类包括：汽摩配件及用品、婴儿及儿童用品、电脑、消费类电子产品、电子零件、服装及纺织品、流行服饰及配件、礼品及赠品、家居用品、五金及DIY产品、安防产品、休闲及运动用品、通信设施等。

有按照行业类别细分的专业性贸易平台，如中国纺织网（http://www.texnet.com.cn）；也有针对某个国际市场的贸易平台，如非常活跃的印度市场（http://www.trade-india.com）；甚至还有专门为你寻找合适的 B2B 网站的向导（http://www.dragon-guide.net/index1.htm）。

2. B2B 商务网站寻找客户的方法与技巧

加入 B2B 贸易网站，一般都会有免费会员和收费会员制两种方式。免费会员很简单，通常在网站上填写一些名称、地址、公司简介一类的表格即可。免费会员一般都可以发布消息、广告，并浏览其他国际商人发布的供应信息。但是如果想看供求信息发布人的具体联系方式，直接与之接洽，大多就要收费了。因此，如果你只打算把 B2B 网站作为纯粹发广告的地方，免费使用就可以了。可如果不想守株待兔而是主动出击，就得成为该网站的付费会员。这自然有很大风险，一是费用不低，规模大些的 B2B 网站收费通常上千元，甚至数万元不等；二是网站虽然提供联系的便利，却不保证供求信息的可靠性——毕竟是各国商人自己发的。因此，是否去做付费会员，要特别谨慎。不妨先免费用一段时间，如果真的有不少客户找上门来，说明这个网站确实有一定影响，此时再考虑做付费会员也不迟。

既然发布供求信息是免费的，那么多多益善，到你能找到的所有 B2B 贸易平台去发吧。注意记录你发过供求信息的网站，因为有时候这些网站会主动将一些对你感兴趣的客户资料发给你。这些反馈信息的多少，是衡量一个 B2B 网站的价值的重要依据。

此外，很多 B2B 网站对供求信息有时限上的规定，过期则自动删除，因此每隔一段时间可以整理评估一下，挑选那些有反馈的 B2B 网站做出进一步访问，及时更新和重新发布你的广告信息。

一些规模较大的 B2B 网站，甚至会免费提供给你一个企业网页，用于详细介绍你的公司和产品。不要浪费，花些精力去做。不要小看这些免费网页，它们会在网上辗转流传。一些新成立的 B2B 网站，为了迅速扩大规模和影响力，会从其他网站“抄”资料——包括你的供求信息。信息在互联网虚拟世界中的传播是几何式的，在你不辞辛苦地坚持在各个 B2B 贸易网站发布信息一段时间以后，往往会惊喜地发现，很多你从未去过的地方，也出现了你的广告信息。

在使用 B2B 网站的过程中，如果觉得某个网站确实很有用处，带来了不少客户，或者你的同行在这个网站上有成功的先例，就可以考虑做付费会员了。知名网站对于付费会员常常有很多服务，比如帮助你建立更完善的网页，集中发布广告，把你的公司和产品介绍添加到他们印刷的精美广告杂志中，邮寄给国外的客户，或者在国际各个著名的交易会与博览会中散发，等等。这些无疑都会增加你成功寻找客户的机会。下面推荐几个比较容易见效的网站：

（1）TradeKey（www.tradekey.com）是全球知名度和实用性比较强的 B2B 网站。TradeKey 一直致力于全球买家数据的采集和分析，专门为中小企业而设，以出口为导向，已成为全球 B2B 网站的领导者和最受外贸企业欢迎的外贸 B2B 网站之一。一体化的网络贸易服务体系，包括 RFQ、P/I、P/O、L/C 等自动文件处理方式，企业可在线建立网上展厅、商业机会发布、主动查询国际专业买家、买卖双方在线询价等各种不同类型的在线交易工具。TradeKey 是全球公认针对欧美地区及全球市场推广效果非常显著的外贸 B2B 平台。

（2）EC PLAZA（中国电子商务广场）主页地址：http://www.ecplaza.net/。只要你注册了就有机会发报盘，这是很有优势的一点。审核产品也比较快，一般当天就可以审核通过。缺点是：上传图片有点麻烦，也不能批量上传。

（3）中国制造网（www.made-in-china.com）和环球资源网（http://www.globalsources.com），在前面已经提到过了。

（4）tradezone（新加坡亚洲商业）（http://www.tradezoneint.com）是国际贸易领域的一个非常全面的英文网站。

二、参加各类展会

国际行业展会上，直接的产品形象、完善的公司介绍手册、高水准的展台设计和面对面的交流等，是展示企业形象、赢得客户认可、赢得外贸订单的最好方式。

在现代贸易往来中，“展览”已被所有商界公认为“最杰出的市场”之一。在展览会中，来自各方面的同行、买主、卖主、投资者等相聚一堂彼此交流，不仅做成了生意，而且还调查了市场，得到新的启发，获得新的信息，同时也客观地检验了自己的产品；多种益处同时集中在几天内获得，成倍地提高经济效益，大大地降低成本。由此，不难看出参加国际贸易展览会是企业扩大产品出口的重要手段，同时也是走向国际化的最佳途径。

（一）世界主要贸易展会

通过一些介绍、推荐主要会展的网站可以了解当前的境内外展会信息，如环球会展网等。下面推荐几个世界贸易展会。

1. 服装、面料、鞋类

（1）美国拉斯维加斯国际服装展。

商展周期：每年两届。

展馆地址：美国拉斯维加斯展览中心。

展出内容：各类服装、服饰、面料和鞋。

美国 MAGIC 国际服装服饰博览会（MAGIC SHOW）创立于 1933 年，是目前美国最有代表性的专业服装展览会。发展至今，MAGIC SHOW 已经成为世界上最大的综合男装、女装、童装及前卫时装为一体的专业服装展，是北美洲最重要的服装市场信息发布平台及订货中心。

（2）中东（迪拜）春季国际服装纺织皮革博览会。

商展周期：每年一届。

展馆地址：阿联酋迪拜世界贸易中心。

展出内容：服装类、鞋类、皮革类。

迪拜 MOTEXHA 是中东最大的纺织、服装、皮革制品和辅料贸易展会，也是中东和亚洲最具规模、最具影响力、最具权威性的专业展会之一。参加该展会已被公认为企业进入中东纺织服装鞋革市场的最佳途径。

（3）法国国际纺织服装展览会。

商展周期：每年两届。

展馆地址：巴黎北维勒班展馆。

展出内容：各类服装、时装和精美的内衣、袜子、帽子及辅料。

法国国际纺织服装展览会创立于 1984 年。它的定位是为纺织品和服装产品加工者提供一个展示自己加工实力，同客户直接见面的机会。在法国国际纺织服装展览会上，展示的既有各类服装、时装和精美的内衣、袜子、帽子，又有各类辅料，如纽扣、拉链、垫肩、线、按扣、衬里、丝带，还有纺织设备，并且在那里还可找到设计咨询专家和工业设计柜台。

（4）巴黎国际成衣展。

商展周期：每年两届。

展馆地址：巴黎凡尔赛门展览馆。

展出内容：各类女装成衣、服饰用品。

在巴黎这个国际时装之都，每年都有许多服装展。而在众多的服装展中，巴黎国际成衣展无疑是最吸引人的展会之一。该展会一年两届，汇集了来自世界各地的知名女装成衣品牌，连场的时装发布展示最新的时尚潮流。其中欧洲买家人数稳定增长，尤其是英国、德国、荷兰和比利时的买家。买家中有独立零售商、连锁店、特许经营店、超市、百货商店、采购集团等。此外，还有世界各地 1 000 多名记者到会采访。

（5）意大利国际针织服装展。

商展周期：每年两届。

展馆地址：米兰国际展览中心。

展出内容：各类针织男装、女装、童装和服饰配件。

该展会一年两届，已举办了 54 届。参观者中意大利本国占 46%，54%为国际买家，来自 45 个国家和地区。其中来自德国、西班牙、葡萄牙和希腊的买家都有较大幅度的增加。而日本买家仍然是该展会的积极参与者，占国际参观者人数的 11%。他们中有连锁店和百货商店的经营者、进口商、采购集团、邮购商店。

（6）美国纽约国际家用纺织品展览会。

商展周期：每年一届。

展馆地址：纽约 Jacob K.Javits Convention Center。

展出内容：床上用纺织品、浴室用纺织品、桌上用纺织品、厨房用纺织品、装饰用枕、装饰品、毯制品、家居服装、婴儿及青少年用品、个人护理用品等。

该展会是北美地区最大和最著名的家用纺织品专业贸易展览会。春季展会每届有近 500 家参展商，展出面积超过 743 平方米；秋季展会展出面积超过 4 645 平方米，约 350 家企业参展。每届展会都有来自 30 多个国家和地区的 8 000 名专业客商光临展会，并且半数以上的客商是各个公司的高层人士，具有决策权。该展会之所以具有如此大的吸引力，在于专业客商高达数十亿美元的购买力和展会较高的成交额。

买家包括：百货商店，连锁店，专卖店，邮寄/目录销售商，进口/出口商，批发商，网上商店，仓储商店，室内装饰，装潢用品零售商，室内设计师，床上用品和亚麻制品商店，采购办公室，设计/装潢商店等。

（7）中国纺织成衣展。

商展周期：每年一届。

展馆地址：东京太阳城。

展出内容：各类纺织品、服装和服饰辅料。

中国纺织成衣展是中国纺织品进出口总公司协同日本业界共同推出的纺织服装贸易盛会，继 2003 年首届“中国纺织成衣展·大阪”成功举办之后，再次推出“中国纺织成衣展·东京”。本届展会吸收了上届展会的优势，在业已形成的专业优势上再做进一步的调整和补充，使其更具备鲜明的专业色彩和活力。日本是我国最大的纺织品服装出口的实销市场，年出口额已逾 100 亿美元。由于日本市场没有配额限制，特别是随着日本产业结构的升级，庞大的日本市场愈来愈依赖纺织品服装的进口，使其依然有巨大的市场潜力。

（8）中国香港秋冬时装节。

商展周期：每年两届。

展馆地址：中国香港国际会议展览中心。

展出内容：男装、女装、婴儿服装、运动装、内衣、晚礼服及各种时装配饰等。

由中国香港贸易发展局主办的中国香港时装节，一年两届，是亚洲最重要的时装节之一，并已成为国际时装界的大聚会。1 月举办的秋冬时装节上展示当年秋冬服装精品及进行春夏季服装信息的发布。近几年来，中国香港时装节的规模持续增长，吸引了越来越多的参展商和买家。大部分的买家为决策管理人士，有权洽商订单，主要为进口商、批发商、出口商和零售商等。有相当部分的欧美、中东、日本买家已成为内地馆的长期顾客。

（9）意大利米兰国际鞋展。

商展周期：每年两届。

展馆地址：意大利米兰国际展览中心。

展会内容：各类男女皮鞋、时装鞋、童鞋、流行鞋、休闲鞋、鞋类配件、装饰品等。

意大利米兰国际鞋展是目前欧洲影响力较大、档次较高、规模较大的国际性专业鞋展，是世界上三大专业鞋展之一。它反映了来自世界鞋业发展的最新走向和潮流，为客户提供全方位产品信息和展示产品、拓展思路、与国际潮流接轨的绝好机会。

2. 食品类

（1）法国国际食品展览会。

商展周期：两年一届。

展馆地址：巴黎北郊维勒班展览馆。

法国国际食品展览会由爱博展览集团（Exposium）主办，该集团是法国第一大展览集团，世界十大展览集团之一。法国国际食品展览会创建于 1964 年，每两年一届，迄今已有 30 多年的历史。该展览会是世界食品工业最大的盛会，展览面积为 20 万平方米。

（2）科隆国际食品博览会。

商展周期：两年一届。

展馆地址：科隆展览中心。

展会内容：德国科隆国际食品博览会每两年一届，是世界上最大的食品博览会，主要展出烘焙食品、食品供应、快餐、精制烘焙食品、鱼肉类食品、蔬菜、消遣食品、饮料、烧烤用具、大型厨房装备、咖啡、罐头食品、乳制品、水果、改良食品、冰激凌、冷冻食品、自动售货机等。

3．其他类

（1）中国香港国际灯饰展览会。

商展周期：每年一届。

展馆地址：中国香港会议展览中心。

展会内容：①照明系统应用，如工业照明、圣诞灯饰、装饰照明、紧急及安全照明、娱乐及舞台灯光、办公室、广告、展览会照明，户外照明设计。②生产及服务，如灯饰配件及零件、室内灯光及环境灯光设计、灯光控制及量度技术、照明设备及器材。③照明产品及系统，如灯泡、吊灯、灯罩、灯、照明装置、灯光系统、手电筒。

中国香港国际灯饰展览会由中国香港贸易发展局主办。主要展出最新款的灯饰、灯具和各种电光源产品，是亚洲同类展览中最具规模的展会，且位列全球三大灯饰展之一。2004年中国香港国际灯饰展览会有来自16个国家和地区的469家厂商参展，同比增长7.2%；到会参观总人数为22 557人，来自欧洲、北美、大洋洲、拉丁美洲等126个国家和地区，展会效果极佳，得到业界同行的交口称赞。

（2）国际汽车零部件及售后服务展览会。

商展周期：每年一届。

展馆地址：美国拉斯维加斯。

展会内容：汽车零部件及相关产品。

（3）沙特阿拉伯国际建材博览会。

商展周期：每年一届。

展馆地址：沙特阿拉伯利雅得会展中心。

（4）国际五金工具展览会。

商展周期：每年一届。

展馆地址：墨西哥瓜达拉哈拉。

展会内容：各类五金工具。

（5）国际计算机展览会（ComdexFall）。

商展周期：每年一届。

展馆地址：美国拉斯维加斯。

所属行业：信息与电子商务。

（6）国际工业配件展览会。

商展周期：每年一届。

展馆地址：法国巴黎。

展会内容：各种工业配件。

（二）目前中国规模最大的展览会——中国进出口商品交易会

目前中国规模较大的展览会为中国进出口商品交易会（www.cantonfair.org.cn），创办于 1957 年春季，每年春秋两季在广州举办，所以也简称为“广交会”。迄今已有 60 多年历史，是中国目前历史最长、层次最高、规模最大、品种类最全、到会客商最多、成交效果最好的综合性国际贸易盛会。

广交会历经 60 多年改革创新发展，经受各种严峻考验从未中断，加强了中国与世界的贸易往来，展示了中国形象和发展成就，是中国企业开拓国际市场的优质平台，是贯彻实施我国外贸发展战略的引导示范基地。已成为中国外贸第一促进平台，是中国外贸的晴雨表和风向标，是中国对外开放的窗口、缩影和标志。截至第 120 届，广交会累计出口成交额约 12 335 亿美元，累计到会境外采购商约 783 万人次（注：当届 1 人到会算 1 人次）。目前，每届广交会展览规模达 118 万平方米，境内外参展企业超过 2.4 万家，210 多个国家和地区的近 20 万名境外采购商与会。

交易会贸易方式灵活多样，除传统的看样成交外，还举办了网上交易会。广交会以出口贸易为主，也做进口贸易，还可以开展多种形式的经济技术合作与交流，以及商检、保险、运输、广告、咨询等业务活动。

温馨提示

企业参加广交会的申办手续

中国进出口商品交易会（广交会）于广交会官网全面推出网上预展平台，加强线上线下结合，提升展览成效。广交会网上预展平台的展商展品信息均来自参展企业自行填报。

参展易捷通平台（http://www.cantonfair.org.cn）是广交会专门针对企业用户开放的一个网络平台，企业用户在该平台上完成企业注册、企业登录、企业确认资料、登记联营资料、企业申请展位、查询展位分配信息、登记展位负责人、确认联营登记等操作。企业申请展位的总流程如下图，每完成一步均有已完成步骤的提示，以图 2-1～图 2-3 为例：

图 2-1 为刚开始申请的状态：

图 2-1　刚开始申请的状态

图 2-2 为已完成展品确认的状态：

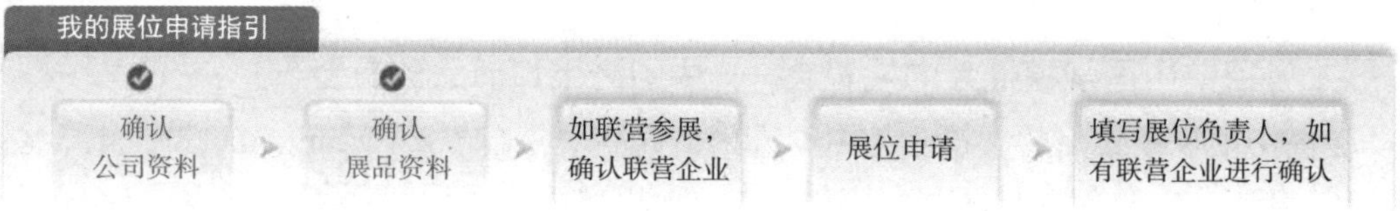

图 2-2 已完成展品确认的状态

图 2-3 为已完成展位申请的状态：

图 2-3 已完成展位申请的状态

有意参展且符合广交会参展资格的企业，按展品目录填报对应展区，在线填报并打印参展申请表并加盖公章后报所属交易团，并提供外贸经营者备案登记证明及其他所属交易团要求提交的材料后，参展申请方正式生效。

（三）参加展会的步骤

并不是参加所有的国际贸易展览会都能达到参展的目的和预期的目标，因为全球每年举办的国际贸易展览会大大小小加起来有上万个之多，不同的主办者及其不同的操控能力，使得不同的展览会呈现出良莠不齐的品质与水平。如果不精挑细选，极有可能误入一般的展览会，或很差的展览会，或极不适合参加的展览会，甚至出现事倍功半或劳民伤财的结果。因此，选择是参加展览会的首要步骤。要想做好这一步，必须要注意以下几个要点。

1. 分析展会资料

重点要了解的内容是展览会的性质，即该展已举办过几次，上届的参展规模与贸易观众人数及成交情况如何。如果该展会是新开发项目，则应注意主办者的专业与权威背景，是否有能力主办好该项展览会；是否主办过其他展览会，品质与水平如何，举办该展的操控手段是否已趋成熟。

宣传推广方式，即主办者是如何进行展会宣传的，其宣传对象是谁，在宣传上的投入是多少。参展者和参观者的反馈如何。

展会订位情况，即展览会需提前多久开始预订展位，是否接受非专业人士参观，其参观门券如何申请办理。

展会场地情况，即展馆的高度及宽度限制，地板单位面积重量限制，是否有音量及灯光及其表演活动等方面的限制，参展者可否自行选择装修布置展位。

2. 探寻同行看法

即向竞争厂商及其他参展者了解对该展的看法及所碰到的问题，包括服务、展位布置、问题处理、买主稀少等。同时也向展会所在地或邻近地区的销售代理商了解对该展的看法。

3. 选择销售代理

如果你在展会所在地或邻近地区还没有销售代理商的话，则要考虑你的公司是否有可能在展会所在地或邻近地区找到销售代理商。

4. 选择恰当时机

该展会的时机是否与特殊节假日或事件相冲突？你的产品是否有特别的销售季节？如果有，尤需注意展览时间是否在销售旺季前有足够的时间展出，以使买主有充裕的时间来调整他的需要，而自己的生产线亦能配合。

5. 分析研究结果

在对展会做了分析之后，接下来就是做出决定，即是否参展，是要大展位还是小展位，是参观考察做市场调查还是收集有关资讯。

温馨提示

成功参展的秘诀

作为参展商，一个好的个人包装就是首要优势。因为除商品外，参展商自己也在被展览。他们的举手投足、衣着打扮以及风度仪态都会在短短 3～5 秒钟之内给客商留下第一印象。要给客人留下好印象，学问不少。

（1）平易近人。微笑及外向型的身体语言都可以传达友好和易于接近的信息。微笑要真诚，勉强的笑容会弄巧成拙。此外，双手抱胸或插着衣袋都是不尊重他人的姿势，要随时准备与人握手，以此更自然而有效地邀请来往客人参观你的展位。

（2）热情好客。参观商都希望自己是受欢迎的。简简单单的一句“请进来看看我们的新产品吧”能让客人感受到足够的重视。但不少参展公司工作人员却喜欢在展位里与其他同事闲聊，或坐在展位里看小说、吃东西甚至打瞌睡，那无异于对来来往往的客商说：“走开!我忙着呢!”如果你一副不耐烦的样子，看起来就会讨人嫌。热情洋溢无坚不摧，十分有感染力。要热情地宣传自己的企业和产品。在参观者看来，你就代表着你的企业。你的言行举止和神情都会对参观者认识你的企业产生极大的影响。

（3）专业性。你的举止是否显示出足够的专业性，决定了你是否能在片言只语之间就取得采访者的尊重和敬佩。能够获得他们对你的敬佩，就能让以后的生意来往更密切。除此之外，参展商在展会里对参观者的态度很大程度上预示着参展商日后在生意来往中的态度，真正关心采访客商的需要，可以令他们对日后的合作充满信心。对竞争对手不要蓄意贬低，对每一个走进展位的人都要同样尊重，不要以貌取人，只有这样才能发展长远的商业伙伴关系。

（4）非语言的交流。在展览会里有时无声胜有声。不少公司深谙此道，并且肯在展览设计、色彩搭配、促销字眼和小礼品上投资，这些非语言的交流可以有效地给参观者留下深刻的印象，因此在展览开始前确实需要好好对这些方面的花费进行预算。参展人员的整体形象和举止也应该与公司形象和展位布置融为一体。

（5）色彩搭配。展览商为其展位装饰、宣传目录及小赠品挑选颜色时要下点功夫。现在，越来越多的公司为其员工定制统一风格和色调的制服以塑造企业的形象，这种想法固然好，但稍有不慎就会招致负面影响甚至破坏公司形象，最好能请专业公司来进行设计。

（6）衣着。衣着能表明身份及个人内涵，一个人的社会地位、教育程度、审美观等统统可通过服装的品质、风格、色调搭配而体现。因此有必要制定着装指南派发给全体参展员工，而在指南中应避免使用如“衣着整洁”等模糊不清的语句，这些语句只会引起歧义，成为推卸责任的借口。

案例分析

展会的魅力

通过参加各类展会，走出一条通往国际市场的康庄大道，这样的经验在义乌比比皆是，王斌相框、浪莎集团、梦娜袜业等，都是通过出国参展改变了以往苦寻国际市场不得要领的被动局面。

从义乌市国际商会了解到，迄今为止该商会组织了近600家企业参加了130届国际著名专业展览会，涉及消费品、礼品、玩具、电子、办公用品、纺织服装、五金、化妆品等众多行业，不少企业还自行参加各类专业展会，并乐此不疲。

华鸿控股集团有限公司（简称华鸿）从1997年成立至今，发展成以相框镜框业为主，涉足工艺时钟、工艺玻璃、塑胶、纸业等相关领域的大型综合性现代化企业集团，是中国最具规模的工艺品生产基地和出口基地之一。营销网络遍布全球各地，在美国、欧洲、韩国、中东、中国香港地区及阿联酋等地拥有众多稳固的客户群。以下是华鸿副总裁王爱香对企业参展的经验之谈。

1. 参展不要计较订单

很多企业都知道参展的好处，但有人会算，我一年销售满打满算才一两百万元，利润更是少得可怜，几万元的展位费对大公司来说可能算不了什么，但对小企业来说可要反复掂量，谁会去做赔本生意？对于国际展会更是有心无力。一些企业好不容易下决心参加一次展会，却没接到订单，感觉很受打击。

企业刚开始参展不应该斤斤计较于能接到多少订单，而是去看展会。如果没有实力参加展会的企业，建议至少要走出去看看，只有看过、体验过，才能找到适销的产品开发之路。1998年华鸿第一次参加广交会时根本不知道如何做外贸，也没有正规展位，只是通过广州的朋友去试试看。说实话效果并不理想，但是我们收集到丰富的信息，掌握了不少客户信息，也学到了人家的经验。

2. 展会定位要明确

相框属于工艺品，但第一次参展时因为我们不了解，将自己放错了位置，结果被归入陶瓷品工艺类。不少客户走过来就问相框是陶瓷制造的吗？所以那时候虽然接到单子，但教训也很深刻。企业选择展会及投入参展商品的定位一定要准确。

后来我们逐渐发现广交会并不能满足拓展国际市场的要求，于是通过义乌市国际商会或者自己找门路参加国际知名展会，奔走于中国香港、欧洲、意大利、美国等地，赶各种专业性展会的场。参加各类展会后我们发现，名称相同或相仿的展会在不同国家和地区都有不同的定位。比如礼品展有意大利的马契夫礼品展、德国的法兰克福国际礼品展和消费品展，这三个展会的不同之处在于：马契夫礼品展与法兰克福消费品展主要是家居消费的礼品，而法兰克福国际礼品展主要是圣诞节消费礼品。再如美国和欧洲的工艺品展，在风格、文化上的区域性特点非常明显，如果企业只是按照自己的审美观来开发产品，将全军覆没。像欧洲人偏好抽象油画，你把中国的山水画工艺品拿到那里，哪怕你自我感觉再好，不适合市场需求还是没用的。当时华鸿就是到了欧洲的展会，看到欧洲人的偏好，回来才整合开发出适销欧洲市场的工艺品。

另外，出国参展才知道，日本的市场准入规则与欧洲差别很大。前者企业很少在展会上下单，而是通过贸易商社间接订货。后者没有中间环节，成交价格也比较好。了解到以上区别，就可以制定不同的应对之策。

3. 参展归来服务最关键

有些企业刚开始参加展会时，有陶瓷、玻璃和中国结等，像个杂货铺，这样做的结果往往是产品乏人问津。我们在参展中也发现这样的现象，品种大而全的展位眼巴巴地看着客户走掉，而相邻的一个展位只展示某一类产品，订单反而纷至沓来。

我们刚开始参加展会时，跟多数企业一样，希望多接单子，什么单子先接下来再说，其实对后期服务极为不利。相对于展会上的承诺，参展后的服务才是留住客户的关键。展会毕竟只有两三天时间，你收集来的一大堆名片能否真正成为你的客户，还要靠展后的沟通、服务。

客户凭什么相信你？我觉得有以下三点：一是你能否替客户保密。在这点上，华鸿针对不同的客户，会给他们提供单独的样品展示室，客户的样品决不会在其他样品室出现。二是你能否替客户节约成本。英国的工艺品市场不讲量，而讲究创新设计，在他们国家设计费用非常高，华鸿通过与客户沟通交流，不断满足对方的设计理念，帮客户以相对低的设计费用设计出适销的产品，从而获得稳定的客户群。三是产品质量，这个是最直观的影响。具备以上因素，价格高低就是其次了。

三、调查客户资信

资信调查应该是任何贸易公司对外交易不应缺少的一个环节。实践证明，预先做好执行调查工作，很多交易风险带来的损失是完全可以避免的，外商资信状况直接关系到外贸公司能否顺利履行合同，安全收汇、收货。对外商不进行资信调查，如采用对出口方风险较大的 D/P、D/A 付款方式，往往给外商违约欺诈造成可乘之机。有时出于对有成功业务记录的客户的盲目信任而忽视资信调查，也会造成无法挽回的损失。

（一）资信调查的具体内容和范围

（1）国外企业的组织机构情况：包括企业的性质、创建历史、内部组织机构、主要负责人及担任的职务、分支机构等。

（2）政治情况：主要指企业负责人的政治背景。

（3）资信情况：包括企业的资金和信用两个方面。资金是指企业的注册资本、财产以及资产负债情况等；信用是指企业的经营作风、履约信誉等，这是客户资信调查的主要内容。

（4）经营范围：主要是指企业生产或经营的商品、经营的性质。

（5）经营能力：每年的营业额、销售渠道、经营方式，以及在当地和国际市场上的贸易关系等。

温馨提示

学会如何在展会上察言观色，甄别客户

中国古典文学语本《论语·颜渊》中就有提出："夫达也者，质直而好义，察言而观色，虑以下人。"其中，察言观色意指揣测别人心思。如今，这些也正被世人用于各个方面来为自己"指点迷津"。对于从事国际贸易的外贸人来说，这种通过感官而判断事物的方式显得尤为重要。

以展会为例，在这个不同国家、不同肤色、不同语言的商人云集于一堂的"大集市"上，如果你能通过自己的感官正确判断各类客户，那么展会洽谈成交的成功率必然大大提高。毛毛是一家纺织品出口企业的销售经理。她分享，很多人总是抱怨参展无效，甚至放弃很多参展机会，而她的大多数订单都来自展会，原因只有一个：懂得察言观色，注意观察买家说话时脸上露出的表情以及其他肢体动作，以决定自己该采取怎样的行动。

【一看名片】在展位上，对来到公司展位的客户，拿到对方名片后需在两秒内对其进行初步判断。这是毛毛介绍的展会现场判断客户的第一步。她的做法一般包括：

（1）看公司名称。看其公司是否是行业内知名的大公司或零售业排在前250名的公司？是不是欧洲品牌或者奢侈品牌的原材料买手？

（2）看国家。业务员拿到名片要迅速判断、分析该国市场的特点，看看自己的产品是否适合这个市场？包括产品图案和颜色。例如，中东客户一般喜欢大红大紫、金碧辉煌的艳色，而欧洲主打黑白灰和其他偏深的简单、素雅的冷色调。"如果因不熟悉市场而推错了产品，就相当于抱错了佛脚，再怎么使劲地吆喝也不会有结果。"她说。

（3）看公司信息是否完整。名片上的这些信息至少可让你从表面上判断其是否是一个正规的公司？有没有公司 Logo、邮箱、网站，以及和电话号码不一样的传真号码。是否有详细的公司地址？客户的头衔是什么？是买手还是采购经理、销售经理或者产品经理？是设计总监还是董事长？是大客户还是小客户？是经销商还是自营店？是商超买手还是集团买手？真客户还是假客户？是优质客户还是"鸡肋"客户等，这些信息至少要在2~5秒内做出判断。

之所以要了解这些信息，因为它们决定了你接下来要推荐什么产品给客户，以及要根据这些信息如何给客户报价，甚至牵涉后续跟进中，要如何“下饵”以促使双方有机会做成生意。

【二看眼神】正如毛毛所言，每位来到展会参观的客户都是有下单欲望的，只是他会将订单下给谁的问题。那么，当有了和客户交换名片的初步接触后，接下来就要懂得在交谈中看客户的眼神。

眼神可以表露出客户是否对产品感兴趣。“如果是客户只看一眼就将目光转移的产品，我不会向他推荐。一般前来展会采购的都是经验丰富的买手，且一定是在本行业有多年经验，并对产品能够迅速做出判断，找到好销的产品。相反，如果客户一直盯着一个产品看，而且仔细听业务员的讲解，这时你一定要特别关注。或者客户看到一个样品，伸手上前去触摸，然后询问详细信息时也要特别留意。另外，如果客户一进展位就直奔某一产品而去的，或者客户和业务员在交涉中越聊越眉头紧锁的，都是非常积极的信号。”她说。毛毛表示，客户如果详细记下产品型号，主动说出自己的产品规格、图案、颜色、详细询问集装箱装量、详细询问交期或者打样细节等，都是对产品有兴趣的表现。

【三看团队】往往在展会上，总有一些人仰仗“专业买家”的身份，做的却只是了解市场信息，并无采购意向的事情。所以，在展会中，业务员要能高效率地找到真正有采购意向的采购商，依旧得靠“看”。

（1）看衣服。如果客户是两个人以上，就看其衣服或行李箱上是否有公司 Logo？客户有没有穿正装？

（2）看团队。如果具备以下几点的，一般都是比较大且正规的公司采购团队，有买手、产品经理、设计师等。另外，看团队中老板是否在？尤其是韩日客户。

（3）看询问内容。如客户是否有询问产品细节，或者自带样品，并且问你一些你没见过的新产品，或者咨询相关新开发的产品信息。

【四看反应】参展过程中，业务员介绍产品或者展位上所摆放的产品，一定要有主次之分。首先，如果是老客户，该推什么产品，什么价格，对他这次订单量的要求等策略，都应该在参展前就定好。其次，边谈边观察客户的反应。毛毛指出，有时候业务员不一定会向客户推荐适合客户的产品，这时就要根据客户透露的信息随机应变。“例如客户也许会突然提到某个展会中没带来的产品，那么就要设法放个‘饵’留住客户，以创造一个让客户来公司细谈的机会。”她说。再次，很多客户前来参展并不是只待几天，他们每来一次都会做好会见老供应商认识新供应商的准备。而这机会最终会给谁，就要看每个公司业务员的水平了。最后，争取进一步见面的机会非常重要。如果通过分析，判断出该客户非常有价值，那么一定要说服老板无论是价格、服务或者其他方面，可做出适当让步，让其具有足够的吸引力，务必要争取和客户面谈。

事实上，现在的客户非常精明，他们很少在当场下单，因为需要时间整理和对比。这就要求业务员对目标市场有所积累和了解，知己知彼，在恰当的时间推荐适合的产品，给予合理的价格和良好的服务，如此便容易接到订单。

（二）资信调查的几种渠道

（1）通过出口信用保险公司调查。

（2）通过国内或对方的进出口银行调查。

（3）通过国外商会或驻外商务机构调查。

（4）通过专业资信机构调查。

（5）通过老客户调查。

（6）对客户进行实地考察。

（7）其他，如互联网或律师行等。

温馨提示

中国出口信用保险公司

中国出口信用保险公司（简称中国信保，Sinosure）是我国唯一承办出口信用保险业务的政策性保险公司，也是我国四家政策性金融机构之一。于2001年12月18日正式揭牌运营，公司资本金约300亿元，资本来源为出口信用保险风险基金，由国家财政预算安排。

中国信保的业务范围包括：中长期出口信用保险业务；海外投资保险业务；短期出口信用保险业务；国内信用保险业务；与出口信用保险相关的信用担保业务和再保险业务；应收账款管理、商账追收等出口信用保险服务及信息咨询业务；进口信用保险业务；保险资金运用业务；经批准的其他业务。

公司成立以来，出口信用保险对我国外经贸的支持作用日益显现。尤其在国际金融危机期间，出口信用保险充分发挥了稳定外需、促进出口成交的杠杆作用，帮助广大外经贸企业破解了“有单不敢接”“有单无力接”的难题，在“抢订单、保市场”方面发挥了重要作用。

案例分析

浙商智斗皮包公司

目前世界各国的出口保险机构大多拥有专门的资信调查机构，把资信调查作为承保的重要准备工作。中国出口信用保险公司作为我国唯一一家开办出口信用保险的机构，向外贸企业提供免费的买方资信调查服务，帮助外贸企业避免收汇风险。

胡民是杭州一家外贸纺企的老业务员。今年的广交会上，他接待了很多拉美和东南亚的新客商。但也碰到了棘手的新难题。

一位东南亚买家在参观完展会后，对胡民所在公司的产品感觉还不错，并爽快地下了单：要订8万件衬衫。胡民心里暗爽了一把。不过，欣喜之余，多年的外贸经验提醒他不能有丝毫大意。因为从没和印尼商人打过交道，他无法判定这个单子的风险有多大。

于是，他把对方的名片迅速传到公司，委托浙江信保进行调查。转眼两周时间过去了，委托的国外那家信用管理部门还没有消息。而这时，那个东南亚买家不停地催促胡民签合同。

三周之后，浙江信保终于收到了买家资信评估报告反馈。情况很糟糕——这位印度尼西亚买家注册资本只有 1 万多美元，办公地点设在一所居民住宅里，手下只有 2 位在职员工。而且根据调查，对方从注册到现在没有任何进口数据，有关其他财务状况更是无从查起。

“这是一个典型的皮包公司。”专家解释说，按照他的经验，如果买家公司注册地位于居民区，注册资金在 3 万美元以下，而下单金额又远大于注册本金，那通常是非常危险的。因此，对于这位买家，浙江信保给出的建议是“谨慎交易”，最好是“拒绝交易”。最后，胡民扔掉了这块貌似诱人的“肥肉”。

同样，浙江一家大型家纺企业不久前通过展会结识了一位西班牙客户，对方产品对路，对价格也很满意，双方感觉很投缘。应对方的邀请，该公司董事长准备飞往西班牙，洽谈合作细节。

出发前，该公司财务经理按惯例把名片发给浙江信保，审核对方的资信情况，以此决定单子是签还是不签，签多大单。于是，商务考察和调查在同步进行。到达西班牙后，公司负责人的感觉很好，那边有很大的工厂，有很好的销售渠道。但西班牙本土资信公司反馈回来的信息很不乐观：受金融危机影响，这位买家所在公司的下游很多工厂倒闭，当地银行缩小授信，导致其资金链断裂，目前已进入破产程序。同时调查还发现，买家出面洽谈的只是副总，并不是法人代表。

“公司进入破产程序，联系人又不是公司法人，这对出口公司根本无保障。”浙江信保相关负责人建议那家浙江家纺企业立刻停止交易。但省内这家公司负责人对这位新买家仍不想放弃：“对方成立有 10 年了，在当地口碑和信誉都不错，主要还是受这次金融危机的波及。”于是，一天后，该公司财务经理再次找到浙江信保，提出想对买家的信用进行评级，同时希望能给他一个建议：“如果既想和他做生意又要保障安全，和他签多大额度的订单比较适宜？”

“继续谈也可以，那必须明确对方以哪个公司名义下单。”浙江信保业务处给出两个建议，如果以另外公司名义下单，必须审核对方授信情况，同时要坚持款到发货。至于交易量，原定的意向是 20 万件。思考再三，浙江信保建议浙江公司分批小订单下单，每笔额度不要超过 2 万美元。

目前世界各国的出口保险机构大多拥有专门的资信调查机构，把资信调查作为承保的重要准备工作。中国出口信用保险公司作为我国唯一开办出口信用保险的机构，能够向外贸企业提供免费的买方资信调查服务，帮助外贸企业避免收汇风险。

四、建立客户档案

1. 客户档案包含的内容

随着市场竞争越来越激烈，企业越来越注重营销管理工作，其中客户档案管理在营销管理中举足轻重。同时，客户档案管理又是企业 ISO 9001：2000 质量体系管理的重要组成部分。

建立客户档案，很多企业认为是一件很普通的事，只要记录一下客户的联系方式、联系人、地址就行。其实不然，客户档案管理需要数据化、精细化、系统化，这样的档案才对今后的管理工作有指导性。要完善每一个客户档案，需要对客户进行一次全面检查。

客户档案管理的内容包括：客户编号、客户名称、邮编、地址、电话、传真、网址、开户银行、账号、税号、信用等级；联系人姓名、办公电话、手机、邮件地址、部门、职务等方面的资料。另外更详细的还包括：资信能力、市场容量、经营业绩、客户组织结构、竞争对手状况等一系列的相关资料，并进行分析、归类、整理、评价。有能力的企业可以建立数学模型，用计算机来进行管理。客户档案表如表 2-3 或表 2-4 所示。

表 2-3 客户档案表

客户编号：

基本情况	客户名称							
	客户属性		客户来源		客户状态			
	所属区域		客户等级		年营业额			
	公司性质		股权结构		管理架构			
	成立日期		员工数		资金总额			
	业务覆盖地区		总公司					
	所属行业		税号		法人			
	总经理							
	开户银行							
	银行账号							
联系方式	地址							
	联系人		email		网址			
	电话		传真		手机			
	发货地址							
信用情况	应收账款		折扣率		信用等级			
	信用期限		价格级别	一级价格/二级价格/三级价格				
	业务员		发展日期		停用日期		交易总额	
	相关合同号							
	信用额度		净利润		延迟付款比例			
	存货周转率		流动比率		净现金流量			
其他	本地信誉程度		物流水平					
	售后服务		仓储面积					
	技术水平							

表 2-4 外贸客户资料管理

Information Form： Date:

Company name					
Tel No.			Fax No.		
Address					
Type of company	☐ Manufacture ☐ Wholesaler ☐ Distributor ☐ Importer ☐ Agent ☐ Installers ☐ System integrators ☐ Designers ☐ Consultants ☐ Other				
Website			Company Established date		
Number of employees			Annual turnover		
Import manager		Mobile No.		email	
Contact person		Mobile No.		email	
Main products/ industry/ business					
Brands usually purchase					
Which countries your products sell to					
Local Voltage	☐ 110V ☐ 220V ☐ 240V / ☐ 50Hz ☐ 60Hz				
Certificates required from suppliers					
Interested products					
• Comments: • The form is only for knowing basically about your company and establishing mutual trust as well as further communication. All the information you offer will be kept as our confidential documents. Thanks for your cooperation.					

2. 客户档案管理的原则

因为市场经济变幻莫测，准确的信息传递是获得成功的关键因素之一。客户档案管理就是对客户信息进行收集、整理，并将其准确传递给营销人员。资料信息流程为：客户—收集—业务员传递—档案管理员—反馈—业务员（公司领导）—服务—客户。对客户档案的管理工作，要坚持动态管理、重点管理、灵活运用以及专人负责四个方面的原则。

（1）随时更新，以变应变。

动态管理就是把客户档案建立在已有资料的基础上并随时更新，而不是建立在静态的基础上。市场在变，客户也在变。我们应基本做到知己知彼，随时了解客户的经营动态、市场变化、负责人的变动等，加强对客户资料的收集、整理，以供企业管理人员做辅助参考决策。另外，应定期（如 2 个月）开展客户档案全面修订核查工作，对成长快或丢失的客户分析原因后，另做观察。修订后的客户档案，分门别类，整理为重要、特殊、一般性客户三个档次。这样周而复始，形成档案管理的良性循环，就能及时了解客户动态变化，为客户提供有效帮助。

（2）抓两头，放中间。

在客户档案管理中，采取“抓两头、放中间”的管理办法，也就是关注大客户和最差的客户，这样有利于企业产生最大化利润并降低企业风险。首先，对主要客户的档案管理，不能停留在一些简单的数据记录和单一的信息渠道来源上，坚持多方面、多层次了解大客户的情况，如业务员信息、市场反馈、行业人士、网站、内部消息以及竞争对手的情况。还要注意大客户的亲情化管理，如节假日的问候，新产品上市、销量上升的祝贺等，让客户知道我们一直在关注它。我们对于客户信息经常加以分析，处理后归档留存。其次，对风险性大的客户管理，如经营状况差、欠账、信誉度下降、面临破产等，随时了解其经营动态，做好记录，确保档案信息的准确性、时效性，并不定期调查，不定时提醒业务人员客户当前状况，把风险控制在最大限度内。

（3）灵活运用，提高效率。

建立好的客户档案，不能束之高阁。建立一个准确的、完备的、客观的客户档案，特别对企业领导来说就像一双眼睛，能随时一目了然地了解客户，大大减少企业领导工作的盲目性，使他们能够有效地了解客户动态，并提高办事效率，增强企业的竞争力。

（4）慎之又慎，专人负责。

客户是企业的命脉，客户档案的泄密，势必影响企业的生命。客户管理人员的忠诚度要高，一般选择在企业工作时间长、有一定的分析能力、基本能掌握企业全局的专人负责管理。

业务操作

目前公司有一批质量上乘的男女童装，货号为 PP01 和 PP09。准备销往北美市场。作为公司的业务员，许颖尝试利用互联网查询相关的国外客户。她选择了中国 B2B 行业网站影响力较大的“中国制造网”（http://www.made-in-china.com）寻找国外潜在客户，开发国际市场。

中国制造网是由焦点科技股份有限公司（股票代码：002315）运营的国内领先的综合性第三方 B2B 电子商务服务平台。网站致力于为国内中小企业构建交流渠道，帮助供应商和采购商建立联系、挖掘国际市场商业机会。为买卖双方提供信息管理、展示、搜索、对比、询价等全流程服务，同时提供第三方认证、广告推广等高级服务。帮助供应商在互联网上展示企业形象和产品信息，帮助采购商精准、快速地找到诚信供应商。其特点是信息权威、及时、有效、方便，如图 2-4 所示。

进入中国制造网首页后，可以看到多种查询方式，我们选用“Sourcing Request by Category”，即“采购询盘查询”，了解全球客户的需求情况。并在关键词栏目中输入“children’s clothing”（童装），最后单击“查询”按钮，如图 2-5 所示。

图 2-4　进入中国制造网

图 2-5　查询信息

通过这种方法，可以很方便地获取查询结果。如果想进一步获取进口商的详细信息和询盘内容，可以单击进一步查询，如图 2-6 所示。当然也可以利用搜索引擎查询。例如，我们在 Google 中输入进口商的名称，可以很快找到公司网站，获取更多信息。

图 2-6 进一步获取信息

做中学，学中做

1. 请根据你所选择的产品类别，通过 B2B 网络平台寻找潜在客户。
2. 请根据你所选择的产品类别，收集近期将要举办的国际展会的相关信息。
3. 请根据你对本次任务的完成情况填写下表。

外贸业务员开发客户能力的自测表

行为描述	自我评价	
1. 你是否认为产品的展示网站对于开拓海外市场有重要作用	是	否
2. 在撰写产品介绍时，你是否会事先搜集大量素材，并列出一个基本框架	是	否
3. 在看到客户的留言后，你是否会立即给予回复	是	否
4. 对于搜索引擎的概念，你不只是听说过，还十分了解	是	否
5. Google 作为目前最重要的搜索引擎，你是否用过	是	否
6. 你是否建议你的公司参加国际展会	是	否
7. 对于展会上开发的潜在客户，你是否及时进行跟踪	是	否
8. 你是否认为通过行业协会及其网站找客户很有效	是	否
9. 对于 B2B 商务平台而言，应根据自己的产品特点及 B2B 网站的定位和战略目标进行合理选择，你是否认同	是	否

任务四 建立业务关系

情境引例

经过努力，2016 年 10 月 8 日公司业务员许颖（ELLE）从中国制造网上看到客户的许多求购信息，想与他们建立业务关系。

公司业务员许颖打算写一封与该公司建立业务关系的信函，要求用英文书写，表达清楚、内容完整。

流程图解

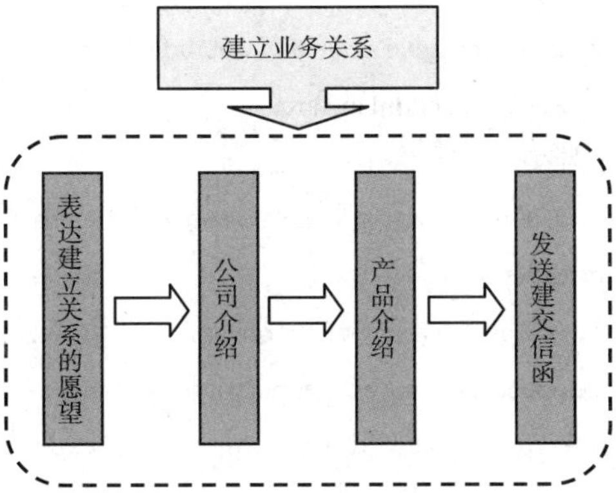

知识准备

随着现代通信业的不断发展，信函的范围不断扩大，从传统的书信、电报、电传发展到传真、电子邮件、EDI 等，不仅提高了通信速度，同时也降低了通信成本，从而缩短了国际货物买卖双方地理位置上的距离。因此，通过信函来联系就成为国际货物买卖中买卖双方的主要联系方式。建立业务关系的信函中至少应包括以下几部分内容。

一般来说，建立业务关系的信函有其特定的写作思路，并常用典型套语。说明如下：

1. 说明信息来源 典型套语

即如何取得对方的资料

- We learned from the Commercial Counselor's Office of our Embassy in your country that you are interested in Chinese handicraft.
- Mr.Jacques，Head of Arcolite Electric AG has recommended you to us as a leading importer in Korea of lightweight batteries for vehicles.
- We have obtained your name and address from the Internet.
- Our market survey showed that you are the largest importer of cases and bags in Egypt.

2. 言明去函目的 典型套语

具体而言，包括建立长期业务关系，扩大具体商品的进出口交易，拓展产品销路等

- In order to expand our products into South America，we are writing to you to cooperate possibilities.
- We are writing to you to establish long-term trade re1ations with you.
- We wish to express our desire to enter into business relationship with you.

3. 本公司概述 典型套语

包括对公司性质、业务范围、宗旨等基本情况的介绍，以及对公司某些相对优势的介绍

- We are a leading company with many years' experience in machinery export business.
- We enjoy a good reputation internationally in the circle of textile.
- We have our principle as"Clients' needs come first".

- A credible sales network has been set up and we have our regular clients from over 100 countries and regions worldwide.
- Located in Shanghai, we take the advantage to set up our solidified production basis in coastal and inland areas.

4. 产品介绍

根据不同情况，向客户介绍产品

典型套语

- Art. No.76 is our newly launched one with superb quality, fashionable design, and competitive price.
- We have a good variety of colors and sizes to meet with different need.
- Our products are enjoying popularity in Asian markets.
- To give you a general idea of our products, we are enclosing our catalogue for your reference.

5. 激励性结尾

在结尾部分，我们通常会写上一两句希望对方给予回应或劝服对方立即采取行动的语句

典型套语

- Your comments on our products or any information on your market demand Will be really appreciated.
- We are looking forward to your specific inquiries.

一、表达建立关系的愿望

表达建立关系的愿望一般要说明信息的来源、写信的目的，并写明希望早日得到答复的愿望。一般来说，这类信函的主要目的是引起对方进行业务联系的兴趣。通常，首先要告知收信人其名称是如何被获悉的，然后告知对方有关发信人的公司性质、业务范围等一般的情况，说明其目的，如扩大交易地区、拓宽产品销路等，表达在未来业务中与之合作的真诚愿望，并希望早日得到答复。发信人也可以向收信人提出一些要求，如要求其在回信中介绍自己的情况，写明一般交易条件等。

1. 说明信息来源

即阐述如何获得对方的资料，例如，通过他人介绍、查阅报纸杂志、浏览网上信息等。

2. 说明写信的目的

例如，想扩大交易量或商品销售地区、建立长期业务关系等。

3. 希望早日得到答复

即希望对方能给予答复或采取相应的行动。

二、公司介绍

建立业务关系的阶段是买卖双方从陌生到熟悉，再到信任的阶段。只有买卖双方彼此信任，才有可能达成交易，从而真正地建立长期的业务关系。信任的基础是了解。因此，介绍自己，展示自身的优势，让对方尽可能了解自己，在对方心目中树立良好的形象，对买卖双方都是极为重要的。

为了使目标市场上的潜在客户能够比较全面地了解公司的整体情况，为本公司准备一份较为详细的自我介绍材料是十分必要的。这种自我介绍一般不是指定写给某个人或某单位的，它不采用信函的格式，我们通常称为公司简介。

温馨提示

公司简介的主要内容

公司简介可以应有关潜在客户的要求寄发，也可以在首次发出要求建立业务关系信函的同时随函寄发，还可以将其公布在公司网页上或通过其他方式向潜在客户分发。

公司简介是对公司进行全面介绍的主要形式。事实上，建立业务关系的有关信函一般都包含了对公司情况的介绍。这种介绍与公司简介的主要区别是后者侧重于对公司或公司业务进行详细介绍，力求使他人通过介绍能大致了解公司的基本情况和特点，而前者一般比较简短，侧重于表达打算合作的愿望。当有了特定的收信人时，其介绍就要考虑收信人的特点和特定需要，以便更有效地引起对方的兴趣。如：

We are a leading company with many years experience in this line.

We enjoy a good reputation in the world market.

We are exporters of long-standing and high reputation, engaged in exportation of chinaware.

We are glad to send this introductory letter, hoping that it will bethe prelude to mutually beneficial relations between us.

较完整的公司简介一般包括以下几个方面：

（1）经营范围。主要介绍经营哪些产品或提供哪些服务。

（2）经营方式。如一般进出口、转口贸易、来料来件加工装配、进料加工、代理、独家代理等。

（3）经济实力。如经营历史、资金资本状况、市场竞争力、其他优势等。

（4）公司名称、地址、电话、传真、网址、电子邮箱等。

如果有必要强调的话，还应将公司的隶属关系、所有制形式、经营渠道等写在公司简介中。

公司简介篇幅较普通信函长，内容也较多，但并不是越多越好，过多的虚话会使读者很难抓住要点，不能达到了解公司情况的目的。

三、产品介绍

产品介绍分为两种情况：一是当明确对方需求时，宜选择某类特定产品进行具体的推荐；二是当不明确对方需求时，宜对企业产品整体情况做笼统介绍（可能的情况下，附上商品目录、报价单或另寄样品供对方参考）。例如：

Art.No.76 is our newly launched one with super quality, fashionable design and competitive price.

To give you a general idea of our products, we are airmailing you under separate cover our catalogue for your reference.

In order to facilitate your work in pushing the sales of this item, we are sending you by airmail a small sample. A copy of the relevant descriptive leaflet is enclosed.

四、发送建交信函

很多新人把开发市场信函的语法、句子通顺放在了最重要的位置，通篇都在介绍他们公司如何专业，产品如何好，大段大段的，看着累人。可以这样说，这样的信件发出 100 封，能有一两封引起客户注意就不错了。因此，在发送你的建立业务关系的信函之前，请确保以下几点：

（1）标题要好，简明扼要。让客户知道这封信到底是干啥的，对他有用吗，比如说直接就用我们的产品作为标题，客户本身需要这个产品，看到自然感兴趣，回复率达到 80%。

（2）段落要短。对于非英语母语国家来说，太长了无疑是考验他们的耐心，即使是英语母语的人看着一大段一大段的东西，也很难有耐心读下去，尤其对于一开始就介绍自己的公司，而没告诉对于客户的价值。

（3）把最有吸引力的信息放在前面。这是一个永恒的方法，让客户一眼看去，兴趣来了。对什么最感兴趣呢？恐怕很大程度上是价格吧！

（4）装货期、付款方式、包装，这些内容也是客户关注的，因为这些都关系到他们的成本。

（5）最后拿出几句话来介绍公司就可以了。

记住客户感兴趣的是你的产品性价比是否高，而不是你的公司到底占地多少，有多少人。

操作技巧

如何写出有吸引力的邮件标题

邮件标题的重要性不言而喻，直接决定了你发信的效率。一个不明确的主题，会让客户根本没兴趣去打开陌生人的邮件。内容要言简意赅，直接吸引客户通过主题去点开邮件。至于他看了以后有没有反应，就要看实际情况和邮件内容的功力了。有些人写邮件会这样设置主题：“we are the manufacturer of lights”，或者“need cooperation”，或者“Guangdong *** trading company ltd”，或者“price list for lights-Guangdong *** trading company ltd”等，一看就知道是推销信。当你一个礼拜只收到一封推销信，你可能会有兴趣看看，但是如果你一天收到 N 封推销信，估计就会很厌烦，直接删掉。所以如何把主题写好，让客户知道这是封推销信，还是要忍不住打开看看？就要根据实际情况来判断了。

我自己认为：只要遵循站在客户的角度来考虑的原则，就能写出有吸引力的标题。当客户收到一封陌生邮件时肯定会想：你是谁？你是干什么的？和我有什么关系？

标题可以用逆向思维法来解释客户疑问：①这封邮件和你有关系；②我做的产品和你的产品密切相关；③我是做什么的，我的优势。

所以，标题分为三部分。

1．这封邮件和你有关系

说明和客户的关系可以从以下两方面入手：

（1）注明时间。据我的经验，有经验的买家常常这么标记经常来往的邮件，在最前面注明你的发信时间，让客户第一反应不是推销邮件，貌似是熟人的邮件。

（2）注明对方的公司名称。说明这封邮件是单发给你的，不是群发。假如说一封陌生的邮件可以说出你的公司名字。我想只要有一点点好奇心的话，也会打开来看看的。

2．我做的产品和你的产品密切相关

可以用客户的主打产品+你的行业词的办法来拉近和客户的关系，解释这封邮件和客户有什么关系。

3．我是做什么的，我的优势

写上你的主打产品，有大客户案例最好写上。

最后总结一下标题格式：

日期+To：客户名称+客户产品名称和行业词的组合+大客户案例+你的产品名称和优势

举个例子吧，假设我是做太阳能灯的公司 DEF Co., Ltd. 目前公司最大的客户是美国的 Home Depot，尽管可能是通过贸易商做的，不是直接合作，但是完全可以当作一个开发新客户的筹码！如果我要写一封开发信给美国的 ABC inc，我从 Google 上了解了一些这个公司的信息，知道它是美国的进口商，在做太阳能灯系列，希望能试着开发这个客户，我一般会这样写主题，“Re: ABC inc/Home Depot vendor-solar light/DEF Co., Ltd.”其中，ABC inc 代表了客户的公司名，你在写给它的主题上首先加上它的公司名，表示对它们公司的尊重；Home Depot vendor-solar light 明确表示你是北美第二大零售商 Home Depot 的太阳能灯供应商，既表明了实力，也引起它的兴趣；最后的 DEF Co., Ltd.代表自己公司。这样一来，假设你找对了人，这个正是 ABC 公司太阳能灯的买手，又或者是它的某一个主管，突然某一天收到这么一个主题的邮件，哇，home depot 的供应商找上来了，太棒了，应该看看是不是有合作机会，是不是比原有供应商更好？它打开邮件的概率会非常大！

业务操作

公司业务员许颖（ELLA）根据公司的产品和客户的要求，完成客户开发信的撰写并发送给对方。具体内容如图 2-7 所示。

Dear Sirs,

We have obtained your name and address from the internet. Also we are informed that you are a prospective buyer of Children's garments. As this item falls within the scope of our business activities, we shall be pleased to enter into business relations with you.

We enclose a brochure and a pricelist to acquaint you with our commodities now available for export. Quotations and samples will be airmailed to you upon receipt of your specific enquiry.

Your favorable reply will be highly appreciated.

Yours faithfully,

Elle XU

图 2-7　客户开发信

做中学，学中做

操作总结：请根据你对本次任务的完成情况填写下表。

行为描述	自我评价	
1. 你是否知道沟通包括表达、倾听、反馈三个基本要素	是	否
2. 在撰写商业信函时，你是否会按照规范格式进行行文	是	否
3. 面对大量的信息，你是否能够辨别出哪些需求信息是真实的，哪些是虚假的	是	否
4. 在与海外客户确认合作关系前，你是否会进行客户信用评估工作	是	否

03 项目三 价格核算

学习目标

▶ 知识目标	▶ 能力目标
1. 了解与贸易术语有关的国际惯例。 2. 掌握《2020 年国际贸易术语解释通则》中三个常用术语 FOB、CFR、CIF 的主要规定。	1. 能根据特定的业务背景选择使用合适的贸易术语。 2. 能根据构成价格的要素核算不同价格术语的报价。

任务五　选择价格术语

情境引例

在 B2B 网站搜索求购信息时，发现很多国外客户都要求以 FOB 术语交易，如图 3-1 所示。

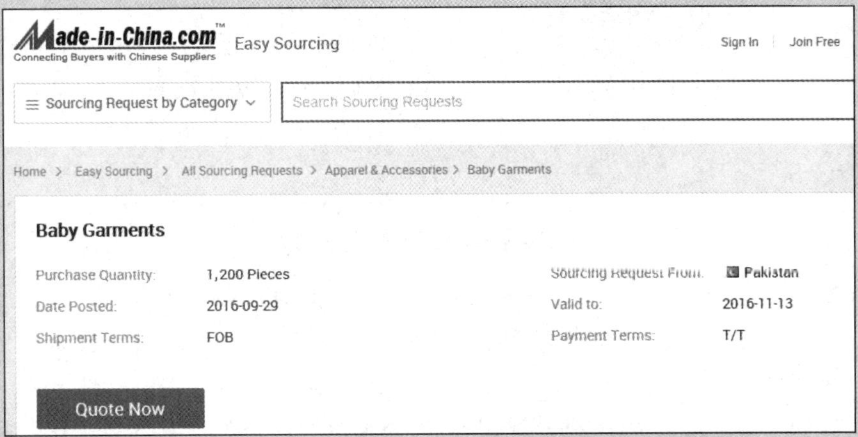

图 3-1　搜索页面

因此，许颖必须考虑该术语是否可以接受，还可以采用哪些贸易术语来交易。在分析这些问题之后，许颖准备给一位加拿大的潜在客户写一封业务开发信。

流程图解

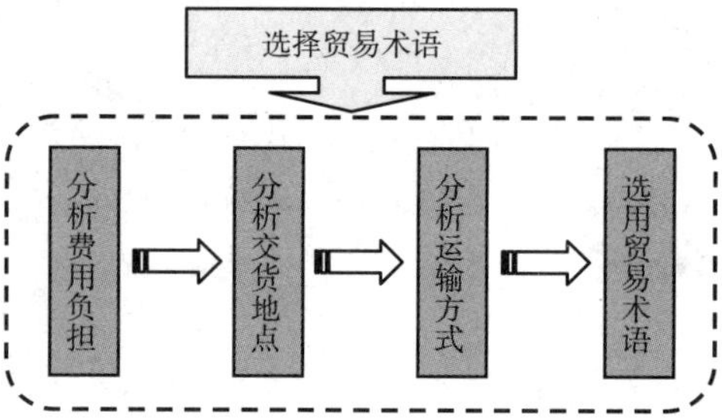

知识准备

一、国际贸易术语解释通则

贸易术语，又称价格术语，是用来划分国际贸易买卖双方各自应承担的费用、风险和责任的专门术语，以确定双方在交货和收货过程中各自的义务。国际贸易业务中包含装卸货物、投保货物运输险、报关、纳税等手续，并需支付运费、保险费、装卸费及其他各项费用，同时货物在运输和装卸过程中，还可能遭遇到自然灾害、意外事故和各种外来风险。这些贸易相关事项由谁办理，费用由谁支付，风险由谁承担，买卖双方在磋商交易和订立合同时，必须予以明确规定。但是如果每次交易都要讨论如此众多的责任、费用和风险划分，必然会增加贸易成本，因此出现了国际上统一的用简单字母组合表示的专门的贸易术语。交易双方只要协商确定用哪一个贸易术语，就基本明确了交易双方各自承担的责任、费用和风险，而不用详细地讨论众多具体的细节。

有关贸易术语的国际惯例规则包括《1932 年华沙—牛津规则》和《1941 年美国对外贸易定义修订本》等，但当前使用最广泛的是由国际商会制定的于 2021 年 1 月 1 日开始在全球实施的《国际贸易术语解释通则》(*International Rules for the Interpretation of Trade Terms*，Incoterms)。该通则于 2020 年公布，以下简称《2020 通则》。

温馨提示

贸易术语的版本及效力

国际商会制定的贸易术语约 10 年修订一次，因此自从第一次公布以来已经修订了很多次，产生了多个版本。虽然最新版《2020 通则》于 2021 年 1 月 1 日正式生效，但并非原来的版本《2010 通则》就自动作废，当事人在订立贸易合同时仍然可以选择适用《2010 通则》甚至更早的《2000 通则》。因为国际贸易惯例本身不是法律，对国际贸易当事人不产生必然的强制性约束力，因而在签订合同时最好申明适用《2020 通则》或其他版本。

《2020 通则》共包括 11 个贸易术语，分成两类：第一类包括适用于任何运输方式（含多式运输）的 7 种术语，即 EXW、FCA、CPT、CIP、DPU、DAP 和 DDP；第二类是只适用于海运或内河运输的 4 种术语，即 FAS、FOB、CFR、CIF，如表 3-1 所示。在我国对外贸易中，最经常使用的贸易术语为 FOB、CFR 和 CIF 三个。

表 3-1　《2020 通则》贸易术语一览表

组　　别	贸易术语（英文）	贸易术语（中文）
适用于任何运输方式，包括多式运输的贸易术语	EXW—Ex Works	工厂交货
	FCA—Free Carrier	货交承运人
	CPT—Carriage Paid To	运费付至
	CIP—Carriage and Insurance Paid To	运费、保险费付至
	DPU—Delivered At Place Unloaded	目的地交货并卸货
	DAP—Delivered At Place	目的地交货
	DDP—Delivered Duty Paid	完税后交货
只适用于海运或内河运输的贸易术语	FAS—Free Alongside Ship	船边交货
	FOB—Free On Board	船上交货
	CFR—Cost and Freight	成本加运费
	CIF—Cost Insurance and Freight	成本加保险费、运费

温馨提示

如何获得《2020 通则》的全文内容

《2020 通则》的全文内容，可通过网络搜索或购买书籍查阅。

二、FOB

FOB 术语的中译名为船上交货（……指定装运港），其英文为 Free on Board （...named port of shipment）。FOB 是指卖方已在指定装运港将货物装上买方指定的船舶。按照《2020 通则》规定，此术语只适用于海运和内河航运。买卖双方各自承担的基本义务如表 3-2 所示。

表 3-2　FOB 术语条件下买卖双方的义务

义　　务	当 事 人	
	卖　　方	买　　方
基本责任	交货并通知、移交单据	付款、接受单据、提货
通关及费用	办理出口报关、支付相关费用	办理进口清关、支付相关费用
运输及费用		租船或订舱并通知、支付运费
保险及费用		

续表

<table>
<tr><th rowspan="2">义　务</th><th colspan="2">当事人</th></tr>
<tr><th>卖　方</th><th>买　方</th></tr>
<tr><td>风险划分</td><td>承担货物到达装运港船上之前的一切风险和费用</td><td>承担货物到达装运港船上之后的一切风险和费用</td></tr>
</table>

注：在FOB条件下，买方无义务办理货物运输保险，但并不影响买方为自身利益而投保并支付保险费。实践中由买方办理保险。

在这种方式下，当货物在指定的装运港装到了买方安排的船上，卖方就完成了交货义务（当然还得办理出口报关手续）。买卖双方以装运港船上为界分担风险，即卖方承担货物到达装运港船上之前的风险，而买方承担到达装运港船上之后的风险，如图3-2所示。

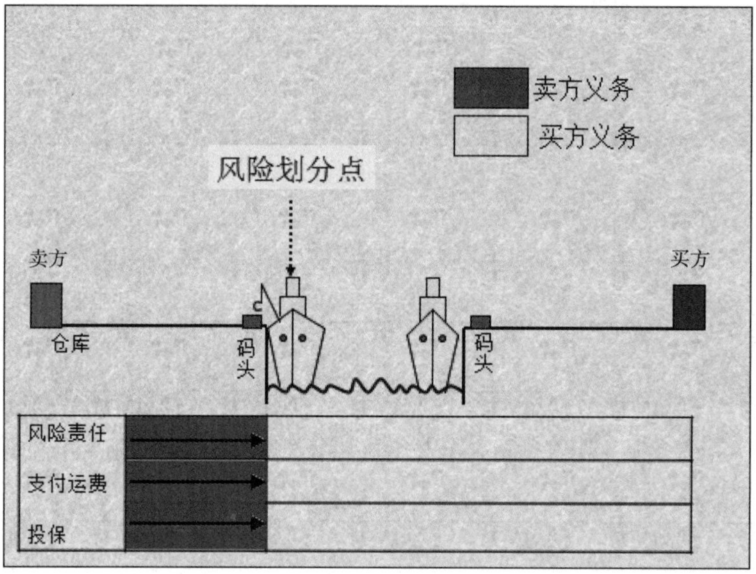

图3-2　FOB术语的买卖双方风险划分点

从卖方承担的费用构成上看，除了货物本身的价值，还要加上货物从内陆运到装运港码头的运费、报关手续费以及装运港码头上产生的杂费，才是总的FOB成本价格。用简便公式表示为：FOB价=货价+国内运杂费。

案例分析

FOB项下货损案

买方与卖方签订一笔1 000公吨（1公吨=1吨）的食品合同，贸易条件为FOB大连，11月13日买方指定的船舶抵达大连港将货物装船。14日凌晨2点，货物装载完毕，2点30分左右，载货船舱出现火情，船长组织船员灭火后，食品中已有300公吨被烧毁，其余700公吨也因严重水浸和污染而丧失原商品价值。卖方立即将情况汇报买方，征询处理意见。次日，买方来电要求卖方负责将损毁的货物卸船，并重新备齐货物装船，否则将不付款。卖方应如何处理？

拓展阅读

FOB 项下卖方失去货物控制权的风险

2002 年 11 月 8 日，我国甲公司与韩国乙公司签订出口各式夹克衫贸易合同，贸易术语为 FOB。合同规定，付款方式为信用证，乙公司指定韩国丙公司为承运人。货物装船后丙公司签发了以甲公司为托运人的正本提单，通知方为丁公司，收货人为“根据某银行指示”。由于韩国乙公司一直没有付款买单，甲公司现仍持有上述提单正本。经调查，涉案货物运抵目的港后，已由前述提单通知人以银行保函形式未凭正本提单向承运人丙公司提取，即涉案货物已由丙公司在目的港未收回正本提单的情况下向他人进行了交付。据此，2003 年 10 月 8 日，甲公司诉至我国海事法院，请求判令被告赔偿货款及利息损失。法院最后判决丙公司向甲公司赔偿货款损失及利息损失。

本案涉及无单放货与无船承运人两个法律与业务问题。一是无单放货：本案被告丙公司在未收回涉案正本提单的情况下，凭银行保函将涉案提货单交付给非正本提单持有人，该行为直接侵害了正本提单持有人依法享有的物权，对此必须承担法律责任。二是无船承运人：经营无船承运业务，应当向国务院交通主管部门办理提单登记，并缴纳保证金。本案韩国丙公司没有向我国交通部办理提单登记，更没有缴纳保证金。擅自在我国境内签发提单从事无船承运人业务，因此是违法的，应予以查处。

出口企业为规避 FOB 合同下被无单放货的风险，货主要尽量做到以下几点：

（1）签订出口合同时，应尽量签订 CIF 或 CFR 条款，避免外商指定船公司、境外货代或无船承运人安排运输，由我方掌握安排运输的主动权；签约前应注意掌握外商的资信等情况。

（2）如外商坚持 FOB 条款并指定船公司、境外货代或无船承运人安排运输，可接受知名的船公司，尽量避免接受指定的境外货代或无船承运人。如外商仍坚持指定境外货代或无船承运人，为不影响出口，必须严格按程序操作，对指定的境外货代或无船承运人的信誉要进行严格的调查，了解是否有我国合法代理人向交通部办理无船承运人资格的手续，同时货主要求我国的货代或无船承运人出具保函，承诺被指定境外货代或无船承运人安排运输的货物到达目的港后必须凭正本提单放货，否则要承担无单放货的赔偿责任。

三、CFR

CFR 术语的中译名为成本加运费（……指定目的港），其英文为 Cost and Freight（...named port of destination）。此术语是指卖方必须负担货物运至约定目的港所需的成本和运费。这里所指的成本相当于 FOB 价的成本，故 CFR 术语表示的价格构成是在 FOB 价的基础上加上装运港至目的港的通常海运运费。

按 CFR 术语成交，在货价构成因素中，包括自装运港至目的港的通常运费。也就是说，主要运费已付，故卖方要负责签订运输合同和安排运送货物。但由于它同 FOB 术语一样也属于装运港交货，货物风险的划分，也以装运港船上为界，故货物运输中途灭失或损坏的风险以及货物装船后中途发生意外事件产生的任何额外费用，一概由买方承担，如图 3-3 所示。

在《2020 通则》中，明确规定 CFR 术语只适用于海运和内河航运。买卖双方各自承担的基本义务，如表 3-3 所示。

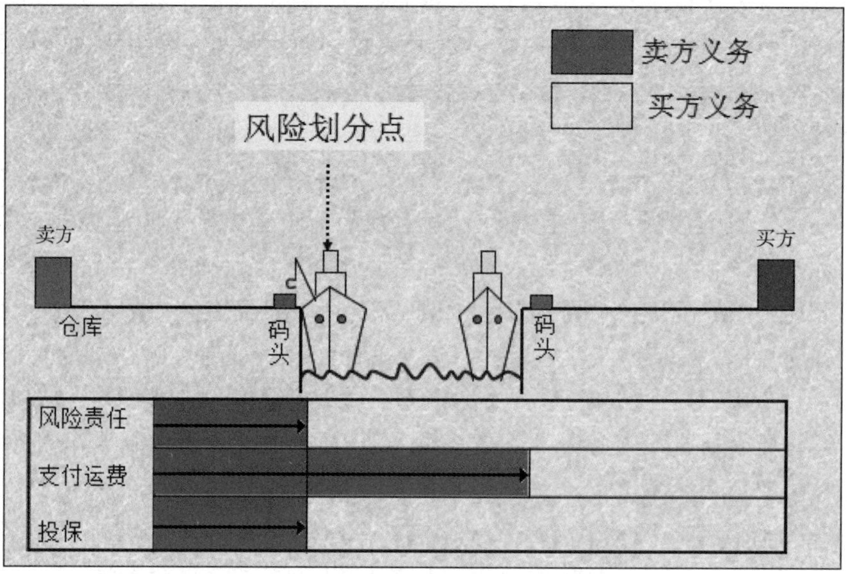

图 3-3 CFR 术语的买卖双方风险划分点

表 3-3 CFR 术语条件下买卖双方的义务

义　务	当事人	
	卖　方	买　方
基本责任	交货并通知、移交单据	付款、接受单据、提货
通关及费用	办理出口报关、支付相关费用	办理进口清关、支付相关费用
运输及费用	租船或订舱、支付运费	
保险及费用		
风险划分	承担货物到达装运港船上之前的一切风险和费用	承担货物到达装运港船上之后的一切风险和费用

注：在 CFR 条件下，买方也没有义务办理货物运输保险，但并不影响买方投保并支付保险费。

从价格构成来看，在这种方式下，除了 FOB 价格，还要加上货物运到国外目的港的运杂费。如果用简便公式表示这两种贸易术语之间的关系，那就是：CFR 价=FOB 价+F（国际运费）。不过，CFR 与 FOB 尽管费用构成不同，但都属于“装运合同”，也就是说，卖方都是在出口国装运港完成交货义务，而且风险划分也是以装运港船上为界。

在使用 CFR 术语时应注意的几个问题如下：

（1）按 CFR 条件成交时，由卖方安排运输，由买方办理货运保险，如卖方不及时发出装船通知，则买方就无法及时办理货运保险，甚至有可能出现漏保货运险的情况，因此卖方装船后务必及时向买方发出装船通知，否则，卖方应承担货物在运输途中的风险损失。

（2）在进口业务中，按 CFR 条件成交时，鉴于由外商安排装运，由我方负责保险，故应选择资信好的国外客户成交，并对船舶提出适当要求，以防外商与船方勾结，出具假提单，租用不适航的船舶，或伪造品质证与产地证明，否则，可能使我方蒙受不应有的损失。

案例分析

CFR 项下货损案

我国某公司以 CFR 条件进口一批大豆，在约定日期未收到卖方的已装船通知，却收到卖方要求该公司支付货款的单据。此后我方接到货物，经检验部分货物在运输途中因海上风险而丢失。该公司应如何处理，为什么？

四、CIF

CIF 术语的中译名为成本加保险费、运费（……指定目的港），其英文为 Cost Insurance and Freight（...named port of destination）。按此术语成交，货价的构成因素中包括从装运港至约定目的港的通常运费和约定的保险费，故卖方除具有与 CFR 术语的相同的义务外，还要为买方办理货运保险，并支付保险费，如表 3-4 所示。按一般国际贸易惯例，卖方投保的保险金额应按 CIF 价加 10%。如买卖双方未约定具体险别，则卖方只需取得最低限度的保险险别，如图 3-4 所示。如买方要求加保战争险，在保险费由买方负担的前提下，卖方应予加保。卖方投保时，如能办到，应以合同货币投保。如果用简便公式表示 CIF 价格与 CFR 价格之间的关系，即 CIF 价=CFR 价+I（国际运输保险费）。

表 3-4　CIF 术语条件下买卖双方的义务

义　务	当事人	
	卖　方	买　方
基本责任	交货 并通知、移交单据	付款、接受单据、提货
通关及费用	办理出口报关、支付相关费用	办理进口清关、支付相关费用
运输及费用	租船或订舱、支付运费	
保险及费用	办理保险、支付保险费	
风险划分	承担货物到达装运港船上之前的一切风险和费用	承担货物到达装运港船上之后的一切风险和费用

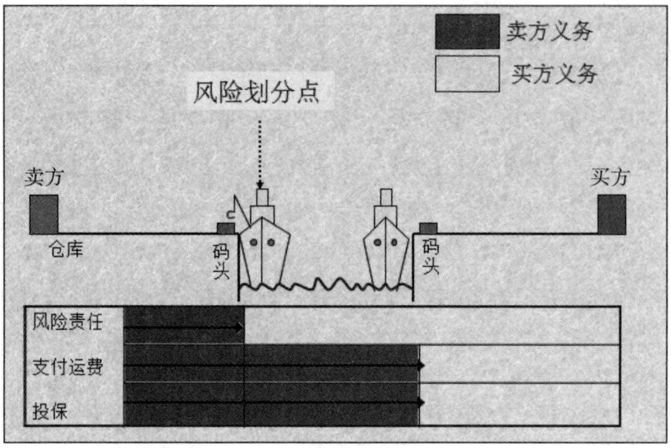

图 3-4　CIF 术语的买卖双方风险划分点

温馨提示

“离岸价”与“到岸价”

从费用承担的角度看，FOB 价格可以说是“离岸价”，而 CIF 价格可以说是“到岸价”。但需要强调的是，按 CIF 术语成交，虽然由卖方安排货物运输和办理货运保险，但卖方并不承担保证把货送到约定目的港的义务，因为 CIF 是装运交货的术语，而不是目的港交货的术语，也就是说，CIF 合同也属于“装运合同”。从风险承担的角度看，CIF 价不是“到岸价”。

案例分析

CIF 合同的特征

某公司按 CIF London 向英国出口一批季节性较强的货物，双方在合同中规定：买方须于 9 月底前将信用证开到。卖方保证运货船只不得迟于 12 月 2 日驶抵目的港。如货轮迟到，买方有权取消合同。如此签约是否合理？

在出口贸易中运用 CIF 术语时，应特别注意下列事项。

1. 必须认真核算运费

按 CIF 条件成交时，由于货价构成因素中包括运费，故卖方对外报价时，应认真核算运费，把运费因素考虑到货价中去。那种不分销售地区，不分距离远近，都按同一价格出售的做法，显然是不合适的。

卖方核算运费时，主要应考虑下列因素：

（1）运输距离的远近。同一种货物，如运输距离不同，其运输费用也必然有别，所以在按 CIF 条件成交时，应当核算运输成本，以体现地区差价。

（2）是否需要转船。一般来说，直达运输比中转船运输的费用低。所以按 CIF 条件成交时，应考虑是否需要转船，如在成交量少而又无直达班轮运输的情况下，转船费用应计入运输成本并考虑到货价中去。在 CIF 条件下，不考虑转船与否，都按相同的价格出售的做法也是不合理的。

（3）运价变动的趋势。买卖双方按 CIF 条件成交时，在确定货价的同时，应考虑市场运价变动趋势以及各种附加费，把运价变动的风险考虑到货价中去，防止出现只顾成交、不顾运输和只管货价、不管运价的情况。

2. 必须正确理解和处理风险与保险的关系

风险和保险是既有联系又有区别的两个不同的概念。在 CIF 条件下，如上所述买方应承担货物在运输途中的风险，买方为了转嫁风险，本应向保险公司办理保险。但买方为了省事，在洽商交易时，常要求卖方代办保险，并商定保险费计入货价中，由于 CIF 货价中包括保险费，故卖方必须按约定条件自费办理保险，卖方为买方利益所进行的这种保险，纯属代办性质，如果事后发生承保损失，由买方凭卖方转让的保险单直接向保险公司索赔，能否索赔到手，卖方概不负责。

3. 必须做好单证工作

按对 CIF 术语的传统解释，CIF 属“象征性交货”，卖方有向买方提交约定的装运单据的义务，买方则有凭装运单据付款的义务。也就是说，在 CIF 条件下，买方凭单据付款。因此，即使在卖方装船以后至交单这段时间内，货物发生灭失或损坏，只要卖方提交的单据符合要求，买方就不得拒收单据和拒付货款，而只能先付款赎单，然后凭所取得的有关单据向有关责任人或保险公司提出索赔，追回损失。因此，CIF 交易实际上是一种单据买卖。装运单据在使用 CIF 术语的交易中具有特别重要的意义，所以在实际工作中，应重视和做好单证工作。当然，CIF 是单据买卖的说法，并不意味着可以因此而减轻卖方交货方面的责任，CIF 的卖方，除应提交约定的装运单据外，还应保证交运约定质量的货物。

案例分析

CIF 项下货损案

按 CIF 术语出口。卖方按合同规定装船完毕后，取得包括提单在内的全套装运单据。但是，装货轮船在起航后第二天就触礁沉没，买方闻讯后提出拒收单据，拒付货款。卖方应如何处理？为什么？

小思考

贸易术语的选择

如果可以选择，你认为应该如何选用 CIF、CFR、FOB 术语中的一个以保证自己的利益？

拓展阅读

贸易术语的变形

班轮运输的特点之一，是由船方负担装卸费，因此，装卸费包含于运费当中，买卖双方就没有必要约定装卸费由谁负担。但在洽租不定期船运输时，装卸费不一定包括在租金中。如租金中没有包括装卸费，装卸费由买方或卖方负担，就应当在买卖合同中注明，即在贸易术语后加列有关装卸费由谁负担的附加条件，以明确责任，这就促使产生了贸易术语的变形。需要特别注意的是，在上述贸易术语后面加附加条件，只是为了进一步明确装运港的装运费和目的港的卸货费由何方负担的问题，但交货地点和风险划分的界线，并无任何改变。

（一）FOB 术语变形以明确装运港的装货费由谁负担

1. FOB 班轮条件（FOB Liner Terms）

按 FOB 的班轮条件成交，是指装货费按班轮运输办法处理，并不是指 FOB 成交的货物一定要用班轮装运。按 FOB 术语时卖方不承担运费，因而此条件下卖方不承担装运港的装货费。至于装货费究竟由买方还是船方负担，则取决于买方租船时采用何种租船条件。

2. FOB 吊钩下交货（FOB Under Tackle）

按此条件成交，卖方仅将货物交到买方指定船舶的吊钩所及之处，吊钩以后的装货费用，卖方不予负担。如载货船舶因港口水浅而不能靠岸时，则卖方应将货物驳运到载货船舶的吊钩所及之处，凡属驳运货物的费用，仍由卖方负担。

3. FOB 包括理舱（FOB Stowed）

为了使船上装载的货物放置妥善和分布合理，货物装船后，需要进行垫隔和整理，此项作业叫作理舱。按此条件成交，卖方不仅应负担装货费，而且还要将装到船上的货物堆好、码好并进行垫隔和整理，即还须负担理舱费。

4. FOB 包括平舱（FOB Trimmed）

货物装船后，为了保持船舶承受压力均衡和航行安全，对成堆装入船舱的散装货物，如煤炭、粮谷等，需要进行调动和平整，这项作业叫作平舱。按此条件成交，装货费和平舱费，一概由卖方负担。

5. FOB 包括理舱和平舱（FOB Stowed and Trimmed）

按此条件成交，则卖方不仅要负担装货费且要负担理舱和平舱的费用。

（二）CFR 和 CIF 术语变形以明确卸货费由谁负担

1. CFR 班轮条件（CFR Liner Terms）或 CIF 班轮条件（CIF Liner Terms）

CFR 班轮条件或 CIF 班轮条件是指卸货费按班轮办法处理，即买方不负担卸货费，若船方不负责卸货费，则由卖方负担所有卸货费用。

2. CFR 卸到岸上（CFR Landed）或 CIF 卸到岸上（CIF Landed）

CFR 卸到岸上或 CIF 卸到岸上是指由卖方负担将货卸到岸上为止的卸货费，其中包括驳运费。

3. CFR 吊钩下交货（CFR Ex Tackle）或 CIF 吊钩下交货（CIF Ex Tackle）

CFR 吊钩下交货或 CIF 吊钩下交货是指由卖方负责将货物从船舱吊起卸到船舶吊钩所及之处（码头上或驳船上）的费用，在船舶吊起卸到船舶不能靠岸的情况下，驳运费由买方负担。

4. CFR 舱底交货（CFR Ex ship’s Hold）或 CIF 舱底交货（CIF Ex ship’s Hold）

CFR 舱底交货或 CIF 舱底交货是指货物运到目的港后，卖方不负担卸货费用，由买方负担货物从舱底到码头的卸货费用。

五、其他贸易术语

（一）FCA、CPT、CIP

FCA 即货交承运人（……指定地点），其英文为 Free Carrier（...named place）。FCA 是指卖方在卖方所在地或其他指定地点将货物交给买方指定的承运人或其他人。由于风险在交货地点转移至买方，特别建议双方尽可能清楚地写明指定交货地内的交付点。

CPT 即运费付至（……指定目的地），其英文为 Carriage Paid to（...named place of destination）。CPT 是指卖方将货物在双方约定地点（如果双方已经约定了地点）交给卖方指定的承运人或其他人。卖方必须签订运输合同并支付将货物运至指定目的地所需费用。

CIP 即运费、保险费付至（……指定目的地），其英文为 Carriage and Insurance Paid to（...named place of destination）。CIP 是指卖方将货物在双方约定地点（如果双方已经约定了地点）交给其指定的承运人或其他人。卖方必须签订运输合同并支付将货物运至指定目的地的所需费用。卖方还必须为买方在运输途中货物的灭失或损坏风险签订保险合同。

温馨提示

FCA、CPT、CIP 与 FOB、CFR、CIF 的异同

用集装箱运输的货物通常是在集装箱码头交货，在此类情况下，应当使用 FCA、CPT、CIP 术语来代替 FOB、CFR、CIF 术语，因为货物在上船前已经交给承运人照看。

FCA、CPT、CIP 三种术语分别是从 FOB、CFR、CIF 三种常用贸易术语的基础上为了适应多种运输方式的需要而产生的，其与三种常用贸易术语的共同点如下：

（1）出口手续的办理，即都是由卖方负责出口报关手续，由买方负责进口清关手续。

（2）价格构成上，包括买卖双方在办理运输和保险的责任上，FCA 与 FOB 相同，CPT 与 CFR 相同，CIP 与 CIF 相同。

六种主要贸易术语的区别如表 3-5 所示。

表 3-5 六种主要贸易术语的区别

不同点	术语	
	FOB、CFR、CIF	FCA、CPT、CIP
适用的运输方式	仅适用于海运和内河运输，承运人一般为船公司	适用于各种运输，承运人因运输方式不同而有多种情况
交货和风险转移的地点	交货点和风险划分点都是装运港船上	交货点和风险划分点都是货物交给第一承运人时，具体地点因运输方式不同而有多种情况
租船运输时装卸费用负担	贸易合同中要采用贸易术语变形加以确定装卸费用负担	运费中包含装货费或卸货费，贸易合同中无须采用术语变形
运输单据	卖方一般要提交清洁已装船提单	运输单据因运输方式不同而有多种形式

案例分析

内陆企业贸易术语的选择

西安某出口公司于某年2月向日本出口30吨甘草膏，以FOB天津条件成交，共54 000美元，装运期为2月25日之前，货物必须装集装箱。该出口公司在天津设有办事处，于是在2月上旬便将货物运到天津（该公司所在地正处在铁路交通的干线上），由天津办事处负责订箱装船。不料货物在天津存仓后的第二天，仓库午夜着火，抢救不及，30吨甘草膏全部被焚。办事处立即通知西安公司总部并要求尽快补发30吨甘草膏，否则无法按期装船。结果该出口公司因货源不济，只好要求日商将装运期延长15天，日商同意但提出价格下降5%，经双方协商，最终降价3%。根据上述业务背景，在不改变出口商费用承担的情况下，可以考虑将FOB改为什么贸易术语以降低业务风险。

（二）FAS

FAS 术语即装运港船边交货（……指定装运港），其英文为 Free Alongside Ship（...named port of shipment）。装运港船边交货，是指卖方把货物送到装运港码头船边。

（三）EXW

EXW 即工厂交货（……指定地点），其英文为 Ex Works（...named place），是所有术语中买方责任最大的。“工厂交货”是指当卖方在其所在地或其他指定地点（如工厂、车间或仓库等）将货物交由买方处置时，即完成交货。卖方无须将货物装上任何前来接收货物的运输工具，需要清关时，卖方也无须办理出口清关手续。

（四）D 组贸易术语

D 组的三个术语为 DPU、DAP、DDP，以这三个术语之一成交时，卖方都要负责把货物安全送到进口国，因而相关的合同称为“到货合同”，相关的成交价属于到岸价。

DPU 即目的地交货并卸货（……指定目的地），其英文为 Delivered at Place Unloaded（...named place of destination）。DPU 是指当卖方在指定目的地将货物从抵达的载货运输工具上卸下，交由买方处置时，即交货。卖方承担将货物送至指定目的地并将其卸下的一切风险。

DAP 即目的地交货（……指定目的地），其英文为 Delivered At Place（...named place of destination）。DAP 是指当卖方在指定目的地将仍处于抵达的运输工具之上，且已做好卸载准备的货物交由买方处置时即交货。卖方承担将货物运送到指定地点的一切风险。卖方无义务办理进口清关、支付任何进口税或办理任何进口海关手续。

DDP 即完税后交货（……指定目的地），其英文为 Delivered Duty Paid（...named place of destination）。DDP 是指当卖方在指定目的地将仍处于抵达的运输工具上，但已完成进口清关，且已做好卸载准备的货物交由买方处置时，即交货。卖方承担将货物运至目的地的一切风险和费用，并且有义务完成货物出口和进口清关，支付所有出口和进口的关税和办理所有海关手续。此术语是卖方承担责任、费用和风险最大的一种。

业务操作

许颖认为 FOB 术语下自己在货物所有权控制方面存在一定的风险，并且所在的公司与国内货运代理公司和保险公司的合作一直很好，能够争取到较优惠的价格，并且当前的海运价格保持平稳，因此建议客户采用 CIF 术语进行交易。在研究了客户在中国制造网发布的需求信息的相应要求之后，许颖给客户撰写了一封业务开发信如下：

Dear Sirs,

We have obtained your name and address from www.made-in-china.com. Also we are informed that you are a prospective buyer of Children's garments. As this item falls within the scope of our business activities, we shall be pleased to enter into business relations with you.

We enclose a brochure and a pricelist to acquaint you with our commodities now available for export. Quotations and samples will be airmailed to you upon receipt of your specific enquiry.

You are suggested to trade on CIF basis, since we can get lower transport and insurance cost.

Your favorable reply will be highly appreciated.

Yours faithfully,

Elle XU

做中学，学中做

1. 某公司向外商出售 300 公吨一级大米，成交条件 FOB 上海。装船时货物经检验符合合同要求，货物出运后，卖方及时向买方发出装船通知。但是在航运途中，因海浪过大，大半货物被海水浸泡，大米的品质受到影响。货物到达目的港后，只能按三级大米价格出售，于是买方要求卖方赔偿差价损失。卖方应如何处理？

2. 某公司以 CIF 条件出口一批罐头。合同签订后，接到买方来函，声称合同规定的目的港口最近经常发生暴乱，要求卖方在办理保险时加保战争险。对于客户的要求卖方是否可以接受？这批货物运抵目的港后，卖方接到买方支付货款的通知，声明：因货物在运输途中躲避风暴而增加的运费已代卖方支付给船公司，故此，所付的货款中已将此项费用扣除。对此，卖方应如何处理？

3. 美国出口商与韩国进口商签订了一份 CFR 合同，合同规定由卖方出售 2 000 公吨小麦给买方。小麦在装运港装船时是混装的，共装运了 5 000 公吨，准备在目的地由船公司负责分拨 2 000 公吨给买方。但载货船只在途中遇高温天气，小麦发生变质，共损失 2 500 公吨。卖方声称其出售给买方的 2 000 公吨小麦在运输途中全部损失，并认为根据 CFR 合同，风险在装运港船上已经转移给买方，故卖方对损失不负责任。买方则要求卖方履行合同。双方发生争议，后将争议提交仲裁解决。问：仲裁机构将如何裁决？

任务六 出口报价核算

情境引例

2016年11月5日，许颖在邮箱中看到了客户给她的回复，非常激动。

Dear Ms. XU,

Thank you for your letter and your latest catalogue.

We are much impressed by your PP series, especially Art No. PP01. We would be appreciated it if you could quote us your best prices on CIF TORONTO, including our 5% commission.

Looking forward to hearing from you.

Yours sincerely,

Mr. Smith

请根据以上情况帮助许颖完成PP01型号产品的报价核算。

流程图解

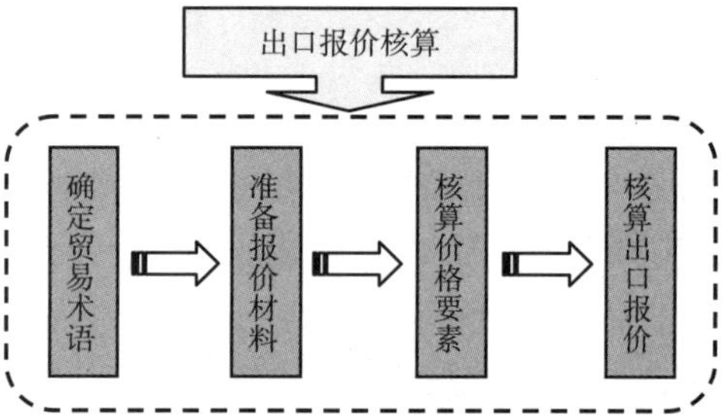

知识准备

一、了解销售价格的组成

商品的销售价格主要是由成本、费用、税金和利润这几个部分构成的。

成本（Cost）是整个价格的核心。它是出口企业为出口其产品进行生产、加工或采购所付出的生产成本、加工成本或采购成本。

费用（Expenses）主要分为国内费用和国外费用两部分。其中国内费用主要包括包装费、仓储费、国内运费、认证费、港口费、商检报关费、经营管理费、银行费用等；国外费用包括国际运费、国际货运保险费、佣金等。

出口贸易涉及的税金主要有关税、增值税、消费税，但国家对出口货物退还其在国内生产和流通环节实际缴纳的增值税、消费税，并且对大多数产品不征收出口关税。利润则是企业预计的业务经营所得的收入。

二、核算报价的各项要素

（一）核算报价数量

销售数量的多少直接影响着商品的销售价格，出口商应先确定销售数量，然后核算费用和价格。

在国际贸易中，经常使用集装箱（也称货柜）来运输货物，因而出口商一般建议客户按整个集装箱可以装载的商品数量来考虑成交数量，以节约国际运费。海运常用的集装箱主要是 20 英尺（1 米=3.280 8 英尺）、40 英尺集装箱和 40 英尺高柜三种规格。

温馨提示

常用的几种集装箱的外尺寸和内容积

20 英尺×8 英尺×8 英尺，简称 20 尺货柜，即 20’GP。

40 英尺×8 英尺×8 英尺，简称 40 尺货柜，即 40’GP。

40 英尺×8 英尺×9 英尺，简称 40 尺高柜，即 40’HQ。

20 尺货柜：内容积 5.69 米×2.13 米×2.18 米，配货毛重一般 17.5 吨，体积 24～26 立方米。

40 尺货柜：内容积 11.8 米×2.13 米×2.18 米，配货毛重一般 22 吨，体积 54 立方米。

40 尺高柜：内容积 11.8 米×2.13 米×2.72 米，配货毛重一般 22 吨，体积 68 立方米。

计算集装箱的装箱数量，有两种计算方法。

1. 大致估算

大致估算是指根据集装箱的容量和最大载重、产品包装的体积和每个包装的毛重来计算报价数量。简单地说，就是用集装箱内容积除以每包装体积，或者用集装箱最大载货重量除以每包装毛重的方法（二者的结果以较小值为准）来估算集装箱的装箱数量。

例 3-1　估算集装箱的装箱数量

某公司出口女童全棉连衣裙一批，产品所用包装纸箱尺寸为 55 厘米×40 厘米×43 厘米，每箱毛重 15 千克，每个纸箱装 16 件。试估算 20 英尺集装箱（配货体积 25 立方米，最大载重 17.5 公吨）的装箱数量。

按体积计算，每个纸箱体积为 0.55×0.40×0.43=0.094 6（立方米），25÷0.094 6=264.27（箱）。因为不可能把一个纸箱割除一部分，所以结果要取整数，即 264 箱。

按重量计算，每个纸箱毛重 0.015 公吨，17.5÷0.015=1 166.7（箱），取整数为 1 166 箱。

上述两种方法的计算结果取较小值，也就是 264 箱。但需要指出，由于装箱时会有空间上的损耗，实际上可能装不下 264 箱，因而估算出的数量只能作为参考。

2. 精确计算

精确计算是指根据集装箱内尺寸的长宽高来设计产品包装在箱内的放置方式，以充分利用集装箱内部空间，达到最大的装载数量，并确保在实际装箱时可以装下所有产品。

例 3–2 精算集装箱的装箱数量

某公司出口女童全棉连衣裙一批，产品所用包装纸箱尺寸为 55 厘米×40 厘米×43 厘米，每箱毛重 15 千克，每个纸箱装 16 件。试精确计算 20 英尺集装箱的装箱数量。

1. 纸箱放置方法一

集装箱内尺寸：长 569 厘米×宽 213 厘米×高 218 厘米

纸箱在集装箱内的对应位置为：长 55 厘米×宽 40 厘米×高 43 厘米

集装箱长、高、宽共可装箱量为：长 10.3 箱×宽 5.3 箱×高 5.1 箱

去纸箱误差，集装箱可装纸箱数为：长 10 箱×宽 5 箱×高 5 箱=250 箱

体积为 23.65 立方米，毛重为 3.75 公吨，没有超重。

2. 纸箱放置方法二

集装箱内尺寸：长 569 厘米×宽 213 厘米×高 218 厘米

纸箱在集装箱内的对应位置为：宽 40 厘米×长 55 厘米×高 43 厘米

集装箱长、高、宽共可装箱量为：长 14.2 箱×宽 3.9 箱×高 5.1 箱

去纸箱误差，集装箱可装纸箱数为：长 14 箱×宽 3 箱×高 5 箱=210 箱

体积为 19.866 立方米，毛重为 3.15 公吨，没有超重。

3. 纸箱放置方法三

集装箱内尺寸：长 569 厘米×宽 213 厘米×高 218 厘米

纸箱在集装箱内的对应位置为：长 55 厘米×高 43 厘米×宽 40 厘米

集装箱长、高、宽共可装箱量为：长 10.3 箱×宽 4.9 箱×高 5.4 箱

去纸箱误差，集装箱可装纸箱数为：长 10 箱×宽 4 箱×高 5 箱=200 箱

体积为 18.92 立方米，毛重为 3.0 公吨，没有超重。

通过以上计算，“方法一”是最佳的装箱方案，可以装 250 箱，共 250×16=4 000（件）。

（二）采购成本核算

采购成本是指贸易型出口企业向工厂或其他供应商采购商品用以出口的购货成本，出口企业可以通过邮件或电话和工厂或其他供应商联络，询问采购价格，用以成本核算。

（三）核算出口退税收入

一般来说，出口企业的成本是生产成本（生产型出口企业）或采购成本（流通型出口企业），它们包含了流转税，属于含税成本。但很多国家为了降低出口商品的成本，增强其商品在国际市场的竞争能力，往往对出口商品采取出口退税的制度，即对报关出口的货物退还或免征国内生产环节和流转环节按税法规定征收的增值税和消费税的制度。因此，在核算出口商品价格时，应该将含税成本中的税收部分根据出口退税比率予以扣除，从而得出实际成本。

拓展阅读

税收的分类

按照课税对象的性质，税收可分为流转税、所得税、资源税、财产税、行为税五大类，其中流转税是指以发生在流通领域内的商品或非商品流转额作为课税对象而征收的税种的总称，主要包括增值税、消费税、营业税和关税等。

由于出口退税是国家鼓励出口的一项政策，因此需要扶持或鼓励的商品其退税率会高一些，反之会低一些。另外，国家会根据出口贸易的形势调整退税率，因此核算价格时要注意查询最新的退税率。出口退税率可登录国家税务总局网站查询，或者通过其他网站，例如使用通关网的申报要素查询，也可以查到商品的出口退税率。国家税务总局网站退税率查询具体操作如下：

（1）打开国家税务总局的网站，并单击“纳税服务”菜单，如图 3-5 所示。

图 3-5 国家税务总局网站首页

（2）在国家税务总局的纳税服务平台的查询区找到“出口退税率查询”图标，进入查询页面。然后输入商品的海关代码（精确查询）或商品名称（模糊查询）即可查询，如图 3-6 所示。

图 3-6　退税率查询页面

例 3-3　查询出口退税率

某公司出口衬衫一批，商品代码为 61051000，查询其出口退税率，结果如图 3-7 所示。

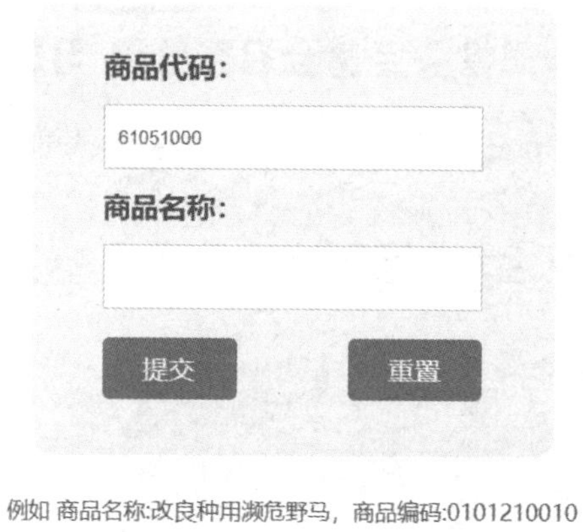

共 1条 1页 1/1 转到 页 确定

商品编码	商品名称	计量单位	增值税退税率%
61051000	棉制针织或钩编男衬衫	件 / 千克	13.0

图 3-7　退税率查询结果

查询得到产品的出口退税率后，我们就可以计算该产品退税后的实际成本。计算公式为：

实际采购成本=含税采购成本−退税收入

退税收入=［含税采购成本/（1+增值税率）］×出口退税率

由此得出实际采购成本的公式：

实际采购成本=含税成本×［1−出口退税率/（1+增值税率）］

例 3-4　计算退税额

某外贸公司出口玩具，国内增值税税率为 13%，出口退税税率为 13%。工厂供货价为每只 6 元（含税），则出口 9 120 只该玩具的出口退税额为多少？每只玩具的实际成本是多少？

解：总退税收入=［含税采购成本/（1+增值税率）］×出口退税率

=［6×9 120÷（1+13%）］×13%

=6 295.22（元）

单位商品实际采购成本=含税采购成本−退税收入

=（6×9 120−6 295.22）÷9 120

≈5.31（元）

（四）国内费用核算

国内费用的核算可以采用逐项费用相加而成，也可以按一定的比例估算而成。

例 3-5　核算国内费用

某外贸公司出口玩具 9 120 只，采购价为每只 6 元；报检费 120 元；报关费 150 元；内陆运费 2 490 元；银行费用 600 元；公司综合业务费 3 000 元。试计算单位商品的费用。

国内总费用=120+150+2 490+600+3 000=6 360（元）

单位商品的费用=6 360÷9 120=0.697≈0.70（元）

例 3-6　核算国内费用

某外贸公司出口玩具 9 120 只，采购价为每只 6 元，国内费用定为采购价的 10%。试计算单位商品的费用。

单位商品的费用=6×10%=0.60（元）

（五）海运费核算

在出口贸易中，若采用 CFR、CIF 贸易术语成交，出口商需核算海运费。

在核算海运费时，出口商首先要根据报价数量算出产品体积，与货代核实该批货物到目的港的运费。如果报价数量正好够装整箱（20 英尺或 40 英尺），则直接取其运价为海运费；如果不够装整箱，则用产品总体积×拼箱的价格来算出海运费。由于运价都以美元显示，在核算完海运费后，应根据当天汇率换算成人民币。

运费查询可以到相关的物流网站查询（实践中向货代公司咨询即可），例如我们可以登录中国国际海运网，进入集装箱整箱运价查询页面，选择装运港、目的港和航线，可以查到相关的运价。

做中学，学中做

查询上海到釜山的海运费

打开国际海运网，在首页单击“网站商机”中的“船期运价”按钮，然后单击“运价”按钮，如图 3-8 所示。

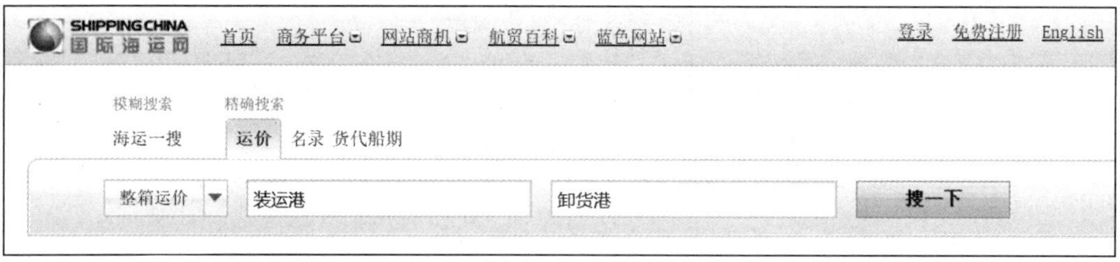

图 3-8　中国国际海运网首页

在运价搜索框中，分别在装运港输入“SHANGHAI”，在卸货港输入“BUSAN”，再单击“搜一下”按钮后，可以得到很多公司报出的运价信息，如图 3-9 所示。

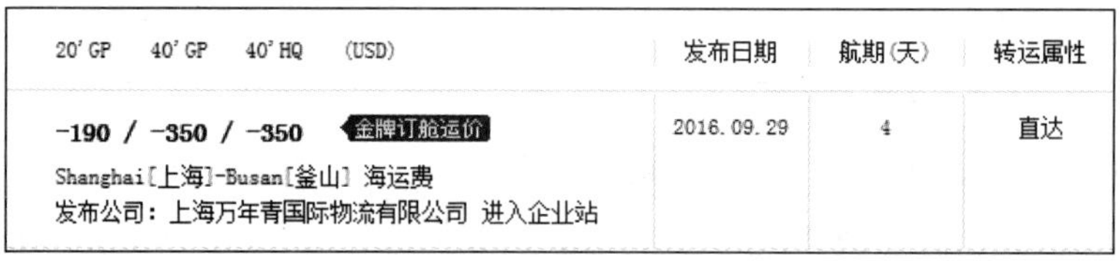

图 3-9　海运费查询结果

该运价由上海万年青国际物流有限公司于 2016 年 9 月 29 日提供，20’GP 运价为 190 美元，40’GP 和 40’HQ 运价都为 350 美元。

温馨提示

运费的种类

运费包括基本运费和附加费，因此在询问运费时应注意问清楚是否包括附加费或别的费用，以及附加费的构成明细。

相关链接

查询海运费的网站

锦程物流网 http://www.jctrans.com

通用运费网 https://www.ufsoo.com

搜航网 https://www.sofreight.com

国际海运网 http://www.shippingchina.com

（六）保险费核算

在以 CIF、CIP 等包括保险费用的术语成交的情况下（以下内容均以 CIF 为例），出口商需要首先向保险公司查询保险费率，用以核算保险费。公式如下：

保险费=保险金额×保险费率

保险金额=CIF 货价×（1+投保加成率）

保险费=CIF 货价×（1+投保加成率）×保险费率

在进出口贸易中，根据有关的国际惯例，投保加成率通常为 10%。出口商也可根据进口商的要求与保险公司约定更高的投保加成率。

温馨提示

不同贸易术语之间的价格换算

1. FOB 价换算为其他价

CFR 价=FOB 价+运费

CIF 价=（FOB 价+运费）/［1-（1+投保加成率）×保险费率］

CIF 价=FOB 价+运费+保险费

2. CFR 价换算为其他价

FOB 价=CFR 价-运费

CIF 价=CFR 价/［1-（1+投保加成率）×保险费率］

3. CIF 价换算为其他价

FOB 价=CIF 价×［1-（1+投保加成率）×保险费率］-运费

CFR 价=CIF 价×［1-（1+投保加成率）×保险费率］

例 3-7 计算保险费

某出口公司以 CIF 价出口一批货物，原报价为 CIF 纽约每公吨 2 000 美元，按此价加一成投保一切险加战争险，费率分别为 0.6%和 0.1%，问单位商品需交保险费多少？如果客户要求改报 CFR 价，则在保证相同利润的前提下应改为多少？

单位商品的保险费=2 000×（1+10%）×（0.6%+0.1%）=15.4（美元）

CFR 价=CIF 价格-保险费=2 000-15.4=1 984.6（美元）

或者 CFR 价=CIF 价×［1-（1+投保加成率）×保险费率］

=2 000×［1-（1+10%）×（0.6%+0.1%）］=1 984.6（美元）

（七）佣金与折扣

在价格条款中，有时会有佣金或折扣的规定。从这个角度看，价格条款中所规定的价格，可分为包含有佣金或折扣的价格和不包含这类因素的净价（Net Price）。在实践中，除非事先另有约定，如有关价格条款中对佣金或折扣未做表示，通常理解为不含佣金或不给折扣的价格；如以净价成交，还可在价格条款中明确表明“净价”字样。例如：US$300 per metric ton FOB Shanghai net。

1．佣金

佣金（Commission），是代理人或经纪人等中间商为委托人进行交易而收取的报酬。包含有佣金的价格，在业务中通常称为“含佣价”。

佣金的支付通常有两种做法：一种是由中间代理商直接从货价中扣除；另一种是在委托人收清货款之后，再按事先约定的期限和佣金比率，另外付给中间代理商。如果不事先对佣金的支付做出规定，则容易产生国际贸易纠纷。

关于如何计算佣金，可以有不同的方法，最常见的是以合同价格直接乘以佣金率，得出佣金额。例如，以 CIFC3%每公吨 1 000 美元条件成交时，则每公吨佣金额为 1 000×0.03=30 美元。但也可规定，CIFC3%以 FOB 值计算，这样，在计付佣金时，则以 CIF 价减去运费、保险费，求出 FOB 值，然后乘以 0.03 得出佣金额。

与佣金有关的计算公式如下：

$$\text{佣金额}=\text{含佣价}\times\text{佣金率}$$

$$\text{净价}=\text{含佣价}-\text{单位货物佣金额}$$

$$\text{含佣价}=\frac{\text{净价}}{1-\text{佣金率}}$$

具体到某一贸易术语的计算公式为：

$$\text{FOB 含佣价}=\frac{\text{FOB净价}}{1-\text{佣金率}}$$

$$\text{CFR 含佣价}=\frac{\text{CFR净价}}{1-\text{佣金率}}$$

$$\text{CIF 含佣价}=\frac{\text{CIF净价}}{1-\text{佣金率}}$$

例 3-8 计算佣金、净价

一批出口货物单价为每件 28 美元 CFRC2% LONDON，则 CFR 净价和佣金额分别为多少？

解：佣金额=含佣价×佣金率

=28×2%=0.56（美元）

CFR 净价=含佣价−单位货物佣金额

=28−0.56=27.44（美元）

例 3-9 计算含佣价

某公司出口商品每件 30 美元 CIFC3%纽约。试计算 CIF 净价和佣金各为多少？若对方要求将佣金提高到 5%，我方应如何改报价格？

解 1：净价=含佣价−佣金=含佣价×（1−佣金率）

=30×（1−3%）=29.1（美元）

佣金=含佣价×佣金率=30×3%=0.9（美元）

或佣金=含佣价−净价=30−29.1=0.9（美元）

解 2：含佣价=净价/（1−佣金率）

=29.1/（1−5%）=30.63（美元）

拓展阅读

未约定佣金支付方式引发纠纷

我国某出口公司拟出口化妆品到中东某国。正好该国某中间商来函与该出口公司联系，表示愿意为推销化妆品提供服务，并要求每笔交易的成交金额给予佣金 5%。不久，经该中间商介绍，出口公司与当地进口商达成 CIFC5%总金额 50 000 美元的交易，装运期为订约后 2 个月内从中国港口装运，并签订了销售合同。合同签订后，该中间商即来电要求出口公司立即支付佣金 2 500 美元。出口公司复电称：佣金需货物装运并收到全部货款后才能支付。于是双方发生了争议。对于佣金的支付方式，国际上并无统一的规定。上述案例中，双方事先并未约定佣金的支付方式，是造成纠纷的主要原因。

2．折扣

折扣（Discount），是卖方给予买方的价格减让。从性质上看，它是一种优惠。国际贸易中所使用的折扣种类较多，除一般折扣外，还有为扩大销售而使用的数量折扣、现金折扣，以及为特殊目的而给予的特别折扣等。

国际贸易中的折扣一般在总货款中直接扣除。其计算公式如下：

折扣=含折扣价×折扣率

总折扣额=折扣×成交数量

（八）汇率查询

核算出的各项成本、费用还需折算成外币来报价，可登录中国银行网站查询实时汇率（见图 3-10）。操作过程如下：

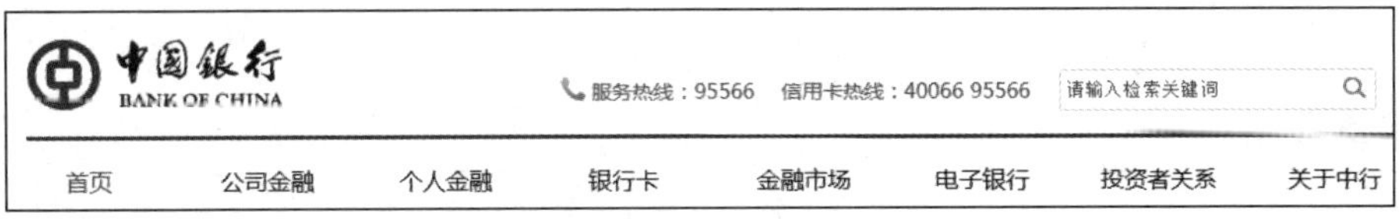

图 3-10　中国银行网站首页

（1）往下拉到“金融数据”栏目，点击“中国银行外汇牌价”（见图 3-11）。

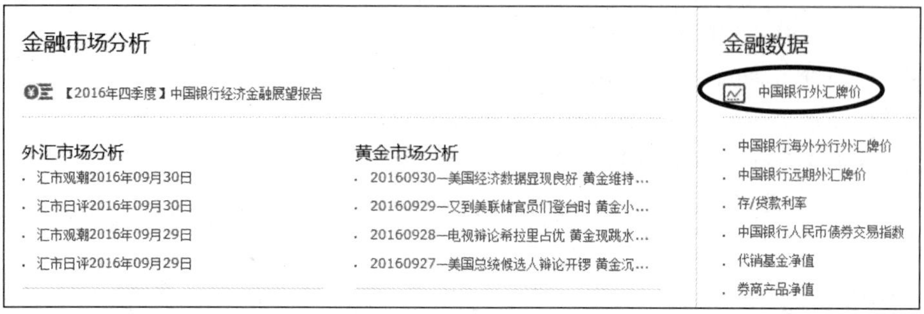

图 3-11 中国银行网站“金融数据”

（2）在“中国银行外汇牌价”中找到报价用的货币，然后找到对应的“现汇买入价”（见图 3-12）。

货币名称	现汇买入价	现钞买入价	现汇卖出价	现钞卖出价	中行折算价	发布日期	发布时间
阿联酋迪拉姆		175.32		188.04	181.8	2016-10-04	13:22:36
澳大利亚元	510.59	494.69	514.02	514.02	509.24	2016-10-04	13:22:36
巴西里亚尔		199.54		218.24	204.54	2016-10-04	13:22:36
加拿大元	506.81	490.77	510.21	510.47	507.37	2016-10-04	13:22:36
瑞士法郎	682.29	661.24	687.09	687.09	691.08	2016-10-04	13:22:36
丹麦克朗	99.99	96.9	100.79	100.79	100.32	2016-10-04	13:22:36
欧元	745	721.8	750	750	748.8	2016-10-04	13:22:36
英镑	854.58	827.96	860.32	860.32	865.46	2016-10-04	13:22:36
港币	85.88	85.19	86.2	86.2	86.1	2016-10-04	13:22:36

图 3-12 中国银行网站外汇牌价页面

温馨提示

如何查看银行牌价

在查询汇率时应注意两点，一是我国的外汇牌价采用直接标价法，即人民币作为标价货币；二是以100个单位的外国货币作为基数。例如，2022年6月24日查到的美元汇率中的“现汇买入价”为668.59，意思是100美元=668.59元人民币。当我们引用这个数据作为汇率来计算报价时，应转化为1美元=6.685 9元人民币。

三、报价核算

在准备好各项价格因素的资料后，就可计算出口销售价格。

（一）精确计算

如果在核算价格时列出所有费用项目，按计算公式核算出销售价格，属于一种精确计算。计算公式如下：

FOB 出口销售价=采购成本−退税收入+国内总费用+利润

CFR 出口销售价=采购成本−退税收入+国内总费用+国际运费+利润

CIF 出口销售价=采购成本−退税收入+国内总费用+国际运费+保险费+利润

案例分析

报价核算实例

A 公司外贸业务员小王收到德国客户关于 1 个 40 英尺柜（可装 510 辆自行车）询盘，要求对某型号自行车报 CIF 汉堡价。经询问，得知工厂的报价为 130 元/辆，并获得下述的相关资料。客户要求以 T/T 进行付款（邮寄费 150 元），投保一切险+战争险。公司规定利润为出口售价的 30%，则 CIF 汉堡美元价格应为多少？

相关资料：

商品资料：每箱装 3 只，每箱体积 0.32 立方米。

税率：增值税为 13%，退税率为 13%。

国内费用：内陆运费（每立方米）60 元；报检费 200 元；报关费 110 元；公司综合费用为销售价的 5%；无银行费用；邮寄费 150 元。

海运费：从上海至汉堡一个 40 英尺集装箱的基本运费为 3 350 美元，另有附加费 300 美元。

货运保险：CIF 成交金额的基础上加 10%投保中国人民保险公司海运货物保险条款中的一切险（费率 0.8%）和战争险（费率 0.08%）。

报价汇率：6.2 元人民币兑换 1 美元。

核算过程如下：

1. 退税额计算

采购成本=国内工厂商品单价 × 交易数量=510 × 130=66 300（元）

退税收入=采购成本 × 出口退税率/（1+增值税率）

=66 300 × 13%/（1+13%）=7 627.43（元）

2. 内陆运费计算

内陆运费（按体积计算）：60 ×（510/3）× 0.32=3 264（元）

3. 国内总费用计算

国内总费用=内陆运费+邮寄费+银行费用+报检费+报关费+综合费用

=3 264+150+0+200+110+报价×5%

=3 724+报价×5%

4. 国际运费计算

海运费=基本运费+附加费

=3 350+300=3 650（美元）=22 630（元人民币）

5. CIF=采购成本−退税收入+国内总费用 +国际运费+保险费+利润

CIF=66 300−7 627.43+3 724+CIF×5%+22 630+CIF×110%×（0.8%+0.08%）+CIF×30%

=85 026.57+CIF×（0.05+0.009 68+0.3）

CIF=85 026.57/（1−0.359 68）=85 026.57/0.640 32=132 787.62（元）

CIF 单价=132 787.62/510/6.2=41.99（美元/辆）

温馨提示

运用软件进行复杂、批量的计算操作

由于精确计算过程较为复杂，可以利用 Excel 软件列出相应的计算过程和计算公式，输入基本数据之后可以利用公式自动计算出结果。Excel 软件尤其适用同一类货物的多种商品的价格核算。

（二）快速计算 FOB 价格

由于贸易中所涉及的费用项目较多较杂，精确计算起来较为复杂，如果在核算时先不考虑所有费用，就可以快速计算出 FOB 销售价格。此方法适用于要求业务员快速报价的场合。

1. FOB 成本价格的计算

FOB 成本价格就是外币表示的成本价格，计算公式为：

FOB 成本价格=实际成本价格（人民币）÷外币汇率

实践业务中，为了计算方便，在核算成本价格时往往先不考虑出口业务相关的费用（先假设费用为 0 元），又因为大部分商品的增值税税率为 13%，所以我们把 13%代入以上公式后可以简化计算公式：

FOB 成本价格=实际成本价格（人民币）÷外币汇率

=（采购价+费用−出口退税额）÷外币汇率

={采购价×［1−退税率÷（1+增值税税率）］+费用}÷外币汇率

=采购价×［1−退税率÷（1+13%）］÷外币汇率

=采购价×（1.13−退税率）÷1.13÷外币汇率

进一步整理[1]可以得出以下公式：

FOB 成本价格=采购价 ÷［1.13×外币汇率 ÷（1.13−退税率）］

对任何一种出口商品，都能在核算价格时查询到它的退税率和当时的外币汇率（银行外汇买入价），因此［1.13×外币汇率 ÷（1.13−退税率）］是一个已知常数，它相当于把人民币采购价成本换算成外币成本时使用的一个换算汇率，有人称为“成本换汇率”。在引入这个概念后，可以用两个公式来表示 FOB 成本价格的核算：

$$\text{FOB成本价格}=\frac{\text{采购价（含税）}}{\text{成本换汇率}}$$

$$\text{成本换汇率}=\frac{1.13\times\text{外汇买入汇率}}{1.13-\text{退税率}}$$

例 3-10 计算 FOB 成本价

某公司出口一批商品到国外，该商品的增值税税率为 13%，出口退税率为 13%，核算当日银行美元买入汇率为 6.8 人民币元/美元，该公司从工厂采购货物的价格（含税价）为 100 元/只，则该商品的美元 FOB 成本价（不包括国内费用）是多少？

解：成本换汇率=1.13 × 美元买入汇率 ÷（1.13−退税率）

=1.13 × 6.8 ÷（1.13−0.13）

=7.684（人民币元/美元）

FOB 成本价=采购价 ÷ 成本换汇率

=100 ÷ 7.684

=13.01（美元/只）

2. 保证利润率时出口产品销售价格的计算

如果出口业务的利润为销售价格的一定百分比（利润=销售价×利润率），则可以用下面推理出的公式进行计算：

成本价+利润=销售价

成本价=销售价−利润=销售价−销售价×利润率=销售价×（1−利润率）

销售价=成本价 ÷（1−利润率）

温馨提示

快速核算报价时如何考虑费用

鉴于实际业务中费用不可能为零，采用此方法的情况下，设置利润率时要注意把费用考虑进去，即酌情提高利润率。

---

1 一般把人民币价格换算为外汇价格时，是把人民币价格除以外汇汇率，用的是除法运算。在表示 FOB 成本价格计算公式时，也用除法运算，是因为也是要把人民币价格换算成为外汇价格。

例 3-11 保证利润率时计算出口销售价格

在【例 3-10】的情况下，若预期的业务利润为销售价的 10%，且不考虑国内费用，则 FOB 销售价格应为多少？

解：FOB 销售价 =FOB 成本价 ÷（1−利润率）

=13.01 ÷（1−10%）

≈14.46（美元/只）

拓展阅读

影响商品定价的因素

为了正确掌握我国进出口商品价格，除应分析商品成本和费用外，还必须考虑下列因素：

1. 商品的质量和档次

在国际市场上，一般都贯彻按质论价的原则，即好货好价，次货次价。品质的优劣、档次的高低、包装装潢的好坏、式样的新旧、商标品牌的知名度，都会影响商品的价格。

2. 客户

不同的客户，应在报价时考虑其特殊情况。例如，老客户和成交量大的客户可以适当地给予一定的价格折扣，有些新客户虽然是初次合作，但其所在的市场具有较大的发展潜力时，也可给予一定的优惠。

3. 贸易术语

在国际贸易中，由于贸易术语不同，交货地点和交货条件也就不同，买卖双方承担的责任、费用的风险有别。在确定进出口商品价格时，必须考虑这些因素。例如，同一运输距离内成交的同一商品，按 CIF 成交同按 DDT 条件成交，其价格应当不同。

4. 市场因素

产品的国际市场行情在总体上决定该类产品的销售价格，市场行情好的产品销售价格高，反之较低。又如某些节日性商品，如赶在节日前到货，抢行应市，则能卖上好价，否则往往售价很低，甚至以低于成本的“跳楼价”出售。

5. 成交数量

按国际贸易的习惯做法，成交量的大小影响价格，即成交量大时，在价格上应给予适当优惠，或者采用数量折扣的办法；反之，如成交量过少，甚至低于起订量时，也可以适当提高出售价格。

6. 支付条件和汇率变动的风险

支付条件是否有利和汇率变动风险的大小都会影响商品的价格。例如，在其他条件相同的情况下，采取预付货款同采取凭信用证方式付款，其价格应有区别。同时，确定商品价格时，一般应采用对自身有利的货币成交。如采用不利货币成交时，应把汇率风险考虑到商品价格中去，即适当提高出口价格。

四、盈亏核算

在计算出报价以后，需要注意核算一下盈亏，以防止报价出错。

（一）出口换汇成本的计算

衡量出口业务盈亏的一个常用指标是出口换汇成本。出口换汇成本也称换汇率，指商品出口后净收入每一美元所耗费的人民币成本。如果换汇成本高于当日银行外汇牌价（买入价），说明该项业务亏本；如果换汇成本低于当日银行外汇牌价（买入价），说明该项业务盈利；如果换汇成本刚好等于当日银行外汇牌价（买入价），说明该项业务不亏不赚。

出口换汇成本的计算公式如下：

$$换汇成本=\frac{国内总成本（退税后）}{出口外汇净收入（FOB价）}$$

说明：

（1）国内总成本（退税后）=商品采购价（含增值税）+费用−出口退税收入。

（2）出口外汇净收入指的是扣除国际运费和保险费后的 FOB 外汇净收入。

例 3–12 计算国内总成本

A 公司出口某产品，采购价为每件 100 元，该产品增值税税率为 13%，出口退税率为 13%。外贸公司的定额费用率为采购价的 8%，请计算：单位商品的国内总成本为多少？

解：费用=100×8%=8（元）

出口退税额=含税价÷（1+增值税税率）×出口退税率

=100÷（1+13%）×13% ≈11.50（元）

国内总成本（退税后）=商品采购价（含增值税）+费用−出口退税收入

=100+8−11.50=96.50（元）

例 3–13 计算出口外汇净收入

某外贸公司出售一批货物 1 万件到日本，总价为 10 万美元 CIF 横滨，其中海运费为 USD3 000，保险费为 USD110。则单位商品 FOB 价为多少？（注意 FOB 价为美元价）

解：FOB 总价=CIF 总价−运费−保险费

=100 000−3 000−110

=96 890（美元）

单位商品 FOB 价=96 890÷10 000=9.69（美元）

例 3–14 计算出口外汇净收入

某公司出口某商品 1 万公吨，国内收购价为每公吨 1 100 元人民币，另加其他费用 10%，外销价为每公吨 195 美元 FOB 上海。该商品增值税税率为 13%，退税率为 5%。当时银行汇率为 6.670 0 人民币元/美元。试计算该商品的出口换汇成本。

解：退税收入=采购价（含税）÷（1+增值税税率）×退税率

=1 100÷1.13×5%=48.67（元）

国内总成本（退税后）=商品采购价（含税）+费用−出口退税收入

=1 100×（1+10%）−48.67=1 161.33（元）

换汇成本=国内总成本÷FOB 价

=1 161.33÷195=5.955 5（人民币元/美元）

（二）出口盈亏额和出口盈亏率的计算

1. 出口盈亏额的计算公式

出口盈亏额=FOB 外汇价×银行外汇买入价−国内总成本（退税后）

或出口盈亏额=（银行外汇买入价−换汇成本）×FOB 外汇价

2. 出口盈亏率的计算公式

出口盈亏率=出口盈亏额÷国内总成本（退税后）

或出口盈亏率=（银行外汇买入价−换汇成本）÷换汇成本

例 3-15 计算出口盈亏额和出口盈亏率

某公司出口某商品，外销价为每件 13 美元 FOB 上海，单位商品的国内总成本（退税后）为 70 元。当时美元汇率为 6.67 人民币元/美元。计算单位商品的出口盈亏额和出口盈亏率。

解 1：单位商品出口盈亏额=FOB 外汇价×银行外汇买入价−国内总成本

=13×6.67−70=16.71（元）

出口盈亏率=出口盈亏额÷国内总成本×100%

=16.71÷70×100%=23.87%

解 2：换汇成本=国内总成本÷FOB 价=70÷13=5.384 6（人民币元/美元）

单位商品出口盈亏额=（银行外汇买入价−换汇成本）×FOB 外汇价

=（6.67−5.384 6）×13=16.71（元）

出口盈亏率=（银行外汇买入价−换汇成本）÷换汇成本

=（6.67−5.384 6）÷5.384 6×100%=23.87%

拓展阅读

出口货物成本核算单

在核算出口业务的成本及利润时，也可以考虑采用表格式的核算单，如表 3-6 所示，详细列出核算过程涉及的各项内容，以减少核算过程中的差错率。

表 3-6 出口货物成本核算单

外销合同号	L/C NO：	船名	提单号	出口日期

续表

<table>
<tr><th colspan="6">收　　入</th></tr>
<tr><td rowspan="2">收　　汇</td><td>发票金额</td><td>国外扣费</td><td>净收汇</td><td>结汇日期</td><td>总收入</td></tr>
<tr><td>$</td><td></td><td>¥</td><td></td><td rowspan="3">¥</td></tr>
<tr><td rowspan="2">退　税</td><td>报关单金额</td><td>退税率</td><td>应退税款</td><td>收款日期</td></tr>
<tr><td>$</td><td></td><td></td><td></td></tr>
<tr><th colspan="6">费　　用</th></tr>
<tr><th>分　　类</th><th>结算标准</th><th>价　　格</th><th>金　额</th><th>收款单位</th><th>付款情况</th></tr>
<tr><td rowspan="2">货　款</td><td></td><td></td><td></td><td></td><td></td></tr>
<tr><td></td><td></td><td></td><td></td><td></td></tr>
<tr><td>包装袋费</td><td></td><td></td><td></td><td></td><td></td></tr>
<tr><td>仓储费</td><td></td><td></td><td></td><td></td><td></td></tr>
<tr><td>集港运费</td><td></td><td></td><td></td><td></td><td></td></tr>
<tr><td>港杂费</td><td></td><td></td><td></td><td></td><td></td></tr>
<tr><td>海运费</td><td></td><td></td><td></td><td></td><td></td></tr>
<tr><td>佣　金</td><td></td><td></td><td></td><td></td><td></td></tr>
<tr><td>商检费</td><td></td><td></td><td></td><td></td><td></td></tr>
<tr><td>银行费用</td><td></td><td></td><td></td><td></td><td></td></tr>
<tr><td>利　息</td><td></td><td></td><td></td><td></td><td></td></tr>
<tr><td>保险费</td><td></td><td></td><td></td><td></td><td></td></tr>
<tr><td>管理费</td><td></td><td></td><td></td><td></td><td></td></tr>
<tr><td>其他费用</td><td></td><td></td><td></td><td></td><td></td></tr>
<tr><td>费用总计：</td><td colspan="2">¥</td><td>净利润：</td><td colspan="2">¥</td></tr>
</table>

经理审核：　　　　财务审核：　　　　部门复核：　　　　制表：

业务操作

业务员许颖在收到客户询盘后就开始着手准备 PP01 型号的产品的报价。

一、准备报价核算的资料

（一）供货商方面

供货商方面提供了全棉男童夹克 PP01 的报价信息如下：

面料：全棉

里料：全涤纶

含税价：72 元/件
增值税率：13%
包装方式：用出口纸箱包装，18 件/箱
包装尺寸：62 厘米×30 厘米×43 厘米=79 980 立方厘米=0.079 98 立方米
毛重：10 千克/箱
净重：9 千克/箱
月生产能力：6 000 件/月
最低起订量：2 000 件/款
付款方式：交货时付款
交货地点：工厂交货

（二）确定其他报价相关信息

该笔出口业务的其他相关信息：
美元汇率：6.653 0 人民币元/美元
业务定额费率（以采购成本为基础）：5%
国内运费：2 000 元
其他国内费用：500 元
银行贷款年利率：6.12%
商品的海关编码（HS 编码）为 6203320090，查得出口退税率为：13%
商检费：由于该商品不是法定检验商品，因此没有商检费
银行国际业务收费标准：查阅实时信息
出口认证收费标准：查阅实时信息
集装箱运输运费标准：查阅实时信息
海上货物运输保险费率：查阅实时信息

（三）其他信息

在以下出口报价核算过程中，做以下几方面的假设：
（1）按一个 20 英尺集装箱的交易量进行核算。
（2）假设该商品出口报价为×美元/件。
（3）计算过程中，数值要保留到小数点后 4 位，最后的报价保留到小数点后 2 位。

二、核算销售价格

（一）明确商品价格构成

根据客户的询盘函，“CIF TORONTO including 5% commission”，即 CIFC5%TORONTO，是含佣价。因此出口商品价格的金额构成为：

CIF 含佣价=采购成本−出口退税额+国内费用+国际运费+国外保费+佣金+出口利润

（二）核算报价数量（20'GP）

1. 纸箱放置方法一

集装箱内尺寸：　长 569 厘米×宽 213 厘米×高 218 厘米
纸箱在集装箱内的对应位置为：　长 62 厘米×宽 30 厘米×高 43 厘米
集装箱长、高、宽共可装箱量为：　长 9.1 箱×宽 7.1 箱×高 5.0 箱
去纸箱误差，集装箱可装纸箱数为：　长 9 箱×宽 7 箱×高 5 箱=315 箱
体积为 25.193 7 立方米，毛重为 3.15 公吨，没有超重。

2. 纸箱放置方法二

集装箱内尺寸：　长 569 厘米×宽 213 厘米×高 218 厘米
纸箱在集装箱内的对应位置为：　宽 30 厘米×长 62 厘米×高 43 厘米
集装箱长、高、宽共可装箱量为：　长 18.9 箱×宽 3.4 箱×高 5.0 箱
去纸箱误差，集装箱可装纸箱数为：　长 18 箱×宽 3 箱×高 5 箱=270 箱
体积为 21.594 6 立方米，毛重为 2.7 公吨，没有超重。

3. 纸箱放置方法三

集装箱内尺寸：　长 569 厘米×宽 213 厘米×高 218 厘米
纸箱在集装箱内的对应位置为：　长 62 厘米×高 43 厘米×宽 30 厘米
集装箱长、高、宽共可装箱量为：　长 9.1 箱×宽 4.9 箱×高 7.2 箱
去纸箱误差，集装箱可装纸箱数为：　长 9 箱×宽 4 箱×高 7 箱=252 箱
体积为 20.154 96 立方米，毛重为 2.52 公吨，没有超重。
通过以上计算，"方法一" 是最佳的装箱方案，可以装 315 箱，共 315×18=5 670（件）。

（三）核算退税收入

总退税收入=[含税采购成本 /（1＋增值税税率）]×出口退税率
　　=[72×5 670÷（1＋13%）]×13%
　　=46 965.663 7（元）

（四）核算出口费用

1. 国内费用

（1）国内运费为 2 000 元。

（2）业务定额费=采购成本×业务定额费率=72×5 670×5%=20 412（元）。

（3）银行费用。假设总的银行费用率（以出口报价为基础）为 0.3%，出口报价为 X（下同）则银行费用=出口价格×银行费用率=0.3%X

（4）垫款利息。向工厂垫付货款预计时间为 1 个月，则：
垫款利息=采购成本×货款年利率×垫款天数÷360
　　=72×5 670×6.12%×30÷360=2 082.024（元）

（5）认证费。有些国家的客户会要求一份商业发票或产地证进行使馆认证，但由于该加拿大客户无此要求，因此可以忽略此项费用。

（6）商检费。由于本产品不是法检商品，因此可以忽略此项费用。

（7）其他国内费用为 500 元。

总计：

国内费用=国内运费+业务定额费+银行费用+垫款利息+其他国内费用

=2 000+20 412+0.3%X+2 082.024+500

=24 994.024（元）+0.3%X

=3 756.805 1（美元）+0.3%X

2. 国外运费

通过咨询相关货运代理的报价，TORONTO 属于基本港，一个 20 英尺集装箱基本运费大约为 2 400 美元，燃油附加费为 120 美元。

国外运费=基本运费+附加运费=2 400+120=2 520（美元）

3. 国外保险

通过咨询保险公司，投保平安险，到多伦多的保险费率为 0.3%。

国外保费=CIF 价×（1+投保加成率）×各种保险费率之和

=X（1+10%）×0.3%=0.33%X

4. 佣金

佣金=含佣价×佣金率=出口报价×佣金率=5%X

5. 总出口费用

总出口费用=国内费用+国际运费+国外保险+佣金

=3 756.805 1+0.3%X+2 520+0.33%X+5%X

=6 276.805 1（美元）+5.63%X

（五）核算出口利润

预期的销售利润率为 10%，考虑到讨价还价的空间，因此按照 12%计算。

出口利润=出口价格×销售利润率=12%X

（六）核算出口报价

CIF 含佣价=采购成本−出口退税额+国内费用+国际运费+国外保费+佣金+出口利润

X=（72×5 670−46 965.663 7）/6.653 0+（6 276.805 1+5.63%X）+12%X

X=60 579.275 6+17.63%X

计算得出总金额：X=73 545.314 6 美元

单位商品 CIF 含佣价=73 545.314 6/ 5 670=12.97（美元/件）

因此出口目标价为 USD12.97/PC CIFC5% TORONTO

做中学，学中做

1. 某公司出口某商品 200 台，国内收购价为每台 800 元人民币，总费用为 6 000 元，外销价为每台 140 美元 FOB 上海。该商品增值税税率为 13%，退税率为 13%。当时美元汇率为 6.6 人民币元/美元。试计算该商品的出口换汇成本和盈亏率。

2. 某公司出口 A 商品 2 000 件，从工厂的采购价为每件 40 元，该商品增值税税率为 13%，退税率为 13%，当时银行美元牌价为 6.6，海运的总运费为 2 000 美元。在不考虑费用的情况下 CFR 成本价为多少？若利润率为报价的 8%，则报价为多少？

3. 我方某出口合同商品价格为每千克 120 美元 CFRC3%纽约。试计算单位货物的佣金和净价。如果国外客户要求将佣金率提高到 5%，在不改变利润的情况下，我方的出口报价应如何调整？

4. A 公司外贸业务员小王收到德国客户关于 1 个 40 英尺集装箱（可装 8 244 件套头衫）询盘，要求对该产品报 CIF 汉堡价。经询问，得知工厂的报价为 45 元/件，并获得下述的相关资料。客户要求以 T/T 进行付款（邮寄费 170 元），投保一切险+战争险。公司规定利润为出口售价的 25%，则 CIF 汉堡美元价格应为多少？

相关资料：

商品资料：每箱装 12 件，每箱体积 0.08 立方米。

税率：增值税税率为 13%，退税率为 13%。

国内费用：内陆运费（每立方米）60 元；报检费 200 元；报关费 110 元。

公司综合费用：销售价的 5%。

银行费用：邮寄费 170 元。

海运费：从上海至汉堡一个 40 英尺集装箱的基本运费为 3 150 美元，另有附加费 300 美元。

货运保险：CIF 成交金额的基础上加 10%投保中国人民保险公司海运货物保险条款中的一切险（费率 0.8%）和战争险（费率 0.08%）。

报价汇率：6.2 人民币元/美元。

04 项目四 业务磋商

学习目标

▶ 知识目标	▶ 能力目标
1. 熟悉有关国际货物买卖合同的国际公约相关的法律规定。	1. 能根据业务背景与国外客户进行贸易磋商，并处理国际贸易磋商中的业务问题。
2. 掌握国际货物销售合同的主要条款内容。	2. 能根据业务背景起草合同条款。

任务七　交易条件磋商

情境引例

国外客户发来询盘信函只是国际贸易磋商的第一步，接下来许颖在核算出价格之外需要撰写一封报价信给史密斯先生，并谈妥一些重要的合同条款，以便达成一笔交易。

流程图解

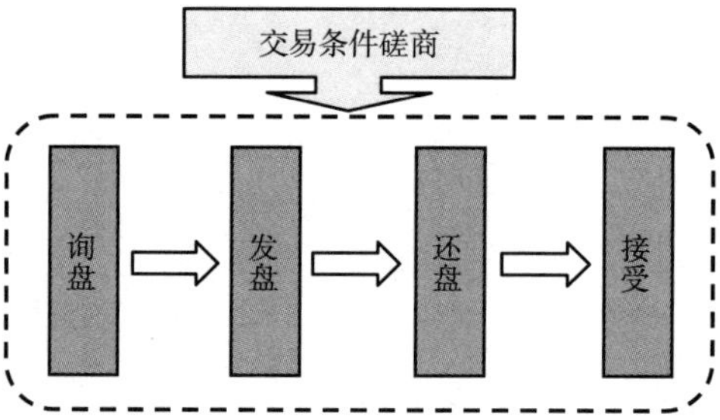

知识准备

交易磋商的程序可概括为四个环节：询盘、发盘、还盘和接受。其中发盘和接受是必不可少的两个基本环节。

一、询盘

询盘（enquiry），是指交易的一方准备购买或出售某种商品，向对方询问买卖该商品的有关交易条件。询盘的内容可涉及价格、规格、品质、数量、包装、装运以及索取样品等，而多数只是询问价格。所以，业务上常把询盘称作询价。在国际贸易业务中，有时一方发出的询盘表达了与对方进行交易的愿望，希望对方接到询盘后及时发出有效的发盘，以便考虑接受与否。也有的询盘只是想探询一下市价，询问的对象也不限于一人，发出询盘的一方希望对方开出估价单。这种估价单不具备发盘的条件，所报出的价格也仅供参考。

在国际贸易业务中，询盘时通常采用下列词语来表示：

请发盘……（Please offer…）

请告知……（Please advise…）

请报价……（Please quote…）

对××感兴趣，请……（Interested in… please…）

温馨提示

与国际货物买卖合同订立相关的国际公约

《联合国国际货物销售合同公约》于1980年4月11日订于维也纳，1988年公约在达到法定批准国家数额后正式生效，我国是该公约的缔约国。该公约只适用于国际货物买卖合同，即营业地在不同国家的双方当事人之间所订立的货物买卖合同。

该公约对买方和卖方的权利义务做了明确的规定。第一，卖方责任主要表现为三项义务：交付货物；移交一切与货物有关的单据；移转货物的所有权。第二，买方的责任主要表现为两项义务：支付货物价款；收取货物。第三，详细规定卖方和买方违反合同时的补救办法。第四，规定了风险转移的几种情况。第五，明确了根本违反合同和预期违反合同的含义，以及当这种情况发生时，当事人双方所应履行的义务。第六，对免责根据的条件做了明确的规定。

二、发盘

（一）发盘的定义及具备的条件

发盘（offer）也称报盘、发价、报价，法律上称为“要约”。发盘是指“向一个或一个以上特定的人提出的订立合同的建议”，如果十分确定并且表明发盘人在得到接受时承受约束的意旨，即构成发盘。一个建议如果写明货物并且明示或暗示地规定数量和价格或规定如何确定数量和价格，即十分确定。发盘可以是应对方询盘的要求发出，也可以是在没有询盘的情况下，直接向对方发出。发盘一般是由卖方发出的，但也可以由买方发出，业务上称买方的发盘为“递盘”。从以上的定义可以看出，一个有效的发盘必须具备下列四个条件：

1．向一个或一个以上的特定人提出

发盘必须指定可以表示接受的受盘人。受盘人可以是一个，也可以指定多个。不指定受盘人的发盘，仅应视为发盘的邀请，或称邀请做出发盘。

2．表明订立合同的意思

发盘必须表明严肃的订约意思，即发盘应该表明发盘人在得到接受时，将按发盘条件承担与受盘人订立合同的法律责任。这种意思可以用“发盘”“递盘”等术语加以表明，也可不使用上述或类似上述术语和语句，而按照当时谈判情形，或当事人之间以往的业务交往情况或双方已经确立的习惯做法来确定。

3．发盘内容必须十分确定

发盘内容的确定性体现在发盘中所列的条件是否完整的、明确的和终局的。按上述定义，如果一个发盘中包含货物名称、数量、价格，即可认为是十分确定的，只要受盘人对该发盘表示接受，合同即告成立，其他条件可以在合同成立后补充。

4．送达受盘人

发盘于送达受盘人时生效。

上述四个条件，是《联合国国际货物销售合同公约》（以下简称《公约》）对发盘的基本要求，也可称为构成发盘的四个要素。

发盘一般采用下列词语来表示：

发盘（offer）

发实盘（offer firm；firm offer）

报价（quote）

递盘（bid）

温馨提示

发盘的有效期如何规定

一是规定最迟的接受期限。如 offer subject reply fourteenth 或 subject reply reaching here fifteenth 或 offer valid until Friday our time 等。

二是规定一段接受的期限。如 offer valid three days 或 offer reply in seven days。

（二）发盘的撤回和撤销

《公约》第 15 条对发盘生效时间做了明确规定：“发盘在送达受盘人时生效。”那么，发盘在未被送达受盘人之前，如发盘人改变主意，或情况发生变化，这就必然会产生发盘的撤回和撤销的问题。在法律上，“撤回”和“撤销”属于两个不同的概念。撤回是指在发盘尚未生效，发盘人采取行动，阻止它的生效。而撤销是指发盘已生效后，发盘人以一定方式解除发盘的效力。

《公约》第 15 条第 2 款规定：“一项发盘，即使是不可撤销的，也可以撤回。”根据《公约》的规定，发盘可以撤销，其条件是：发盘人撤销的通知必须在受盘人发出接受通知之前传达到受盘人。但是，在下列情况下，发盘不能再撤销：

（1）发盘人规定了有效期，即在有效期内不能撤销。如果没有规定有效期，但以其他方式表示发盘不可撤销，如在发盘中使用了“不可撤销”字样，那么在合理时间内不能撤销。

（2）受盘人有理由信赖该发盘是不可撤销的，并采取了一定的行动。

（三）发盘的失效

《公约》第 17 条规定：“一项发盘，即使是不可撤销的，于拒绝通知送达发盘人时终止。”这就是说，当受盘人不接受发盘的内容，并将拒绝的通知送到发盘人手中时，原发盘就失去效力，发盘人不再受其约束。

此外，在贸易实务中还有以下三种情况造成发盘的失效：

（1）发盘人在受盘人接受之前撤销该发盘。

（2）发盘中规定的有效期届满。

（3）其他方面的问题造成发盘失效。这包括政府发布禁令或限制措施造成发盘失效。另外，还包括发盘人死亡、法人破产等特殊情况。

小思考

我国 A 公司向国外 B 公司发实盘，限 6 月 10 日前复到有效，B 公司于 6 月 8 日来电要求降价，A 公司于 9 日与另一家公司达成交易。同一天（9 日），B 公司又来电要求撤回 8 日还盘，表示全部接受 A 公司原发盘的条件。A 公司以货已出售为由予以拒绝。B 公司声称其接受是在我方发盘的有效期内做出的，要求 A 公司履约。试分析 B 公司的要求是否合理，为什么？A 公司拒绝的理由是否恰当？

三、还盘

还盘（counter-offer），又称还价，法律上称为“反要约”。还盘是指受盘人在接到发盘后，不能完全同意发盘的内容，为了进一步磋商交易，用口头或书面形式对发盘提出修改意见的表示。还盘不仅可以对商品的价格，也可以就交易的其他条件提出意见。还盘的形式可以不同，有的明确使用“还盘”字样，有的则不使用，一般将不同条件的内容通知对方，即意味着还盘。

还盘是对发盘的拒绝或否定。还盘一经做出，原发盘即失去效力，发盘人不再受其约束。

四、接受

（一）定义

接受（acceptance），在法律上称为“承诺”，就是交易的一方在接到对方的发盘或还盘后，以声明或行为向对方表示同意。接受和发盘一样，既属于商业行为，也属于法律行为。对有关接受问题在《公约》中也做了较明确的规定。

（二）有效的接受

根据《公约》的解释，构成有效的接受要具备以下4个条件：

（1）接受必须是由受盘人做出的。其他人对发盘表示同意，不能构成接受。这一条件与发盘的第一个条件是相呼应的。发盘必须向特定的人发出，即表示发盘人愿意按发盘的条件与受盘人订立合同，但并不表示他愿意按这些条件与任何人订立合同。因此，接受也只能由受盘人做出，才具有效力。

（2）受盘人接受必须表示出来。要采取声明的方式，即以口头或书面的声明向发盘人明确表示出来。另外，还可以用行为表示接受。

（3）接受的内容要与发盘的内容相符。也就是说，接受应是无条件的。但在业务中，常有这种情况，受盘人在答复中使用了接受的字眼，但又对发盘的内容做了增加、限制或修改。这在法律上称为有条件的接受，不能成为有效的接受。

（4）接受的通知要在发盘的有效期内送达发盘人才能生效。发盘中通常都规定有效期。这一期限有双重意义：一方面，它约束发盘人，使发盘人承担义务，在有效期内不能任意撤销或修改发盘的内容，过期则不再受其约束；另一方面，发盘人规定有效期，也是约束受盘人，只有在有效期内做出接受，才有法律效力。

案例分析

口头发盘

一法国商人于某日上午走访我国外贸企业洽购某商品。我方口头发盘后，对方未置可否，当日下午该法国商人再次来访表示无条件接受我方上午的发盘，那时，我方已获知该项商品的国际市场价格有趋涨的迹象。对此，你认为我方应如何处理为好，为什么？

中国与法国均系《公约》缔约国，洽谈过程中，双方对《公约》均未排除或做出任何保留。因此，双方当事人均应受该《公约》约束。按《公约》规定：对口头要约，须立即接受方能成立合同。上午我方发盘后，法国商人未置可否，也未提出任何要求，则合同没有成立。据此，我方鉴于市场有趋涨迹象，可以予以拒绝或提高售价继续洽谈。

（三）逾期接受

在国际贸易中，由于各种原因，导致受盘人的接受通知有时晚于发盘人规定的有效期送达，这在法律上称为“迟到的接受”或逾期接受。

对于这种迟到的接受，发盘人不受其约束，不具法律效力。但也有例外的情况。《公约》第21条规定逾期的接受在下列两种情况下仍具有效力：

（1）如果发盘人毫不迟延地用口头或书面的形式将愿意使合同成立的意思通知受盘人。

（2）如果载有逾期接受的信件或其他书面文件表明，它在传递正常的情况下是能够及时送达发盘人的，那么这项逾期接受仍具有接受的效力，除非发盘人不同意并毫不迟延地用口头或书面方式通知受盘人，他认为发盘已经失效。

小思考

接受是否有效

卖方甲在某年三月向贸易商乙发实盘，乙转至客户丙确认接受。寄回的确认书因投递原因于七月初才送达卖方，此时货价已猛涨几倍，甲丙双方对于合同是否成立发生纠纷。请分析本契约是否有效？卖方能否要求加价？为什么？

业务操作

一、发盘

在报价核算完成之后，业务员许颖向客户发送了报价信，内容如下：

Subject:　　Quote for Art No. PP01

Dear Mr. Smith,

Thank you for your inquiry for Art No. PP01. Our favorable price is USD12.57/pc on CIFC5% TORONTO basis. The minimum quantity is 5,670 pcs. We can ship the goods within two weeks after receiving an irrevocable L/C. We look forward to processing your order soon.

Best regards.

二、还盘

不久，许颖收到了史密斯先生回复的电子邮件，具体内容如下：

Dear Ms. XU,

Thank you for your letter about the offer for PP01.

Although we appreciate the quality of your sample, their price is a little high to be acceptable. Accepting your present price will mean great loss to us, let alone profit. We would like to place repeat orders with you if you could reduce your price to USD12/PC CIFC5% TORONTO for the first lot. Otherwise, we have to shift to the other suppliers for our similar request. We hope you take our suggestion into serious consideration and give us your reply as soon as possible.

Yours sincerely,

Mr.Smith

三、还盘核算

根据客人的来函，还盘为 USD12/PC CIFC5% TORONTO，业务员许颖首先应核算如果按照此价格成交，公司的利润还有多少，按单位商品的人民币利润进行核算如下：

利润=销售收入-（实际成本+出口总费用）

销售收入=12×6.653 0=79.836 0（元/件）

实际成本=采购成本-出口退税额=（72×5 670−46 965.663 7）/5 670=63.716 8（元/件）

出口总费用=国内费用+国外运费+国外保费+佣金

=6 276.805 1×6.653 0/5 670+5.63%×79.836 0=11.859 8（元/件）

所以，公司利润=79.836 0−（63.716 8+11.859 8）

=4.259 4（元/件）

总利润额=4.259 4×5 670=24 150.80（元）

利润率=4.259 4/ 79.836 0×100%=5.34%

许颖将这些情况向公司领导汇报后，公司认为应尽量保证 10%的利润率，所以许颖打算进一步和厂家联系，尽可能地降低采购成本。

若按照客人能接受的销售价格 USD12/PC CIFC5% TORONTO，保证公司能获得至少 10%的利润率，则设采购成本为 *Y*。

因为：实际成本=销售收入−销售利润−出口总费用

采购成本=实际成本+退税收入

所以采购成本 *Y*=销售收入−销售利润−出口总费用+退税收入

销售收入=12×6.653 0=79.836 0（元/件）

销售利润=销售收入×10%=7.983 6（元/件）

出口总费用=国内费用+国外运费+国外保费+佣金

其中，国内费用=国内运费+业务定额费+银行费用+垫款利息+其他国内费用

=2 000/5 670+*Y*×5%+0.3%×79.836 0+*Y*×6.12%×30/360+500/5 670

=0.680 4+0.055 1*Y*

国外运费=2 520/5 670×6.653 0=2.956 9（元/件）

国外保费=79.836 0×0.33%=0.263 5（元/件）

佣金=5%×79.836 0=3.991 8（元/件）

所以，出口总费用=7.892 6+0.055 1*Y*

退税收入=*Y*/（1+13%）×13%=0.115 0*Y*

所以：*Y*=79.836 0−7.983 6−（7.892 6+0.055 1*Y*）+ 0.115 0*Y*

计算得出：*Y*=68.04（元/件）

也就是说，如果史密斯先生坚持他的还价，而公司又要保证 10%的利润，则应通过与工厂的协商，尽可能地把产品的采购成本控制在 68.04 元/件之内。但在与工厂磋商后，工厂方面因为成本上升较快不同意降价，客户的降价要求很难实现。因此，为保证公司 10%的销售利润，需要在客人还价的基础上再提高一点。经过计算得知应把价格定在 12.28 美

元/件。根据上述情况，许颖给客户写了如下回复客户还盘的业务信：

> Dear Mr. Smith,
> Thanks for your letter. As the price of cotton is rising rapidly recently, we can't reduce the price so much. Our best price is USD12.28/pc on CIFC5% TORONTO basis，which is competitive. And we can guarantee the punctuate delivery.
> We are looking forward to your early reply.
> Best regards.

做中学，学中做

1. 我国 BC 公司向美国 JR 公司出口一批热水器，交易磋商过程如下：

某年 3 月 8 日去电："可供海尔牌热水器 30 000 件，FOB 大连每件 35 美元，5 月装运，即期信用证付款，3 日内复到有效。"

3 月 10 日 JR 公司来电："接受你 8 日来电，CFR 纽约每件 37 美元。"

3 月 12 日 BC 公司去电："我方只接受 CIF 纽约每件 45 美元，请确认。"

3 月 14 日 JR 公司来电："抱歉，我方只接受 CIF 每件 40 美元，请速回复。"

3 月 16 日 JR 公司又来电："经说服批发商同意 CIF 纽约每件 45 美元。"

3 月 18 日 BC 公司去电："货已售出。有货再与你联系。"

3 月 28 日 BC 公司去电："现在可供海尔牌热水器 30 000 件，CIF 纽约每件 50 美元，6 月装运，即期信用证付款，5 日内复到有效。"

3 月 30 日 JR 公司来电："接受你 28 日电，仲裁地点在新加坡。"

4 月 1 日 BC 公司去电："抱歉，难以接受仲裁地点在新加坡，仲裁地点在中国。"

4 月 3 日 JR 公司来电："接受在中国仲裁。"

4 月 5 日 BC 公司去电："限即期信用证 4 月 15 日到有效。"

4 月 7 日 JR 公司来电："你 5 日电信用证将由花旗银行驻北京办事处开立。"

经过几个回合磋商，合同即告成立。请判断：

（1）3 月 10 日 JR 公司来电合同是否生效？为什么？

（2）3 月 16 日 JR 公司来电合同是否成立？为什么？

（3）3 月 18 日 BC 公司去电是否为违约？为什么？

（4）4 月 3 日 JR 公司来电合同是否成立？为什么？

（5）上述往来交易磋商过程中哪些是发盘？哪些是接受？

2. 某年 6 月，甲国某公司准备向国际招标机构投标，由于缺少货源，向我国某外贸公司发来求购意向，我国该公司遂于 6 月 25 日向其发实盘并规定有效期至同年 7 月 20 日。对方为争取得标，6 月 30 日向我国该公司发来传真，要求降价 20%，我国该公司于 7 月 2 日回电拒绝。对方 7 月 12 日给我国该公司来电，同意接受我国该公司 6 月 25 日发盘。此时我国该公司已将该批货物以高价转卖他国，无法向对方供货，对方遂派专人前来交涉，要求我国该公司供货。问：我国该公司是否应向对方供货？

任务八　签订外贸合同

情境引例

经过多个回合的磋商谈判，许颖与客户史密斯就主要的交易条件基本达成一致，许颖收到了客户成交确认函。内容如下：

Dear XU,
Your quotation of Jan. 30th has been accepted and we are glad to place our order as follows:
ART.No. PP01 USD12.28/PC CIFC5 TORONTO
Other terms and conditions are the same as we agreed before.
As this is the very first transaction we have concluded, your cooperation would be very much appreciated. Please send us your sales confirmation in duplicate for counter-signing.
Best regards.

Yours faithfully,
Smith

请帮助许颖完成出口合同的起草工作。

流程图解

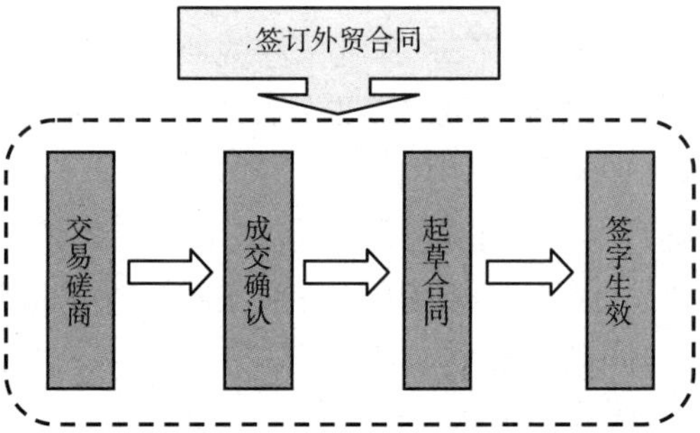

知识准备

一、合同的形式

合同的形式是指缔约当事人所达成的协议的表现形式。合同的形式是由合同及内容决定的。对于比较复杂的合同，法律一般规定采用书面等形式。而对于众多的简单的公民民间的合同，一般都由当事人协商选择合同的形式。《民法通则》第 56 条规定：“民事法律行为可以采用书面形式、口头形式或者其他形式。法律规定用特定形式的，应当依照法律的规定。”

实践中常见的合同形式有以下几种。

（一）口头形式

口头形式是合同当事人直接以对话的形式订立的合同。口头形式简便易行、迅速直接，这对加速商品流转有着十分重要的作用，因而，现代合同法以不要式为原则，口头形式非常盛行。我国公民在个人、家庭生活中采用的合同形式绝大多数为口头形式。口头形式也有很大的缺点，就是发生纠纷时难以证明，不易分清责任。因而，它比较适合于标的数量不大、内容简单而能即时清结的合同关系。企业、个体工商户之间订立的合同，一般不宜采用口头形式，而应当采用书面形式或其他形式。当事人应当采取谨慎的态度，以防止纠纷发生后因缺乏证据而造成损失。

（二）书面形式

书面形式是指当事人以文字表达协议的内容的合同形式。在采用书面形式时，当事人一般写成合同书，当事人之间来往的电报、图表、修改合同的文书，也属于合同的书面形式。如：一方当事人用电报购货，对方复电同意，即可认为双方有书面合同。

书面形式较口头形式复杂，但其权利义务记载明确，不易发生争议，即使发生争议也有据可查，容易解决。因而，《经济合同法》规定合同除即时清结者外，应当采用书面形式；《涉外经济合同法》和《技术合同法》则规定以书面形式为合同的成立要件。在书面形式作为合同成立要件或生效要件的情况下，只有具备了书面形式，合同才能成立或生效。书面形式作为合同证据，其效力也优于口头证据。

（三）公证形式

公证形式是当事人约定。以国家公证机关对合同内容加以审查公证的方式订立合同时所采取的一种合同形式。公证机关公证一般以书面形式为基础，对合同的真实性、合法性进行审查，然后制作公证书，以资证明。经过公证的合同，只要没有相反证明，司法、仲裁机关一般承认其效力。

我国法律对公证实行自愿原则，是否公证，由缔约方自己决定。但合同当事人约定公证以后生效的，必须经过公证才能发生法律效力，有些地区以行政命令方式规定一切合同必须经过公证才生效，这是违反法律的，不能以这些行政命令为依据而认定未经公证的合同无效。

（四）鉴证形式

鉴证形式是以国家合同管理机关对合同的真实性、合法性进行审查而订立合同的一种形式。鉴证是国家对合同进行监督管理的行政措施，由各地工商行政管理局进行。鉴证也由当事人选择采用。

（五）批准形式

批准形式是指法律规定某些类别的合同须经国家主管机关批准才能生效的一种合同形式。这类合同除具有一般合同生效要件外，还必须以书面形式报经有关主管机关批准。

如《技术引进合同管理条例》第 4 条规定，签订技术引进合同应在双方签字后报经商务部授权的机关批准，经批准以后合同生效。

合同的批准形式是国家对某些特殊类别的合同所做的规定，法律不要求采取批准形式的当事人不能采取批准形式。

（六）登记形式

登记形式是指当事人依照法律规定，将合同提交主管机关登记而订立合同的一种方式。登记形式一般常见于不动产买卖、转让合同，如房屋买卖合同。在美英法中，动产的转让也可采取登记形式。在我国，专利法规定转让专利权利应当由国家专利局登记并公告，专利权自公告之日起转移。登记、公告成为专利权转让合同的生效条件。

二、合同的内容条款

国际货物销售合同，是地处不同国家的当事人双方买卖一定货物达成的协议，是当事人各自履行约定义务的依据；也是一旦发生违约行为时，进行补救、处理争议的依据。为此，有效的国际货物销售合同，必须具备必要的内容，否则就会使当事人在履行义务、进行违约补救或处理争议时产生困难。一般来说，国际货物销售合同应包括以下几个方面的主要内容：

（一）品质条款（Quality Clause）

商品的品质是指商品的内在素质和外观形态的综合。前者包括商品的物理性能、机械性能、化学成分和生物的特性等自然属性；后者包括商品的外形、色泽、款式或透明度等。

品质条款的基本内容是所交易商品的品名、等级、标准、规格、商标或牌号等。

例 4–1　品质条款

［示例 1］：Plain satin silk

Width (inch)	Length (Yds)	Weight (m/m)	Composition
55	38/42	16.5	100%silk

［示例 2］：resh hen eggs, shell light brown and clean, even in size

Grade AA: 60-65gm per egg

Grade A : 55-60gm per egg

Grade B : 50-55gm per egg

［示例 3］：Tea Cups Quality Same as Sample No. CT78 Airmailed on May 16

［示例 4］：Multi-shuttle Box Loom Model 1515A, Detail Specifications as per attached Descriptions and illustrations

［示例 5］：9971 China Green Tea Special Chummed Grade 1 Art. No.9307

（二）数量条款（Quantity Clause）

数量条款的基本内容是规定交货的数量和使用的计量单位。如果是按重量计算的货物，还要规定计算重量的方法，如毛重、净重、以毛作净、公量等。

例 4-2 数量条款

［示例 1］：1 000M/T,WITH 2%MORE OR LESS（1 000 公吨，2%溢短装）

The seller has the option to load 5% more or less than the quantity contracted, each difference shall be settled at the contract price.

［示例 2］：Northeast Small Red Beans, 100 metric tons packed in single new gunny bags of about 100kgs each, gross for net

（三）包装条款（Packing Clause）

包装条款主要包括商品包装的方式、材料、包装费用和运输标志等内容。

例 4-3 包装条款

［示例 1］：In wooden cases of 50 kilos each

［示例 2］：Packing: In cartons containing 60 tins of 1 000 tab. each

［示例 3］：Each piece in a polybag, half dozen in a box and 10 dozens in a wooden case

［示例 4］：In cartons, each containing 4 boxes about 9 pounds, each fruit waxed and wrapped with paper

［示例 5］：Each set packed in one export carton, each 810 cartons transported in one 40ft container

（四）价格条款（Price Clause）

价格条款是由单价（Unit Price）和总值（Amount）组成。其中单价包括计量单位、单位价格金额、计价货币、价格术语四项内容。

例 4-4 价格条款

［例 1］：CIF London USD200.00 per metric ton

［例 2］：FOB ShangHai USD200.00 per metric ton

［例 3］：CFRC3% NewYork USD100.00 per doz

（五）支付条款（Terms of Payment）

使用汇付（汇款）方式时，应在合同中明确规定汇付的时间、具体的汇付方式和汇付的金额等。

使用托收方式时，应在买卖合同中明确规定交单条件、方式和买方的付款或承兑责任，以及付款期限等。

使用信用证方式时，应在合同中明确受益人、开证行、开证时间、信用证的种类、金额、有效期和到期地点等方面的内容。

（六）违约条款（Breach Clause）

异议与索赔条款：该条款的主要内容为一方违约，对方有权提出索赔。这是索赔的基本前提。此外还包括索赔依据、索赔期限等。索赔依据主要规定索赔必备的证据及出证机构。若提供的证据不充足、不齐全、不清楚，或出证机构未经对方同意，均可能遭到对方拒赔。

罚金条款：该条款主要规定当一方违约时，应向对方支付一定数额的约定罚金，以弥补对方的损失。罚金就其性质而言就是违约金。

（七）不可抗力条款（Force Majeure Clause）

该条款实际上也是一项免责条款。不可抗力，是指在合同签订后，不是由于当事人的过失或疏忽，而是由于发生了当事人所不能预见的、无法避免和无法预防的意外事故，以致不能履行或不能如期履行合同，遭受意外事故的一方可以免除履行合同的责任或可以延期履行合同，另一方无权要求损害赔偿。

构成不可抗力必须具备以下几个条件：

（1）它是在订立合同以后，合同履行完毕之前发生的，并且是在订立合同时当事人所不能预见的。

（2）它不是由于任何一方当事人的过失或疏忽行为所造成的，即不是由于当事人的主观原因所造成的。

（3）它是双方当事人所不能控制的，即这种事件的发生是不能预见、无法避免、无法预防的。

因此，凡人们能够预见而未预见，经过努力能够预防或控制的，均不属于不可抗力事件。不可抗力事故的范围，通常可分为两大类：一类是由于自然力量所引起的，如地震、海啸、台风、暴风雪、火灾、旱灾、水灾等；另一类是由于社会力量所引起的，如战争、罢工、政府禁令等。

拓展阅读

出口贸易合同示例

售货确认书			
SALES CONFIRMATION	编号 No:08XAA008		
The Seller: The Buyer:	日期 Date:May28, 2016		
浙江方兴服饰有限公司	地址 Add:HANGZHOU		
ZHEJIANG FANGXING APPAREL CO., LTD. HIGHMARK CLOTHING PTY. LTD.470, BinWen Rd, Hangzhou China120 King St, Melbourne, Australia			
Tel:+86-571-58108213	Tel:+61-3-86242300		
The undersigned Sellers and Buyers have agreed to close the following transactions according to the terms and conditions Stipulated bellow:			
品名、规格、包装及运输唛头 NAME OF COMMODITY&SPECIFICATIONS, PACKING AND SHIPPING MARK	数量 QUANTITY	单价 UNIT PRICE	金额 AMOUNT
BOY'S 100% COTTON KNITTED T-SHIRTS 2301FABRIC: 100% COTTON KNITTED JERSEY, WEIGHTED 180GSM COLOR & SIZE: AS PER THE BUYER'S CONFIRMED SAMPLES. ACCS.: ALL WOVEN LABELS, HANGTAGS HANGERS AND SIZE CLIPS TO BE SUPPLIED BY THE BUYER FREE OF CHARGE. PACKING: 10 PCS IN A POLYBAG.	21,600PCS	CIF MELBOURNE AUD2.56/PC	AUD55,296.00
		TOTAL	AUD55,296.00

Total Value（总值）: Say Australian dollars fifty-five thousand two hundred and ninety-six only.

Port of Loading（装运港）: SHANGHAI

Port of Discharge（卸货港）: Melbourne. transshipment and partial shipment not allowed.

Shipment（装运期限）: Before July25, 2016

Payment（付款方式）: LC at sight

Insurance（保险）: To be effected by the Seller for 110% invoice value covering all risks.

Arbitration（仲裁）: All disputes arising from the execution of, or in connection with this contract, shall be settled amicably through friendly negotiation.In case no settlement can be reached through negotiation, then case shall then be submitted to China International Economic and Trade Arbitration Commission in accordance with its provisional rules or procedure. The arbitral award is final and binding upon both parties.（凡因执行本合同所发生的或与本合同有关的一切争议，应由双方通过友好协商解决；如果协商不能解决，应提交中国国际贸易促进会对外经济贸易仲裁委员会根据该会的仲裁程序暂定规则进行仲裁。仲裁裁决是终局的，对双方都有约束力。）

一般条款（General Terms）：

（1）质地、重量、尺寸、花型、颜色均允许合理差异，对合理范围内差异提出的索赔，概不受理。

Reasonable tolerance in quality, weight, measurements, designs and colours is allowed for which no claims will be entertained.

（2）买方对下列各点所造成的后果承担全部责任：①使用买方的特定装潢、花型、图案等；②不及时提供生产所需的规格或其他细则；③不按时开信用证；④信用证条款与售货确认书不相符而不及时修改。

Buyers are to assume full responsibilities for any consequences arising from: ①the use of packing, designs or pattern made to order; ②late submission of specification or any other details necessary for the execution of this Sales Confirmation; ③late establishment of L/C; ④late amendment to L/C inconsistent with the provisions of this Sales Confirmation.

（3）人力不可抗拒的事故造成延期无法交货者，卖方不负任何责任。

Sellers are not responsible for late or non-delivery in the event of force majeure or any contingencies beyond Sellers control.

（4）凡有对装达的货物质量提出索赔者，必须在货到目的港后 30 天内提出。

Claims, if any, concerning the goods shipped should be filed within 30 days after arrival at destination.

（5）买方应在收到本售货确认书后 10 天内签退一份给卖方。如在此期限内不提任何异议，售货确认书即生效，凭买方订单或买方先前确认而缮制的售货确认书，在发出后即生效。非经双方同意，不得更改或撤销。

Buyers should sign one copy of this Sales Confirmation and return it to Sellers within 10 days after receipt. If nothing is proposed to the contrary within that time, this Sales Confirmation will be effective. Sales Confirmation, issued on the strength of Buyers order or earlier confirmation is effective. Immediately on its issuance, and subject to neither modification nor cancellation, unless agreed upon by both parties.

买方（The Buyers）　卖方（The Seller）

HIGHMARK CLOTHING PTY. LTD. ZHEJIANG FANGXING APPAREL CO., LTD.

业务操作

许颖根据前期业务磋商的邮件内容，整理好双方达成的事项，起草出口销售合同如下：

销货合约
SALES CONTRACT

卖方 SELLER:
Hangzhou ABC Garments & Accessories Co.,Ltd.
188 Binwen Road, Hangzhou310035, China
Tel:+86-571-87712345

编号 No.:2017EX1001
日期 Date:Feb8,2017
地点 Signed in: HANGZHOU

买方 BUYER:
XYZCloth Import& Export Co.,Ltd.
No.818 Apple Street, Toronto，Canada
Tel:+1-416-6449887

买卖双方同意以下条款并达成交易：
This contract Is made by and agreed between the BUYER and SELLER, in accordance with the terms and conditions stipulated below.

1. 品名及规格 Commodity & Specification	2. 数量 Quantity	3. 单价及价格条款 Unit Price & Trade Terms	4. 金额 Amount
			CIFC5% TORONTO
Boys Jackets Art No.PP01 color: red, fabric content: 100% cotton	**5,670PCS**	**USD12.28/PC**	USD69,627.60
Total:	5,670PCS		USD69,627.60

允许溢短装，由卖方决定
With 5% More or less of shipment allowed at the sellers' option

5. 总值 Total Value
Say U.S. Dollars sixty nine thousand six hundred and twenty seven and cents sixty

6. 包装 Packing
18 pcs per carton

7. 唛头 Shipping Marks
BOYS JACKETS/TORONTO/C/NO.1－315/MADE IN CHINA

8. 装运期及运输方式 Time of Shipment & means of Transportation
All of the goods will be shipped before Jun30, 2017 by sea subject to L/C reaching the Seller by the early of June,2017

9. 装运港及目的地 Port of Loading & Destination
From Ningbo to Toronto. Partial shipments and transshipment are not allowed

10. 保险 Insurance
The Seller shall arrange marine insurance covering All Risks bearing Institute Cargo Clauses (All Risks) plus institute War Clause (Cargo) for 110% of CIF value and provide of claim, if any, payable in Canada with U.S. currency

11. 付款方式 Terms of Payment
By a prime bankers irrevocable sight letter of credit in sellers favor for 100% of invoice value

12. 备注 Remarks
Unless otherwise specified in this Sales Confirmation, all matters not mentioned here are subject to the agreement of the general terms and conditions of business No. CD-101 concluded between both parties

The Buyer
XYZ Cloth Import& Export Co.,Ltd.

The Seller
Hangzhou ABC Garments & Accessories Co.,Ltd.

做中学，学中做

根据以下业务背景资料，填写合同条款。

2016 年 9 月 1 日，浙江安妮进出口有限公司外贸业务员叶聪华收到英国老客户 Ram Trading Co., Ltd.经理菲利普·邓肯的电子邮件，该邮件要求对货号 V10033 的黄铜球阀报价并寄样。当日，叶聪华给菲利普·邓肯寄样并书写发盘函，9 月 9 日，叶聪华收到菲利普·邓肯回复的电子邮件，具体内容如下：

发件人：duncan@ram. com

收件人：conghuaye@annie.com.cn

日期：2016-09-09　00:51:29

主题：Counter-offer on Forged Brass Ball Valves

附件：Forged Brass Ball Valves. jpg

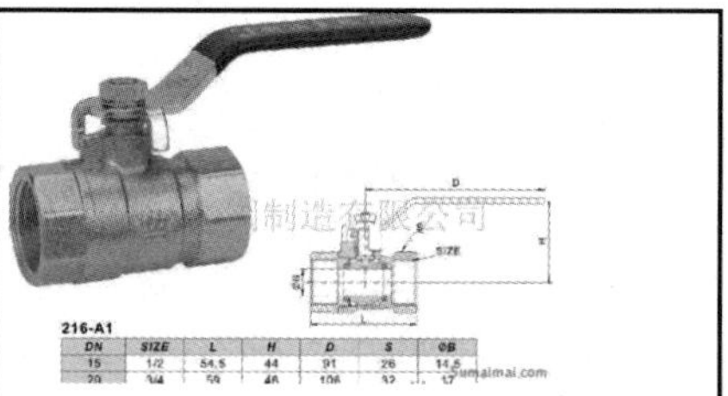

Dear Mr. Ye,

Thanks for your sample of Forged Brass Ball Valves and offer on September3, 2016. We find out that your offer is much higher than that of another Chinese exporter while the products are of the same types. Although we are satisfied with your sample, we cannot accept the price. We will place the firm order if the price can be reduced as follows:

Commodity	Size (inch)	Quantity (sets)	Unit Price (USD/set) CFR Southampton, U.K.
Forged Brass Ball Valves, Article No. V10033, FullPort, Nickel Plated, BSP Thread	1/2	17,280	1.06
	1	9,600	2.26
	1-1/2	3,840	4.82

Meanwhile, the payment should be changed to by T/T at 60 days after B/L date.

The other terms of your offer remain unchanged.

We are looking forward to receiving your early reply.

Best regards,

Yours truly,

Phillip Duncan

Ram Trading Co., Ltd.

Add：9 Civic Centre Road, Southampton, Hampshire SO147SJ, U.K.

Tel: +44-23-80233399

Fax: +44-23-80233396

E-mail: duncan@ram. com

通过反复磋商，9 月 17 日，双方最终达成如下条款：

（1）单价：1/2 英寸（1 英寸=2.54 厘米）为 1.10 美元/套、1 英寸为 2.40 美元/套、1-1/2

英寸为 5.10 美元/套，CFR 英国南安普顿港。

（2）数量：1/2 英寸为 17 280 套、1 英寸为 9 600 套、1-1/2 英寸为 3 840 套。

（3）支付：20%货款在合同签订后 15 天内电汇支付，80%货款凭海运提单传真件电汇支付。

（4）运输：收到 20%货款后的 45 天内装运货物，从中国上海港海运至英国南安普顿港，允许转运，不允许分批装运。

（5）包装：每纸箱装 40 套。

请根据以上相关信息完成以下出口合同（在序号（1）~（14）处填写相应内容）。

SALES CONTRACT

No. AN0900223 **Date:**September17, 2016

THE SELLER: Zhejiang Annie Import and Export Co., Ltd.

No.1298 Huaxing Road, Hangzhou, China

Tel: +86-571-89991357 Fax: +86-571-89991358

THE BUYER: Ram Trading Co., Ltd.

9 Civic Centre Road, Southampton, Hampshire SO147SJ, U.K.

Tel: +44-23-80233399 Fax: +44-23-80233396

This Contract is made by and between the Buyer and the Seller, whereby the Buyer agrees to buy and the Seller agrees to sell the under-mentioned commodity according to the terms and conditions stipulated below:

Commodity & Specification	Quantity	Unit Price	Amount
（1）	（2）	（3）	（4）
Total（5）			
Contract Value (In Words): （6）			

PACKING:（7）

TIME OF SHIPMENT:（8）

PORT OF LOADING AND DISCHARGE:（9）

Transshipment is（10）and partial shipment is（11）.

INSURANCE:（12）

TERMS OF PAYMENT:（13）

SHIPPING MARK:（14）

REMARKS:

This contract is made in two original copies and becomes valid after both parties' signature, one copy to be held by each party.

Signed by:

THE SELLER: **THE BUYER:**

05 项目五 准备货物

学习目标

▶ 知识目标	▶ 能力目标
1. 了解不同类型外贸企业的备货流程。 2. 核实外销合同中的品质、数量、包装条款。	1. 能根据公司的外销合同，与供应商联系订立国内采购合同。 2. 能根据公司外销合同中的品质、数量、包装条款要求准备货物，完成货款交接。

任务九　联系落实货源

情境引例

在与史密斯先生签约后，公司开始着手与之前已有联系的几家供货商联系。因公司实际生产安排的原因，经过磋商，许颖初步打算与宁波天益服饰加工厂合作，完成订单。请帮助许颖与之订立采购合同，并按照出口合同的有关规定准备货物。

流程图解

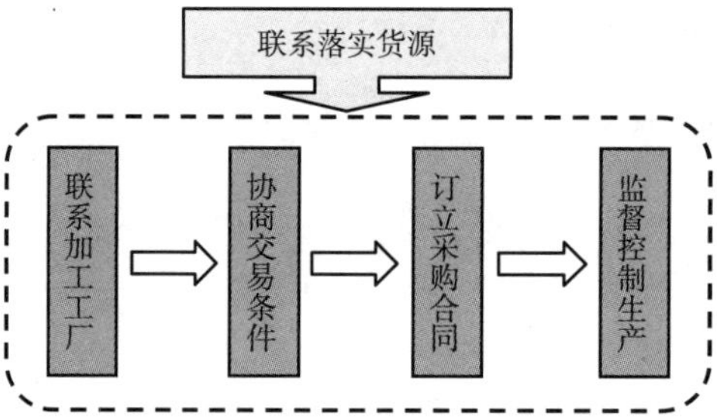

知识准备

一、准备货物

准备货物即备货，是指根据出口合同的规定，准备好合同规定的货物，它是出口商履行出口交货义务的基础。出口交易中，出口方备货工作的内容主要包括：向生产、供货部门或仓储部门安排和催交货物，核实应交货物的品质、规格、花色、数量、包装、刷唛，以及办理货物的检验，领取出口许可证等。

备货的原则是：按照每次出运的数量备货，尽量达到零库存；按照合同规定的最后装船期的时间点备货，也就是要预留一定的时间来完成报验、租船定舱、报关、保险、装船出运等工作。如果时间提前，可能增加货物在码头存放的时间，导致成本的增加，如果时间延迟，将会导致整个交易的违约。

二、生产型企业的备货

如果出口商本身就是厂商，在合同签订后，应及时安排生产或加工。生产型企业备货是向生产加工或仓储部门下达出口货物明细单（在有些企业称其为加工通知单或联系单等，见表 5-1），要求该部门按联系单的要求，对应交的货物进行清点、加工整理、包装、刷制运输标志，以及办理申报检验和领证等工作。联系单是进出口企业内部各个部门进行备货、出运、制单结汇的共同依据。

表 5-1　出口货物明细单

<table>
<tr><td colspan="3" rowspan="2">出口货物明细单</td><td>银行编号</td><td></td><td>外运编号</td><td></td></tr>
<tr><td>核销单号</td><td></td><td>许可证号</td><td></td></tr>
<tr><td colspan="2" rowspan="3">经营单位
（装船人）</td><td rowspan="3"></td><td>合同号</td><td colspan="3"></td></tr>
<tr><td>信用证号</td><td colspan="3"></td></tr>
<tr><td>开证日期</td><td></td><td>收到日期</td><td></td></tr>
<tr><td rowspan="5">提单或承运收据</td><td rowspan="2">抬头人</td><td rowspan="2"></td><td>金额</td><td></td><td>收汇方式</td><td></td></tr>
<tr><td>货物性质</td><td></td><td>贸易国别</td><td></td></tr>
<tr><td rowspan="2">通知人</td><td rowspan="2"></td><td>出口口岸</td><td></td><td>目的港</td><td></td></tr>
<tr><td>可否转运</td><td></td><td>可否分批</td><td></td></tr>
<tr><td>运费</td><td></td><td>装运期限</td><td></td><td>有效期限</td><td></td></tr>
<tr><td rowspan="2">标记唛头</td><td rowspan="2">货名规格及货号</td><td rowspan="2">件数</td><td>数量或尺码</td><td>毛重</td><td>净重</td><td>价格（成交条件）</td></tr>
<tr><td>千克</td><td>千克</td><td>单价</td><td>总价</td></tr>
<tr><td></td><td></td><td></td><td></td><td></td><td></td><td></td></tr>
</table>

续表

本公司注意事项		总体积		
		保险单	险别	
			保额	
			赔款地点	
外运外轮注意事项		船名		
		海关编号		
		放行日期		
		制单员		

业务员的工作职责范围仅限于如何向生产部下单，制订生产计划由生产部的负责人来完成。在生产过程中，业务员要实时监督质量、催促进度等。向生产部下单的流程如图 5-1 所示。

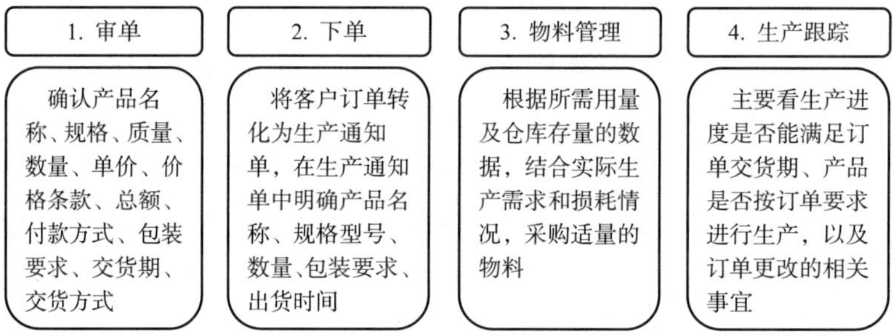

图 5-1　向生产部下单的流程

三、贸易型企业的备货

对于贸易型企业，如果该企业没有固定的生产加工部门，就要向国内有关生产企业联系货源，订立国内采购合同（或“订货单”）。具体流程如图 5-2 所示。

四、备货的注意事项

无论是哪种类型的企业，在备货工作中，都应注意以下几个问题。

1. 有关货物问题

（1）货物的品质、规格。应按合同的要求核实，必要时应进行加工整理，以保证货物的品质、规格与合同或信用证规定一致。

（2）货物的数量。应保证满足合同或信用证对数量的要求，备货的数量应适当留有余地，万一装运时发生意外或损失，以备调换和适应舱容之用。

（3）备货时间。应根据信用证规定，结合船期安排，以利于船货衔接。

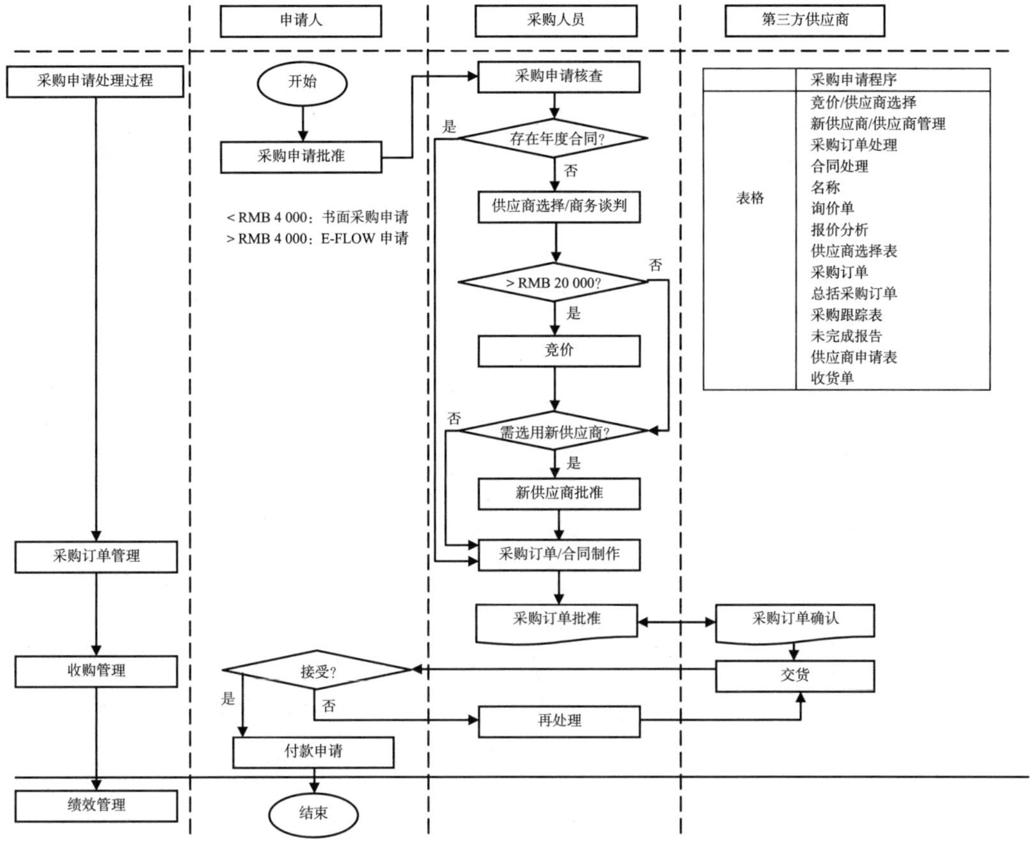

图 5-2　某外贸企业国内采购订单管理流程

2．有关货物的包装问题

出口货物要经过各个环节的长途运输，中途还要经过多次搬运和装卸，甚至多次转换运输工具。为了最大限度地使货物保持完好无损，应注意如下出口包装问题：

（1）尽量安排将货物装运到集装箱中或牢固的托盘上。

（2）必须将货物充满集装箱并做好铅封工作。

（3）集装箱中的货物应均匀放置且均匀受力。

（4）为了防止货物被盗窃，货物的外包装上不应注明识别货物的标签或货物的品牌。

（5）由于运输公司按重量或体积计算运费，出口企业应尽量选择重量轻的小体积包装，以节省运输费用。

（6）对于海运货物的包装，应着重注意运输途中冷热环境变化出现的潮湿和冷凝现象。即使有些船舱有空调设备，但仍可能导致货物受损。采用集装箱运输通常可以避免绝大多数货物的受潮现象。

（7）对于空运货物的包装，应着重注意货物被偷窃和被野蛮装卸的情况。特别是易损货物，应用牢固的箱子包装。鉴于飞机的舱位有限，对于包装尺寸的要求，应与有关运输部门及时联系。

（8）随着技术进步，自动仓储环境处理的货物越来越多，货物在运输和仓储过程中，通常由传送带根据条形码自动扫描分拣。因此，应注意根据仓储要求，严格按统一尺寸对货物进行包装或将货物放置于标准尺寸的牢固托盘上，并预先正确印制和贴放条形码。

3. 关于货物外包装的运输标志问题

正确刷制运输标志的重要性主要反映在如下四个方面：一是符合运输和有关国家海关的规定；二是保证货物被适当处置；三是掩盖包装内货物的性质；四是帮助收货人识别货物。因此，在运输标志的准备上应注意以下内容：

（1）刷制运输标志应符合有关进出口国家的规定。

（2）包装上的运输标志应与所有出口单据上对运输标志的描述一致。

（3）运输标志应既简洁，又能提供充分的运输信息。

（4）所有包装上的运输标志必须用防水墨汁刷写。

（5）有些国家海关要求所有的包装箱必须单独注明重量和尺寸，甚至用公制，或英语或目的国的语言注明。为此，应注意有关国家的海关规定。

（6）在运输包装上的运输标志的大小尺寸应适中，使相关人员在一定距离内能够看清楚。根据国外的通行做法，就一般标准箱包装，刷制的运输包装字母的尺寸至少为 4 厘米高。

（7）运输标志应该至少在包装箱的四面都刷制，以防货物丢失。

（8）除在外包装上刷制运输标志外，应尽量在所有的货运单据上标注相同的运输标志。这些单据包括：内陆运输提单、海运提单或空运提单、码头收据、装箱单、商业发票、报关单等。

拓展阅读

与供应商的谈判策略及应付方法

在与供货商谈判时，他们往往会用各种各样的手段和策略与你周旋。比如在和他们谈判时他们都会哭穷，说毛利很低了，没有钱赚了等，让你于心不忍；又或者是指责你的工作，说收货慢，验货太挑剔等，尽量说你的不对，试着使人们感到内疚，从而不好意思提出自己的要求等。面对供应商，我们不能一味退让或强硬坚持。首先要了解对方的指责是否合理，对方是否已经清楚我方的观点，然后才做出判断，同时将自己所了解到的信息和对方沟通。在与供应商谈判时，应注意使用适当的谈判策略和应对方法：

1. 供应商哭穷并指责你的工作

供货商如此做是不愿意做出让步，或虽然做出了让步，却想得到有利条件补偿其不便之处。

应对方法：作为业务员，应认真听取其意见，认清他们指责是否合理；或是否你解释得不够清楚。若是，寻找机会向其解释明白。但首先应以诚恳态度聆听，同时坚持自己的利益。

2. 供应商在谈判中突然保持沉默

保持沉默是想使你感到不安，促使你不断地说话，以获得有用的信息。属于一种以守为攻的防御策略，也是他们在谈判中经常使用的手段，因为此时他们答应你也不好，不答应也不好，想借此有一个转机。

应对方法：碰到这种情况，我们要主动地设法让对方将这种意思表达出来，询问他的沉默是否意味着我们之间还有什么沟通不够。

3. 供应商常会吹自己的商品如何好

供货商这样做是想给你造成一种错觉，让你相信他们的实力，相信他的资信等，于是让你能很草率地答应他们的某些要求，或想让你做出更大的让步。如某一供货商吹嘘自己的价格和质量是如何的好，从而索取较高的进价等。

应对方法：不要轻信供货商的一面之词，在你不充分了解市场的情况下，委婉将此事缓一缓，建议将关键问题的细节集中在以后再谈。

4. 供应商会拖延时间

供货商常会使用种种方法来拖延，以从你这里套取更多的信息，如他们希望知道你的最终条件，而自己却以要先和老板商量等来拒绝做出决定。如“我们要你们现在决定。在做出保证之前，也可说在发表意见之前，我们需要研究一下你的提议。”

应对方法：事先周密计划，坚守你的目标。除非双方都有决策权，否则不轻易透露自己的底牌。

5. 供应商会最后通牒，给你压力

此时他们会说，我已尽力了，价钱不能再低，要么接受，要么算了。他们这样做是为了试探你们的反应，为使谈判进行下去，强逼你们做出让步。

应对方法：不要做任何承诺，要知道对手正密切注视着你。此时也不必正面回答这个问题，宜寻找一个机会，转移到另一个新问题上。

6. 供应商会使用红脸/白脸策略

有时供货商会采用红脸与白脸的策略来争取更多的利益或更少的让步，通过两者的配合，扰乱你的心绪，使你答应他的要求。

应对方法：要根据双方的目标距离有多大，然后在谈判中少去注意红脸人，应努力转变白脸人（态度强硬者）的态度，设法阐述自己要求的合理性和充分性。

7. 供应商让利一半时

很多人都有这样的经历，那就是在买衣服时，标价 1 000 元，你花了九牛二虎之力将价格压至 500 元，此时你也许觉得衣服很划算，但殊不知此衣服才值 100 元。因此不能以供货商让一半就觉得他们大出血，亏本了。要根据市场和自己的实际情况，评估这种退让是否对我们有利。如同种同质商品的不同供货商中的一位答应给你降一半的价格，却要求你不经营其同类型的商品等。

应对方法：当遇到供货商主动或轻易降价让步时，证明供货商有谈判的意向，如上例想独占你的市场，这时我们要试着谈判更低的价格或更有利的条件。

8. 供应商：我的职权有限

有时供货商会先派业务员来谈判，然后是业务经理，再之后才是经理。每次谈判都要你完全地投入，使你的信息完全向对方曝光，他们自己却不轻易做出承诺，而是在他们认为有利时才立刻随时以此表决，导致你不得不接受一些对自己不利的谈判结果。

应对方法：我们必须清醒地认识形势，向对方提出谈判双方地位不平等，谈判毫无意义，你可以决策，而对方需层层请示，要求对方与你地位相当的人员来谈，其中可向对方暗示不满意对方这种不尊重的谈判态度，施加无形心理压力，为以后的谈判埋下伏笔。

9. 供应商态度强硬，为达到目的不惜借用威胁的方法

应对方法：我们必须分析威胁，此商品是否有替代品或竞争品，如果我们不同意，将会产生怎样的损失后果。同时要向供货商暗示，威胁我们是要付出代价的，这代价有时可能就是失去此商家。但不要正面应战以免造成关系恶化。

业务操作

许颖在和供货厂家联系并多次磋商后，最终签订的购销合同如表5-2所示。

表5-2 购销合同

合同编号：1001

卖方：	宁波天益服饰加工厂		签订时间：	2017年2月25日	
买方：	ABC服饰及配件有限公司		签订地点：	浙江杭州	
一、产品名称、品种规格、数量、金额、供货时间：					
产品编号	品名规格	计量单位	数量	单价（元）	总金额（元）
PP01	男童夹克 每箱20件，颜色：红色，面料成分：全棉	PC	5 670	72	408 240
合计			5 670	72	408 240
合计人民币（大写）	人民币肆拾万零捌仟贰佰肆拾元整				
交（提）货时间	2017年5月30日前工厂交货				
备注：					
质量要求、技术标准、卖方对质量负责的条件和期限：					
质量符合国标出口优级品，如因品质问题引起的一切损失及索赔由卖方承担，质量异议以本合同产品保质期为限					
交（提）货地点、方式：	工厂交货				
交（提）货地点、运输方式及费用负担：	集装箱门到门交货，费用由买方承担				
包装标准、包装物的供应与回收及费用负担：	纸箱包装，应符合出口标准，商标由买方无偿提供				
验收标准、方法及提出异议期限：	买方代表按出口优级品检验内在品质及外包装，同时卖方提供商检放行单或商检换证凭单				
结算方式及期限：	买方凭卖方提供的增值税发票及相应的税收缴款书（出口货物专用）在卖方工厂交货后七个工作日内付款。如果卖方未将有关票证备齐，买方扣除17%税款支付给卖方，等有关票证齐全后结清余款				
违约责任：	违约方支付合同金额的15%违约金				
解决合同纠纷的方式：	按《中华人民共和国经济合同法》				
本合同一式两份，双方各执一份，效力相同。未尽事宜由双方另行友好协商。					
买方			卖方		
ABC服饰及配件有限公司			宁波天益服饰加工厂		
（签名盖章）			（签名盖章）		

做中学，学中做

1. 请根据你们公司的外销合同，联系生产厂家，并与之签订购销合同。
2. 请根据你对本次任务的完成情况填写下表。

供方评定记录表

编号：　　　　　　序号：

供方名称		地址	
电话传真		联系人	
本公司主要的采购产品			
供方简介及质量能力评价（附对其质量管理能力调查报告或体系认证证书及供方或其顾客提供的其他证明资料）：			
首次供货检测结果及结论（是否小批量供货）：			
小批量试用加工适用性结果及结论：			
小批量试用检测结果及结论：			
评定结论（是否列入合格供方名录）：			
管理者代表签名：　　　　　日期：			

任务十　核实品质、数量与包装

情境引例

确定了供货厂家并与之签订供货合同后，业务员许颖需根据客户提出的要求，结合生产的情况，配合技术部、生产质检部跟踪质量、进度、数量，如有问题及时与有关部门或客户联系，起到内外、上下联络的作用，以保证生产的正常运行。

具体工作内容包括核实货物的品质、规格、花色、数量，进行必要的加工整理，包装、刷唛以及办理货物的检验、领取出口许可证等。

流程图解

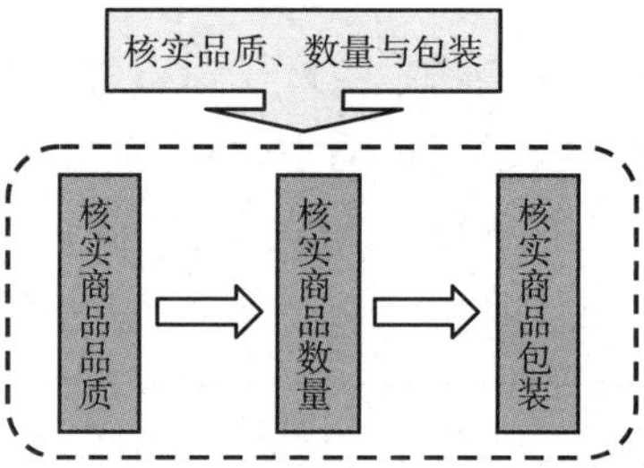

知识准备

在准备货物过程中，应注意按照合同要求，认真核实货物的品质、数量和包装。

一、核实商品品质

在国际货物买卖中，商品种类繁多，特点各异，故表示品质的方法也多种多样。归纳起来，包括凭实物表示品质和凭说明表示品质两大类。

（一）凭实物表示品质

凭实物表示品质又可分为看货买卖和凭样品买卖。

1. 看货买卖

当买卖双方采用看货成交时，买方或代理人通常先在卖方存放货物的场所验看货物，一旦达成交易，卖方就应按对方验看过的商品交货。只要卖方交付的是买方验看过的货物，买方就不得对品质提出异议。这种做法，多用于寄售、拍卖和展卖的业务中。

2. 凭样品买卖

样品通常是从一批商品中抽出来的或由生产、使用部门设计、加工出来的，足以反映和代表整批商品品质的少量实物。凡以样品表示商品品质并以此作为交货依据的，称为“凭样品买卖”（Sale by Sample）。

在国际贸易中，通常由卖方提供样品，凡以卖方样品作为交货的品质依据者，称为“凭卖方样品买卖”。卖方所交货物的品质，必须与提供的样品相同。有时买方为了使其订购的商品符合自身要求，也会提供样品交由卖方依样承制，如卖方同意按买方提供的样品成交，称为“凭买方样品买卖”。有时卖方可根据买方提供的样品，加工复制出一个类似的样品交买方确认，这种经确认后的样品，称为“对等样品”（Counter Sample）或“回样”，也可称之为“确认样品”（Confirming Sample）。当对等样品被买方确认后，日后卖方所交货物的品质，必须以对等样品为准。此外，买卖双方为了发展贸易关系和增进彼此对对方商品的了解，往往采用互相寄送样品的做法。这种以介绍商品为目的而寄出的样品，最好标明“仅供参考”（for reference only）字样，以免与标准样品混淆。

温馨提示

凭样品成交中的一些常见做法

（1）为了争取主动，实际业务中经常采用对等样品的做法。有时会因仿制产品与买方来样不符而招致退货索赔。卖方往往会按买方样品先做一个复制品交买方确认，经确认后即以该复制品作为交货品质的依据。这种做法，实际上是用卖方样品取代了买方样品，使卖方在交货时取得主动。

（2）封样。卖方在寄发样品或发运商品前，由公证机构或会同买方，抽取若干份样品加以封存，万一买卖双方在履约过程中发生质量争议，即可使用封样作为核对之用。

（3）凭买方来样成交时，应注意防范侵权行为的产生。如果不能十分确定，可以在合同中加列保障条款，即万一发生由于买方来样而导致侵犯第三者权益，如专利、商标侵权，应由买方负责。

（二）凭说明表示品质

凭说明表示品质，是指用文字、图表、图片等方式来说明成交商品的品质。这类表示品质方法可细分为如下几种。

1. 凭规格买卖

商品规格是指一些足以反映商品品质的主要指标，如化学成分、含量、纯度、性能、容量、长短、粗细等。国际贸易中的商品由于品质特点不同，其规格也各异，买卖双方凡用商品的规格确定品质时，称为“凭规格买卖”（Sale by Specification）。

例 5-1　“凭规格买卖”条款示例

［示例 1］

金星牌彩色电视机：型号为 SC374，制式为 PAL/BG，电压为 220V，双圆头插座带遥控

［示例 2］

中国芝麻：水分（最高）8%，杂质（最高）2%，含油量（湿态，乙醚浸出物）52%

［示例 3］

印花布	（支数）	（每英寸）	（英寸）
	30×36	72×69	35/36
	纱支	纱线密度	幅度

案例分析

关于凭样品还是凭规格买卖纠纷案

我国某出口公司与德国一公司签订出口某商品的合同，数量为 100 长吨（1 长吨=1 016.047 千克），品质规格为：水分最高 15%、杂质不超过 3%，交货品质以中国商品检

验局品质检验为最后依据。在成交前我国该出口公司向对方寄送过样品，合同签订后又电告对方，确认成交货物与样品相似。货物装运前由中国商品检验局检验签发了品质规格合格证书。货物运抵目的地后，该德国公司提出：虽然有中国商品检验局出具的品质合格证书，但货物的品质却比样品低，卖方应有责任交付与样品一致的货物。因此，要求每长吨减价6英镑。我国该出口公司以合同中并未规定凭样交货，而仅规定了凭规格交货为理由，认为货物是符合合同规定的，因此不同意减价。于是，德国公司请当地某检验公司对货物进行检验，出具了所交货物平均品质比样品低7%的检验证明，并据此向我国该出口公司提出索赔600英镑的请求。我国该出口公司则仍坚持原来理由而拒赔。德国公司拟提请国外仲裁机构仲裁，但因合同中未规定仲裁条款，争议发生后双方对仲裁达不成协议。德国公司遂请求中国国际贸易促进委员会对外贸易仲裁委员会协助解决此案。此时，我国该出口公司进一步陈述说，这批商品在交货时是经过挑选的，因该商品系农产品，不可能做到与样品完全相符，但其品质不至于比样品低7%。由于我国该出口公司已将留存的样品遗失，对自己的陈述无法加以证明，我国该出口公司最后只好赔付品质差价款。

评注：

本案双方争执的焦点是此笔交易究竟是凭规格买卖，还是凭样品买卖，或是既凭规格又凭样品买卖；如果是既凭规格又凭样品的买卖，卖方是否须负品质与样品不符的责任。

本笔交易的合同只规定货物的品质规格，并未规定凭样交货。但是卖方在签约前寄交了样品，在签约后又以电报确认了货物品质与样品相似，这个电报可以理解为交货与样品相似是合同中品质规格条款的补充。因此，从整个交易过程来判断，这笔交易不是仅仅凭规格买卖，而是既凭规格又凭样品的买卖。根据国际贸易习惯的通常解释，“凡是既凭样品又凭规格达成的交易，卖方所交货物必须既与样品一致，又符合规格的要求。否则，买方有权拒收货物，并可提出索赔要求”。

本案表明，在已经签约凭规格买卖的情况下，再发电报确认所交货物与样品相似，这不仅是多余的，而且把一桩凭规格的买卖变成了既凭规格又凭样品的买卖，使自己多承担了责任。由此可见，如果交易货物的品质能够以规格确定，就不应再寄送样品，更不能轻易确认交货品质与样品相似。为了进行商品宣传也可以寄送样品，但应该明确表示该样品仅供参考，即参考样品（Reference Sample）。另外，凭样品成交的卖方应该妥善保存复样，一旦发生争议，可对复样进行重新检验以便对比，从而分清责任。

2. 凭等级买卖

商品的等级是指同一类商品按规格上的差异，分为品质优劣各不相同的若干等级。凭等级买卖（Sale by Grade）时，由于不同等级的商品具有不同的规格，为了便于履行合同和避免争议，在品质条款列明等级的同时，最好一并规定每一等级的具体规格。这对简化手续、促进成交和体现按质论价等方面，都有一定的作用。

例5-2 “凭等级买卖”条款示例

AA级鲜鸡蛋，蛋壳浅棕色，清洁，大小均匀

AA级 每枚鸡蛋净重60～65克

A 级　每枚鸡蛋净重 55～60 克
B 级　每枚鸡蛋净重 50～55 克
C 级　每枚鸡蛋净重 45～50 克
D 级　每枚鸡蛋净重 40～45 克
E 级　每枚鸡蛋净重 30～40 克

3. 凭标准买卖

商品的标准是指将商品的规格和等级予以标准化。商品的标准，有的由国家或有关政府主管部门规定，有的由同业公会、交易所或国际性的工商组织规定。有些商品习惯凭标准买卖（Sale by Standard），人们往往使用某种标准作为说明和评定商品品质的依据。

例 5–3　“凭标准买卖”条款示例

［条款示例 1］

利福平　符合 1993 版英国药典（BP）

在国际贸易中，对于某些品质变化较大而难以规定统一标准的农副产品，往往采用“良好平均品质”（Fair Average Quality，FAQ）这一术语来表示其品质。“良好平均品质”是指一定时期内某地出口货物的平均品质水平，一般是指中等货，也称大路货。在标明大路货的同时，通常还约定具体规格作为品质依据。

［条款示例 2］

中国大米　2008 年　　FAQ

水分（最高）15%　　杂质（最高）1%　　碎粒（最高）35%

【条款示例 3】

中国桐油　良好平均品质 FAQ　　游离脂肪酸不超过 4%

为了促进各国产品质量的提高，完善企业管理制度，保护消费者利益，国际标准化组织推出了 ISO 9000 质量管理和质量保证系列标准，以及 ISO 14000 环境管理系列标准。

我国是国际标准化组织理事国。1992 年 10 月，我国技术监督局将 ISO 系列标准等效转化为 GB/T 19000 系列国家标准，以双编号形式出现，于 1993 年 1 月 1 日起实施。实施 ISO 的这两个一体化管理体系，有助于改善和提高我国企业和产品在国内外消费者、客户中的形象，降低经营及管理成本，使我国产品适应国际市场对于产品在质量上的新需求，提高我国产品的国际竞争能力。几种常见的认证标志如图 5-3 所示。

4. 凭说明书和图样买卖

在国际贸易中，有些机、电、仪等技术密集型产品，因其结构复杂，对材料和设计的要求严格，用以说明其性能的数据较多，很难用几个简单的指标来表明品质的全貌，而且有些产品，即使其名称相同，但由于所使用的材料、设计和制造技术的某些差别，也可能导致功能上的差异。因此，对这类商品的品质，通常以说明书并附以图样、照片、设计图纸、分析表及各种数据来说明具体性能和结构特点。按此方式进行交易，称为凭说明书和图样买卖（Sale by Descriptions and illustrations）。

国家免检产品　美国UL认证

美国绿色营养食品协会认证　欧共体CE认证

回收标志　绿色食品

图 5-3　几种常见的认证标志

5．凭商标或品牌买卖

商标（Trade Mark）是指生产者用来识别所生产或出售的商品的标志。品牌（Brand Name）是指工商企业给制造或销售的商品所冠的名称。商标或品牌自身实际上是一种品质象征。人们在交易中可以只凭商标或品牌进行买卖，无须对品质提出详细要求。

6．凭产地名称买卖

在国际货物买卖中，有些产品，因产区的自然条件、传统加工工艺等因素的影响，在品质方面具有其他产区的产品所不具有的独特风格和特色，对于这类产品，一般也可用产地名称来表示品质。

以上表示商品品质的方法，可以单独运用，也可以根据商品的特点、市场或交易的习惯，将几种方式结合运用。例如，有的交易既使用商标、牌名或地名，又列有商品的规格等。因此有以下三点需要说明：

（1）在实践中，一般只采用样品或者文字说明中的一种方式来表示。如果有些商品需要既用文字说明又用样品表示质量，则一旦成交，卖方必须承担交货质量既符合文字说明又符合样品的责任。

（2）在实际业务中，可以使用一种文字说明的方法，也可以同时使用两种或两种以上文字说明表示质量的方法，但要注意文字上不能有冲突。

（3）有些特殊商品（如珠宝、工艺品等）的交易可按照“看货成交”方式进行。

总之，卖方应根据商品的特点、市场习惯和实际需要，适当地选用适合于有关商品的表示质量的方法，以利销售，并维护其自身利益。

二、核实商品数量

商品数量是国际货物买卖合同中不可缺少的主要条件之一。按照某些国家的法律规定，卖方交货数量必须与合同规定相符，否则，买方有权提出索赔，甚至拒收货物。《联合国国际货物销售合同公约》也规定，按约定的数量交付货物是卖方的一项基本义务。如卖方交货数大于约定的数量，买方可以拒收多交的部分，也可收取多交部分中的一部分或全部，但应按合同价格付款。如卖方交货数少于约定的数量，卖方应在规定的交货期届满前补交。但不得使买方遭受不合理的不便或承担不合理的开支，即使如此，买方也有保留要求损害赔偿的权利。

由于交易双方约定的数量是交接货物的依据，因此，正确掌握成交数量和合同中的数量条款，具有十分重要的意义。买卖合同中的成交数量的确定，不仅关系到进出口任务的完成，而且还涉及对外政策和经营意图的贯彻，正确掌握成交数量，对促进交易的达成和争取有利的价格，也具有一定的作用。

（一）国际贸易中的几种计量单位

（1）按重量（Weight）计算。按重量计算是当今国际贸易中广为使用的一种，例如，许多农副产品、矿产品和工业制成品，都按重量计量，按重量计量的单位有公吨、长吨、短吨、公斤、克、盎司等。

（2）按数量（Number）计算。大多数工业制成品，尤其是日用消费品、轻工业品、机械产品，以及一部分土特产品，均习惯于按数量进行买卖，所使用的计量单位有件、双、套、打、卷、令、萝、个、台、组、张、袋、箱、桶、包等。

（3）按长度（Length）计算。在金属绳索、丝绸、布匹等商品的交易中，通常采用米、英尺、码等长度单位来计量。

（4）按面积（Area）计算。在玻璃板、地毯等商品的交易中。一般习惯于以面积作为计量单位，常用的有平方米、平方尺、平方码等。

（5）按体积（Volume）计算。按体积成交的商品有限。仅适用于木材、天然气和化学气体等。属于这方面的计量单位有立方米、立方尺、立方码等。

（6）按容积（Capacity）计算。各类谷物和液体货物，往往按容积计量。其中，美国以蒲式耳（Bushel）作为各种谷物的计量单位。但蒲式耳所代表的重量则因谷物不同而有差异，例如，每蒲式耳亚麻籽为 56 磅，燕麦为 32 磅，大豆和小麦为 60 磅，公升、加仑则用于酒类、油类商品的计量。

（二）计算重量的方法

依重量单位为例，根据一般商业习惯，有以下几种方法：

1．净重

净重（Net Weight）是指商品本身的重量，按照国际惯例，如合同中对重量的计算没有其他规定，则应以净重计量。

有的商品需经包装后才能称量，所得重量为毛重。对价值较低的商品，可以在合同中规定以毛重计量，即所谓“以毛作净”（Gross for Net）。如果需以净重计算，则必须从毛重中减去包装物的重量，即皮重。计算皮重主要有下列几种做法：

- 实际皮重。即称量每件包装物的重量。
- 平均皮重。在包装物比较划一的情况下，可从全部商品中抽取一定件数的包装物，加以称量，求出平均每件包装物的重量。
- 习惯皮重。适用于规范化的包装方式。包装的重量已为人所共知，无须称量。

• 约定皮重。双方事先约定的包装重量。

2. 公量

对于含水率不稳定的商品，如羊毛、生丝、棉花等，为准确计算这类商品的重量，国际上通常采用按公量（Conditioned weight）计算的方法，即测定商品的实际回潮率（含水率）以计算商品干净重，再换算成公定回潮率的重量。计算公式如下：

公量=［商品实际重量/（1+实际回潮率）］×（1+公定回潮率）

=商品干净重×（1+公定回潮率）

3. 理论重量

对一些具有固定规格尺寸的商品，每件重量基本一致，一般可从件数推算出总重量。即所谓理论重量（Theoretical Weight）以方便买卖双方交接货物。

拓展阅读

度量衡制度

由于世界各国的度量衡制度不同，以致同一计量单位所表示的数量不一。在国际贸易中，通常采用公制、英制、美制和国际标准计量组织在公制基础上颁布的国际单位制。根据《中华人民共和国计量法》规定："国家采用国际单位制。国际单位制计量单位和国家选定的计量单位为国家法定计量单位。"目前除了个别特殊领域，一般不许再使用非法定计量单位。我国出口商品，除照顾对方国家贸易习惯约定采用公制、英制或美制计量单位外，应使用我国法定计量单位。我国进口的机器设备和仪器等应要求使用我国法定计量单位，否则，一般不许进口，如确有特殊需要，也必须经有关标准计量管理部批准。

上述不同的度量衡制度导致同一计量单位所表示的数量有差异。例如，就表示重量的吨而言，实行公制的国家一般采用公吨，每公吨为 1 000 千克，实行英制的国家一般采用长吨，每长吨为 1 016.047 千克。实行美制的国家一般采用短吨，每短吨为 907.185 千克。此外，有些国家对某些商品还规定有自己习惯使用的或法定的计量单位。

为了解决由于各度量衡不一带来的弊端，国际标准计量组织在各国广为通用的公制的基础上采用国际单位制（SJ）。国际单位制的实施和推广，标志着计量的日趋国际化和标准化。现在已有越来越多的国家采用国际单位制。

（三）关于商品数量应注意的问题

1. 合理掌握交易数量

（1）对于产品出口，企业应该根据外商的资信情况与经营能力确定成交数量，防止不能及时、安全收汇的现象发生，给企业造成重大的经济损失。

（2）对于产品出口，企业应该密切注意市场供求关系的变化，保持稳定、均衡的供应数量，以有利于提高商品竞争力，巩固和发展出口市场。

（3）对于商品进口，企业也应该根据市场行情的变化周期和规律，适时地选择商品进口的时机，以便更好地获得市场效益。

2. 数量条款用词要明确、严密、具体

在制定商品数量条款时用词一定要明确、严密、具体，特别是在使用计量单位术语时，更要慎之又慎。例如，某国某进出口贸易公司通过边贸方式向邻近地区出口某种建筑用岩石，其所报的价格为 US$15 per truck，即该岩石每卡车为 15 美元。由于未注明所指卡车的载重量，对方所派卡车载重量从 5 吨逐步增加到 20 吨，使该进出口公司损失严重。后来经过调解协商，报价改为 US$3 per M/T，即每公吨 3 美元，才使得该进出口公司避免了更大的损失。

3. 合理订立认定交货数量的时间和地点

国际贸易中，由于长途运输及其他各种原因，有些货物的数量可能会发生一些变化，这种变化应该是与确定数量的时间、地点有关系的，因此，在合同中确定何时何地的数量为交货数量就显得十分重要。在国际货物买卖中，确定交货数量的时间和地点一般有以下几种规定方法：

（1）出厂数量条件（plant quantity terms），指交付数量以出厂时核准的数量为准。利用这种方法确定交货数量，对于途中发生的短缺、损耗等问题，卖方不负任何责任，因此，这种条件对卖方有利。

（2）装运数量条件（shipping quantity terms），指交货数量以装运时在装运港（地）的装货数量为准。卖方只负责装运数量与合同数量相符，如果途中发生短缺等情况卖方概不负责。例如，FOB 条件交易的数量条款，就是以装运港的装运数量为准。这种条件也是对卖方比较有利。

（3）卸货数量条件（landed weight terms），指交货数量以目的港卸货上岸检验的数量为准。在此条件下，卖方对于运输途中所发生的数量短缺等问题要负责任。

（4）装卸平均数量条件（terms of mean of shipping and landed quantity），指以装运数量和卸货数量的平均数作为交货数量的条件。

（5）买方营业处所数量条件（buyer’s premises quantity terms），指交货数量以货物运抵买方所在地指定地点（营业厅、仓库）后的数量为准。随着集装箱和国际多式联运方式的发展，这种数量条件将日益增多。显然，该条件对买方比较有利。

在交易中，买卖双方可以在选定的价格条件、运输方式以及其他具体情况的基础上，协商确定采用何种交付数量条件。

三、核实商品包装

商品的包装（Packing of Goods），是指为了有效保护商品品质的完好和数量的完整，采用一定的方法将商品置于合适容器中的一种措施。国际贸易货物中，除少数不必包装、可直接装入运输工具中的散装货（Bulk Cargo）和在形态上自成件数、无须包装或略加捆扎即可成件的裸装货（Nude Cargo）以外，绝大多数商品都需要有适当的包装。

按照包装在流通过程中所起作用的不同，包装可分为运输包装和销售包装。

（一）运输包装

运输包装（Transport Packing）又称外包装（Outer Packing），其主要作用在于保护商品和防止出现货损货差。运输包装的方式和造型多种多样，用料和质地各不相同。在国际贸易中，买卖双方究竟采用何种运输包装，应在合同中具体订明。

1. 运输包装的种类

运输包装根据包装材料和包装方法的不同，可分为：箱（case）、包（bundle，bale）、桶（drum，cask）、袋（bag）、篓、罐等。运输包装除了上述各种单件包装，还有集合包装。所谓集合包装是指在单件包装的基础上，把若干单件组合成一件大包装，以适应港口机械化作业的要求。集合包装能更好地保护商品，提高装卸效率，节省运输费用。常见的集合包装方式有托盘、集装袋和集装箱。

温馨提示

国外对包装的规定

在国际贸易中，由于各国国情不同以及文化差异的存在，对商品的包装材料、结构、图案及文字标志等要求不同。了解这些规定，对外贸出口大有益处。

1. 禁用的标志图案

阿拉伯国家规定进口商品的包装禁用六角星图案，因为六角星与以色列国旗中的图案相似，阿拉伯国家对有六角星图案的东西非常反感和忌讳。德国对进口商品的包装禁用类似纳粹和军团符号标志。

2. 禁用的包装材料

美国规定，为防止植物病虫害的传播，禁止使用稻草做包装材料。如被海关发现，必须当场销毁，并由出口方支付由此产生的一切费用。新西兰农业检疫所规定，进口商品包装严禁使用以下材料：干草、稻草、麦草、谷壳或糠、生苔物、土壤、泥灰、用过的旧麻袋及其他材料。澳大利亚防疫局规定，用木箱包装（包括托盘木料）进口货物时，均需提供熏蒸证明。

3. 港口规定

沙特阿拉伯港务局规定，所有运往该国港埠的建材类海运包装，凡装集装箱的，必须先组装托盘，以适应堆高机装卸，且每件重量不得超过2吨。伊朗港口颁布的进口货物包装规定，药品、化工品、食品、茶叶等商品，分别要求以托盘形式，或体积不少于1立方米或重量1吨的集装箱包装。

2. 运输包装的标志

在运输包装上有时要涉及包装标志的问题。包装标志是指在商品的包装上书写、压印、刷制各种有关的标志，以便识别货物，有利于装卸、运输、仓储、检验和交接工作的顺利进行。包装标志按其用途可分为运输标志、识别标志、指示标志和警示标志四种：

（1）运输标志（Shipping Mark）。运输标志又称唛头，是由一个简单的几何图形和一些字母、数字及简单的文字组成。其主要内容包括：①目的地的名称或代号；②收、发货人的代号；③件号、批号。

此外，有的运输标志还包括原产地、合同号、许可证号和体积与重量等内容。运输标志的内容繁简不一，由买卖双方根据商品特点和具体要求商定。

鉴于运输标志的内容差异较大，有的过于繁杂，不适应货运量增加、运输方式变革和电子计算机在运输与单据流转方面应用的需要。因此，联合国欧洲经济委员会简化国际贸易程序工作组，在国际标准化组织和国际货物装卸协调协会的支持下，制定了一项运输标志向各国推荐使用。该标准化运输标志包括：①收货人或买方名称的英文缩写字母或简称；②参考号，如运单号、订单号或发票号；③目的地；④件号。

至于根据某种需要而在运输包装上刷写的其他内容，如许可证号等，则不作为运输标志必要的组成部分。

（2）识别标志（Identification Mark）。识别标志又称通知标志。通常包括商品货号、商品名称、装箱数量、毛重、净重、包件尺码、产地或生产国别等。

（3）指示标志（Indicative Mark）。指示标志是根据商品的特性，对一些容易破碎、残损、变质的商品，在搬运装卸操作和存放保管条件方面所提出的要求和注意事项，用图形或文字表示的标志。表 5-3 列举的是一些常用的指示标志。

表 5-3　常用的指示标志

中文含义	英文含义	指示标志	中文含义	英文含义	指标标志
易碎，小心搬运	FRAGILE, HANDLE WITH CARE		重心	CENTER OF GRAVITY	
禁用钩形物	USE NO HOOK, DO NOT PUNCTURE		不可滚动	DO NOT ROLL	
远离热原	KEEP AWAY FROM HEAT SOURCE		堆积限制××千克	STACKING LIMITATION ×× KG MAX	
防止辐射	PROTECT FROM RADIO ACTIVE SOURCES		此面向上	THIS SIDE UP	
保持干燥	KEEP DRY		温度限制	TEMPERATURE LIMITATION	

（4）警示标志（Warning Mark）。警示标志又称危险品标志（dangerous cargo mark），是指凡在运输包装内装有爆炸品、易燃物品、有毒物品、腐蚀物品、氧化剂和放射性物质等危险货物时，都必须在运输包装上标明用于各种危险品的标志，以示警告，使装卸、运输和保管人员按货物特性采取相应的防护措施，以保护物资和人身的安全。

在我国出口危险货物的运输包装上，要标明我国和国际上所规定的两套危险品标志。图 5-4 列举了《国际海上危险货物运输规则》所规定的一些危险品标志。

图 5-4　危险品标志

（二）销售包装

销售包装又称内包装，是在商品制造出来以后以适当的材料或容器所进行的初次包装，是直接接触商品并随商品进入零售网点和消费者直接见面的包装，这类包装除必须具有保护商品的功能外，更应具有促销的功能。因此，对销售包装的造型结构、装潢画面和文字说明等方面，都有较高的要求。

1．销售包装的种类

销售包装可采用不同的包装材料和不同的造型结构与式样，这就导致销售包装的多样性，究竟采用何种销售包装，主要根据商品特性和形状而定。常见的销售包装有如下种类：

（1）挂式包装：可在商店货架上悬挂展示的包装，其独特的结构如吊钩、吊带、挂孔、网兜等，可充分利用货架的空间陈列商品。

（2）堆叠式包装：通常指包装品顶部和底部都设有吻合装置，使商品在上下堆叠过程中可以相互咬合，其特点是堆叠稳定性强，大量堆叠而节省货位，常用于听装的食品罐头或瓶装、盒装商品。

（3）便携式包装：包装造型和长宽高比例的设计均适合消费者携带使用的包装，如有提手的纸盒、塑料拎包等。

（4）一次用量包装：又称单位包装、专用包装或方便包装，以使用一次为目的的较简单的包装，如一次用量的药品、饮料、调味品等。

（5）易开包装：包装容器上有严密的封口结构，使用者不需要另备工具即可容易地开启。易开包装又分为易拉罐、易开瓶和易拉盒等。

（6）喷雾包装：在气密性容器内，当打开阀门或压按钮时，内装物由于推进产生的压力能喷射出来的包装。例如香水、空气清新剂、清洁剂等包装。

（7）配套包装：将消费者在使用上有关联的商品搭配成套，装在同一容器内的销售包装，如工具配套袋、成套茶具的包装盒等。

（8）礼品包装：专作为送礼用的销售包装。礼品包装的造型应美观大方，有较高的艺术性，有的还使用彩带、花结、吊牌等。它的装潢除了给消费者留下深刻印象外，还必须具有保护商品的良好性能。使用礼品包装的范围极广，如糖果、化妆品、工艺品、滋补品和玩具等。

2．销售包装的装潢和文字说明

销售包装的装潢，通常包括图案与色彩。装潢应美观大方，富于艺术吸引力，并突出商品的特性。同时，还应适应进口国或销售地区的民族习惯和爱好，以利于扩大出口。文字说明通常包括商品名称、商标品牌、数量规格、成分构成与使用说明等内容。这些文字说明应于销售包装的装潢画面紧密结合、和谐统一，以达到树立产品及企业形象、提高宣传和促销的目的。使用的文字说明或粘贴、悬挂的商品标签、吊牌等，还应注意不违反有关国家的标签管理条例的规定。例如，有的国家明文规定所有进口商品的文字说明必须使用本国文字。

3．物品条形码的标志

（1）条形码概述。

在销售包装上，除了附有装潢画面和文字说明，有的还印有条形码的标志。目前，世界许多国家都在商品包装上使用条形码。条形码是一种产品代码，是由一组带有数字的黑白及粗细间隔不等的平行条纹所组成，这是利用光电扫描阅读设备为计算机输入数据的特殊的代码语言。只要将条形码对准光电扫描器，计算机就能自动地识别条形码的信息，确定品名、品种、数量、生产日期、制造厂商、产地等相关信息，大大提高了对商品的管理效率。

（2）商品包装的两种条形码。

条形码自问世以来，为适应多种需要，产生了众多的编码系统。但目前得到国际公认用于商品包装的主要有两种，即 UPC 条形码和 EAN 条形码。这两种编码系统属同一类型，每个字符均由数条黑白相间的条纹组成，中间有两条窄条纹向下伸出少许，将条形码分成左右两部分。

UPC 条形码是由美国和加拿大共同组织的“统一编码委员会”（Universal Code Council，UCC）选定以 IBM 公司提出的 Dalta-Distance 为基础而通过的。UPC 条形码作为美国、加拿大产品统一的标识符号，一般由 11 位数字的通用产品代码和 1 位校验码组成。产品代码的第 1 位数字为编码系统字符，中间 5 位数字表示制造商号，后 5 位数字为产品代码。

EAN 条形码是欧盟的“欧洲物品编码协会”（European Article Numbering Association，EAN）吸取了 UPC 的经验而确立的物品标识符号。该协会于 1977 年改名为“国际物品编码协会”（International Article Numbering Association）。迄今为止，使用 EAN 条形码的该协会成员国已有数十个，除欧洲外，亚洲许多国家也使用此码，我国于 1991 年 7 月参加该协会。EAN 条形码一般由代表 12 位数字的产品代码和 1 位校验码组成。产品代码的前 3 位数字为国别码；中间 4 位数字为制造商号；后 5 位数字为产品代码。

由于国际上存在这两种编码系统，因此，我国产品销往美国、加拿大应使用 UPC 条形码，而出口到其他国家和地区则需使用 EAN 条形码。

EAN 条形码的国别码由 EAN 总部分配管理。1988 年 12 月我国建立了“中国物品编码中心”，负责推广条形码技术，并对其进行统一管理。1994 年 4 月我国正式加入国际物品编码协会。该协会分配给我国的国别代码为 690-699。此外，我国书籍代码为“978”，杂志代码为“977”。

（三）中性包装和定牌生产

采用中性包装（Neutral Packing）和定牌生产，是国际贸易中常用的习惯做法。

中性包装是指既不标明生产国别、地名和厂商名称，也不标明商标或品牌的包装。也就是说，在出口商品包装的内外，都没有原产地和厂商的标记。

中性包装包括无牌中性包装和定牌中性包装两种。前者是指包装上既无生产国别和厂商名称，又无商标或品牌；后者是指包装上仅有买方指定的商标或品牌，但无生产国别和厂商名称。

采用中性包装，是为了打破某些进口国家与地区的关税和非关税壁垒，以及适应交易的特殊需要（如转口销售等），它是出口国家厂商加强对外竞销和扩大出口的一种手段。为了把生意做活，我们对国际贸易中的这种习惯做法，也可酌情采用。但使用时要注意避免发生知识产权纠纷。

定牌是指卖方按买方要求，在其出售的商品或包装上标明买方指定的商标或牌号，这种做法也叫定牌生产。卖方同意采用定牌，是为了利用买方（包括生产厂商、大百货公司、超级市场和专业商店）的经营能力和他们的企业商誉或名牌声誉，以提高商品售价和扩大销售数量。

无牌是指买方要求在我国出口商品或包装上免除任何商标或牌名的做法。主要用于一些尚待进一步加工的半制成品。这里需要注意的是：除非另有约定，采用定牌和无牌时，在我国出口商品或包装上均须标明“中国制造”字样。

（四）关于包装条款应注意的问题

在国际贸易中，包装是交货的重要条件之一，如果发生交货包装与合同规定有重大不符合等情况，买方可以索赔损失甚至拒收货物。因此，我们在确定商品的包装时，应注意以下几个问题：

（1）对国外客户提出的包装要求，要实事求是地分析我方能否办到，不可轻易接受，尤其是某些包装材料的选择，更要慎之又慎。

（2）采用笼统订立包装条款的方法时，要注意尽量不采用“适合海运包装”（seaworthy packing）、“习惯包装”（customary packing）或“卖方惯用包装”（seller’s usual packing）之类的术语。这类术语含义不够明确，可能会由于各国对其意义的理解不同而引起争议。如果一定要使用这些术语，应该对这类术语加上比较明确的解释，或者注明“由于卖方包装的过错造成设备和材料的任何损坏，将由卖方修理或更换”（Any equipment and materials which are damaged due to the seller’s packing fault shall be repaired or replaced by the seller）。要对卖方的行为加以限制，以免引起不必要的责任纠纷。

（3）如果出口商品已经有了标准包装，在拟定包装条款时，应具体写明，并力争让对方接受这种包装。如果对方拒绝利用我方标准包装，合同中应加以规定“因特殊包装而发生的额外费用由买方支付”等条件。

业务操作

合同签订后，根据买卖双方的相互约定或合同的要求，出口商将外包装的详细规格及标识以书面的形式通知给生产加工工厂，以便工厂按进口商的要求安排刷唛及外包装事宜。许颖给供货厂家发送的唛头通知书，内容如图 5-5 所示。

ABC 服饰及配件有限公司
ABC GARMENTS& ACCESSORIES CO.,LTD

To: 宁波天益服饰加工厂李厂长
合同编号为 1001 项下，5 670 件男童夹克（货号 PP01）外箱唛头如下：
1. 外包装种类：出口标准纸箱
2. 包装规格：18 件每箱
3. 唛头：
    BOY'S JACKETS
    TORONTO
    C/NO. 1001
    MADE IN CHINA
4. 纸箱的一长边印阿拉伯文纸箱图案，另一长边印英文纸箱图案，一短边印唛头，字体颜色为黑色，另一短边为空白

图 5-5　唛头通知书

做中学，学中做

1. 请根据你们公司与生产厂家签订的购销合同，督促厂家按照合同规定完成产品的加工生产，并向厂家发送唛头通知书。

2. 请根据你对本次任务的完成情况填写下表。

验货报告

<table>
<tr><td colspan="2">发票号码</td><td colspan="3"></td><td colspan="2">发票日期</td><td colspan="3"></td></tr>
<tr><td colspan="2">客户</td><td colspan="3"></td><td colspan="2">厂商</td><td colspan="3"></td></tr>
<tr><td colspan="2">订单号码</td><td colspan="3"></td><td colspan="2">验货人</td><td colspan="3"></td></tr>
<tr><td colspan="2">货号</td><td colspan="3"></td><td colspan="2">验货日期</td><td colspan="3"></td></tr>
<tr><td colspan="2">品名及规格</td><td colspan="8"></td></tr>
<tr><td colspan="2">订货数量</td><td colspan="3"></td><td colspan="2">船名航次</td><td colspan="3"></td></tr>
<tr><td colspan="2">出货数量</td><td colspan="3"></td><td colspan="2">结关日期</td><td colspan="3"></td></tr>
<tr><td colspan="2">检验数量（见明细）</td><td colspan="3"></td><td colspan="2">开航日期</td><td colspan="3"></td></tr>
<tr><td colspan="10">检验箱号及数量</td></tr>
<tr><td>箱号</td><td></td><td></td><td></td><td></td><td></td><td></td><td></td><td></td><td></td></tr>
<tr><td>数量</td><td></td><td></td><td></td><td></td><td></td><td></td><td></td><td></td><td></td></tr>
<tr><td colspan="10">检验情形　（叙述检验项目和结果）</td></tr>
<tr><td colspan="10"></td></tr>
<tr><td colspan="10">比较核准样品的不同之处</td></tr>
<tr><td colspan="10"></td></tr>
<tr><td colspan="10">检验结论：</td></tr>
<tr><td colspan="2">通过</td><td colspan="3">拒绝</td><td colspan="2">暂停</td><td colspan="3">重验</td></tr>
</table>

续表

<table>
<tr><td colspan="2">检验项目</td><td colspan="2">外箱标识（含唛头）</td></tr>
<tr><td rowspan="7">功能
尺寸
外观
颜色
产品包装
干净程度
产地标示
内外包装
重量
正确混合包装
内盒品质</td><td rowspan="7">外箱品质
外箱捆绑
塑胶袋
插片文字
标签文字
纸头文字
盒子文字
外箱胶带
货柜
内盒标示
外箱唛头</td><td>正面</td><td>侧面</td></tr>
<tr><td>正确</td><td>正确</td></tr>
<tr><td>不正确</td><td>不正确</td></tr>
<tr><td></td><td></td></tr>
<tr><td></td><td></td></tr>
<tr><td colspan="2">实际外箱尺寸及重量</td></tr>
<tr><td colspan="2">外箱尺寸:
每箱净重:
每箱毛重:</td></tr>
</table>

06 项目六 落实货款

学习目标

▶ 知识目标	▶ 能力目标
1. 熟悉货款国际结算相关的国际惯例。 2. 熟悉常见的国际结算方式的含义和业务操作流程。	1. 能根据合同及其他贸易业务背景审核信用证的内容，并完成货款结算。 2. 能根据业务背景安排货款结算的方式。

任务十一　开立信用证

情境引例

许颖在安排好生产之后，准备撰写一封信给史密斯先生，向他反馈备货的情况，并要求他按合同约定及时到相关的银行去办理开立信用证的业务。

流程图解

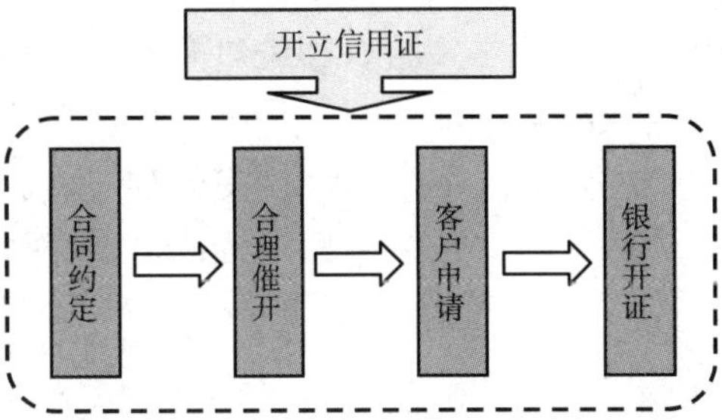

知识准备

一、认知信用证

货款结算是指国际贸易业务中的买方向卖方支付货款的行为。常见的国际结算方式有信用证、汇款和托收三种。不同的企业要根据自身业务的特点，选用适合实际业务情况的结算方式。

（一）信用证的含义

根据国际商会制定的第 600 号出版物《跟单信用证统一惯例》（简称 UCP600）的规定：信用证是一项约定，不论如何命名或描述，系指一家银行（开证行）应客户（申请人）的要求和指示或以其自己的名义，在与信用证条款相符的条件下，凭规定予以承付的单据：①向第三者（受益人）或其指定人付款，或承兑并支付受益人出具的汇票；②授权另一家银行付款，或承兑并支付该汇票；③授权另一家银行议付。

信用证主要有两个方面的含义：一是开证银行承诺付款；二是开证银行的付款必须以受益人提交符合要求的单据为前提。简而言之，一份信用证是一项有条件的银行付款承诺。

（二）信用证业务的主要当事人

信用证业务相比汇款和托收业务而言比较复杂，当事人也比较多，下面是几个主要的当事人。

1．申请人（Applicant）

申请人又称开证人（Opener），是指向开证银行申请开立信用证的人，在国际贸易业务中一般就是进口商（Importer）。

2．开证行（Issuing bank/Opening bank）

开证行是指接受申请人的委托，开出信用证的银行，它承担按信用证规定条款和条件保证付款的责任，一般是进口商所在地银行，即进口商的开户银行。

3．通知行（Advising bank）

通知行是指接受开证行的委托，将信用证转交给出口商的银行。通知行只证明信用证的真实性，并不承担其他义务，一般是出口商所在地的银行，经常是出口商的开户银行。

4．受益人（Beneficiary）

受益人是指信用证上被开证行指明有权使用该信用证的人，一般为出口商（Exporter）。

5．议付行（Negotiating bank）

议付行是指对受益人交来的汇票或单据办理议付的银行。信用证会对哪家银行可以议付单据做出规定，分为自由议付和限制议付两种。在自由议付的情况下，受益人可以把单据交给任何银行；在限制议付时，受益人只能向信用证指定的议付银行交单。

6．付款行（Paying bank）

信用证指定的付款行负责向交单的银行付款，通常为开证行自己或其指定的其他银行。

7．保兑行（Confirming bank）

保兑行是应开证行或受益人之请在信用证上加注承担保证兑付责任的银行，它和开证行处于相同的地位，对于汇票及／或单据承担不可撤销的付款责任。保兑行有必须议付或代付的责任。在已经议付或代付之后，不论开证行是否倒闭或无理拒付，都不得向受益人追索。

（三）信用证业务的操作流程

信用证业务的一般操作流程如图 6-1 所示。

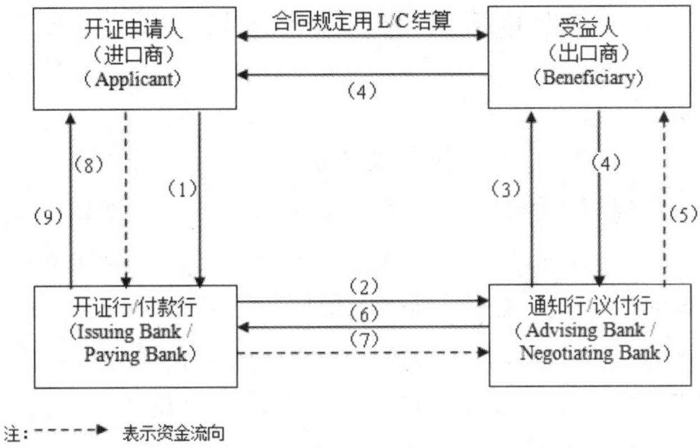

图 6-1 信用证业务的一般操作流程

（1）开证申请人（进口商）根据合同填写开证申请书并交纳押金或提供其他担保，请开证行开证。

（2）开证行根据申请书内容，向受益人开出信用证并发送给通知行。

（3）通知行核对信用证的真实性之后，将信用证转通知受益人。

（4）受益人审核信用证内容与合同规定相符后，按合同规定装运货物，按信用证规定备妥单据并开出汇票，在信用证交单期内，送交议付行，此时可请求议付行议付货款。

（5）议付行按信用证条款审核单据无误后，可以把货款垫付给受益人，也可以在收到开证行付款之后再转交给受益人。

（6）议付行将汇票和全套单据寄给开证行，并向指定的付款行索偿货款。

（7）付款行收到索偿通知后向议付行付款（若单据不符可向议付行追索货款），开证行则向付款行付款。若付款行为开证行自己，则开证行会在核对单据无误后，再向议付行付款。

（8）开证行通知开证申请人付款赎单。

（9）银行在收款后向开证申请人移交全套单据。

（四）信用证业务特点

1．信用证是开证行以自己的信用做出的付款保证

开证行承担首要付款责任，即开证行负有第一性付款责任。在信用证条款被满足的情况下，即使信用证的申请人无力支付，开证行也必须付款。

2．信用证是自足性文件

银行只看信用证，不看合同。信用证虽然以销售合同为基础，但一经开立，就成为独立于销售合同以外的一项契约，信用证业务的一切当事人只受信用证条款的约束。贸易合同的买卖双方有无违约，与银行无关。

3．信用证是一种单据买卖业务

银行只凭单据付款而不管货物。银行不是销售合同的当事人，它只要求受益人提交的单据表面上与信用证条款相符，而对于所装货物的实际情况如何，是否途中损失，能否到达目的地等均不负责。对于单据的真伪，单据在邮寄过程中丢失，银行也不负责。

案例分析

银行能否拒付

中国某外贸公司按信用证付款方式出售一批货物，买方通过日本银行开来不可撤销的信用证，其中有下列条款："Credit amount USD 50,000 according to invoice value:75% to be paid at sight,the remaining 25% to be paid at 60 days after shipment arrival."卖方收到信用证后，依约发运了货物，并在信用证有效期内，通过议付行向开证行提交了有关单据，经检验单证相符，开证行即付 75%货款，计 37 000 美元。但货到 60 天后，开证行以开证申请人声称到货品质欠佳为由，拒付其余 25%的货款。

该案例中，开证银行先支付了 75%货款，说明受益人的单据是符合信用证要求的，因此，剩下的 25%货款也应于到期时支付。开证行以开证申请人声称到货品质欠佳为由拒付是十分错误的，一来信用证只处理单据不问货物，二来开证行不能以申请人的什么理由进行拒付，因为银行承担的是第一性付款责任。

（五）信用证的种类

1．根据有无单据可分为跟单信用证和光票信用证

（1）跟单信用证（Documentary Credit），是开证行凭跟单汇票或单纯凭单据付款的信用证。所谓"跟单"，大多是指代表货物所有权或证明货物已装运的运输单据、商业发票、保险单，以及商检证书、海关发票、产地证书、装箱单等。

（2）光票信用证（Clean Credit），是开证行仅凭受益人开具的汇票或简单收据而无须附带单据付款的信用证。光票信用证在贸易货款的结算上使用不广，它主要被用于贸易总公司与各地分公司间的货款清偿及贸易从属费用和非贸易费用的结算。

2．根据信用证使用方法（兑付方法）可分为付款信用证、承兑信用证和议付信用证

（1）付款信用证（Payment Credit）。凡指定某一银行付款的信用证，称为付款信用证。此种信用证一般不要求受益人开具汇票，而仅凭受益人提供的单据付款。

（2）承兑信用证（Acceptance Credit）。凡指定某一银行承兑的信用证，称为承兑信用证。采用此种信用证时，指定银行应承兑受益人向其开具的远期汇票，并于汇票到期日履行付款义务。

（3）议付信用证（Negotiation Credit）。议付信用证是指允许受益人向某一指定银行或任何银行交单议付的信用证。通常在单证相符条件下，银行在信用证金额基础上扣取垫付利息和手续费后，即付给受益人。议付信用证可分为公开议付信用证、限制议付信用证（指定议付信用证）。前者任何银行均可办理，后者则由一家指定的银行议付。

3．根据付款时间不同可分为即期付款信用证和远期付款信用证

（1）即期付款信用证（Sight Payment Credit）。即期付款信用证是开证行或付款行收到符合信用证条款的汇票或单据，立即履行付款责任的信用证。由于即期付款信用证可使受益人通过银行付款或议付及时取得货款，因而在国际贸易结算中被广泛使用。

（2）远期付款信用证（Usance Credit）。开证行或付款行收到远期汇票或单据后，在规定的一定期限内付款的信用证，其主要作用是便利进口商资金融通。

例 6–1 信用证的种类

信用证种类可以从信用证的条款内容进行识别。以下为某信用证的部分条款：

:41A/D: AVAILABLE WITH...BY...

ANY BANK IN BENEFICIARY’S COUNTRY

BY NEGOTIATION

:42C: DRAFTS AT...

SIGHT

:42A: DRAWEE

ISSUING BANK

根据 41A/D 条款，BY 后面是 NEGOTIATION，说明是议付信用证。

根据 42C 条款，其内容是 SIGHT，说明付款时间是见票即付，属于即期付款信用证。

4．根据有无第三者提供信用可分为保兑信用证和非保兑信用证

（1）保兑信用证（Confirmed Letter of Credit）。保兑信用证是指开证行开出的信用证由另一银行保证对符合信用证条款规定的单据履行付款义务。信用证一经保兑，受益人便取得了开证行和保兑行的双重付款保证，保兑行和开证行都承担第一性付款责任。因此，一般来说保兑信用证情况下受益人的收汇更为稳妥，但要注意信用证条款的检查，避免软条款的存在影响信用证的安全性。

（2）非保兑信用证（Unconfirmed Letter of Credit）。非保兑信用证是指未经另一家银行加具保兑的信用证。

温馨提示

通知行是否需要保兑信用证

一份信用证是否要保兑，取决于信用证第 49 条款 CONFIRMATION INSTRUCTIONS 的内容。该条款可能的内容有以下三种情况：

CONFIRM：开证行要求通知行在通知信用证时保兑该信用证。

MAY ADD：开证行授权通知行可以对该信用证加具保兑。

WITHOUT：开证行不要求通知行保兑该信用证。

5．根据受益人对信用证权利可否转让可分为可转让信用证和不可转让信用证

（1）可转让信用证（Transferable Credit）。可转让信用证是指受益人有权将议付信用证的全部或部分金额转让给另一个或两个以上的第三者（第二受益人）使用的信用证。根据 UCP600 规定，只有开证行明确指出“可转让”的信用证才能转让，有关转让的银行费用应由第一受益人交付，可转让信用证只能转让一次。可转让信用证的受益人往往是中间商，他们将信用证转让给实际出口人办理装运交货，以便从中赚取差价和利润。

（2）不可转让信用证（Non-transferable Credit）。不可转让信用证是指受益人不能将信用证权利转让给第三者的信用证。

二、催开信用证

合同一般会约定买方办理完开证手续的一个期限，因此卖方在合同签订后需要跟踪买方办理信用证业务的进程。如果超出规定的期限后，买方仍然没有请求一家银行把信用证开出，则对卖方的利益造成损害，因为会给销售合同的履行造成不确定性。万一卖方在准备货物后买方最终没有开证并最终取消购买，则卖方将面临货物无法出售而成为库存的不利结局。因此，卖方一旦发现买方超出规定期限仍未开证后，必须联系买方了解其中的原因，说明不及时开证对卖方的种种不利，并委婉地催促对方认真履行合同条款，及时通过银行开证。

三、客户填写信用证申请书

买方在合同签订后，应在约定的期限内及时向银行申请开立信用证。

信用证以合同为基础，因此申请人（买方）在填写开证申请书时，必须对照合同的内容进行填写。如果申请书中的部分内容合同中没有规定，则以合同磋商时的约定或国际惯例进行填写。

拓展阅读

开证申请书的样式

APPLICATION FOR IRREVOCABLE DOCUMENTARY CREDIT

To:（此处填写开证银行的名称）

Please issue an irrevocable and [ ] non-transferable [ ] transferable L/C subject to UCP latest version on our account by SWIFT as follows（See boxes filled up or marked）:

Advising Bank: BANK OF CHINA HANGZHOU BINJIANG SUB-BRANCH SWIFT code（必填）:BKCHCNBJ940	32B: Currency &Amount:USD 69,627.60 39A: Credit Amount Tolerance:（see 47A） 41a :Available with [ ] issuing Bank [ ] advising bank[×] ANY BANK by [ ]payment at sight [ ]deferred payment [ ]acceptance [×]negotiation
31D : Date of expiry:170715 Place of expiry: [ ]issuing bank's counter [×]negotiating bank's counter[ ]	42C: Drafts at sight [ ] at __days after sight [ ] at __days after shipment date for 100% of invoice value 42a: Drawee:ISSUING BANK
50: Applicant（name & address）: XYZ CLOTH IMPORT & EXPORT CO.,LTD. No.818 APPLE STREET, TORONTO, CANADA	( ) 42P:（注：仅当41a 选用“deferred payment”时填写） At __days after shipment date for __ of invoice value 43P: Partial Shipment: [ ] allowed [×] not allowed 43T: Transshipment: [ ] allowed [×] not allowed
59: Beneficiary (name & address): HANGZHOU ABC GARMENTS & ACCESSORIES CO.,LTD. 470 BINWEN ROAD, HANGZHOU, CHINA	44A: Place of Taking in Charge/Dispatch from/Place of Receipt 44E: Port of Loading/Airport of Departure: NINGBO 44F: Port of Discharge/Airport of Destination: TORONTO 44B: Place of Final Destination/For transportation to/Place of Delivery 44C: Latest date of shipment: 170630
45A: Description of goods: BOYS JACKETS 5670PCS, 20PCS PER CARTON, ART NO. PP01, COLOR: RED,FABRIC CONTENT: 100% COTTON. CIFC 5% TORONTO USD 12.28/PC	
46A: Documents required： (×) Signed commercial invoice in 3 copy(ies) indicating contract No.______. (×) Packing list in 3 copies issued by beneficiary [ ]indicating quantity, gross weight, net weight. (×) Full set (3/3) of [×]ocean bills of lading [ ]multimodal transport documents made out[×] to order and blank endorsedmarked freight [ ] prepaid [×] collect notifying applicant. ( ) Clean air waybill marked freight [ ] prepaid [ ] collect consigned to applicant notifying applicant. (×) Full set of Insurance policy/certificate, stating the number of original(s) issued., for 110% of invoice value	

blank endorsed with claims payable at destination covering: [×]Institute Cargo Clauses (A).
[×] Institute War Clauses (cargo), [ ] Institute Strike Clauses(cargo)[ ] ICC(AIR) [ ] ICC all risks
for overland transportation including warehouse to warehouse clause.
(×) Certificate of Origin in 3 copies issued by CCPIT
( ) Certificate of quality in copies issued by______________________
( ) Certificate of quantity in copies issued by______________________
( ) Beneficiary's certificate certifying that one set of non-negotiable documents [ ] and 1/3 set of original B/L have been sent to the applicant directly by courier service and a copy of the relative courier receipt is required .
(×) Beneficiary's cer tified copy of fax dispatched to applicant (Fax No.) within 3 day(s) after shipment indicating contract No., L/C No., goods name, quantity, invoice value, total number of packages, vessel's name/flight No./wagon No. , port of loading/airport of departure/place of shipment, port of discharge/ airport of destination/place of destination, shipment date and ETA.
( ) Declaration of non-wood packing material in copy(ies) issued by______________________

47A: Additional conditions:
(×) All documents must indicate this L/C No. and contract No. , unless otherwise stated in the L/C.
(×) Both quantity and amount for individual item and in total five percent more or less allowed.
( ) Third party documents except commercial invoice and drafts (if any) acceptable, unless otherwise stated in the L/C.
( ) Transport documents showing third party as shipper not acceptable.
( ) Charter party B/L acceptable. If a charter party B/L presented, B/L showing "freight payable as per charter party" is acceptable.

71B: All banking charges outside LC issuing bank (including financing interests, if any) and relative payment charges are for the account of [×] beneficiary [ ] applicant.
48: Documents must be presented within 15 days after shipment date but anyway within the validity of the credit.
78: Documents must be sent to the issuing bank by courier services in one lot.

Advising bank:
Account No.:
Transacted by: XYZ CLOTH IMPORT & EXPORT CO.,LTD.
Telephone No. [Applicant: (name), signature of authorized person]

四、银行开立信用证

开证行在收到申请人的开证申请书之后，首先要审核开证申请书的内容是否规范，查看申请人对通知行的约定是否符合本行的规定，然后在客户缴纳开证费用、签字确定双方权利义务、落实开证押金后开出信用证。

银行开出一份信用证是需要收取开证手续费及其他的一些银行费用的，因此对买方来说这些都是业务成本。此外，开证银行还会要求申请人支付一定的押金或办理其他抵押业务，这是因为开证银行面临一定的业务风险，即如果到时买方因为经营不善而无法完成支付时，银行却要履行自己对外付款的承诺。因此银行对每个客户会设定一个授信额度，如果信用证金额超过授信额度，则会要求申请人提供开证押金，以消除自身的业务风险。

同时，在审核完开证申请书内容无误后，还会要求申请人在开证申请书背面签字盖章，约定信用证业务中双方的权利和义务。

拓展阅读

开证申请书背面条款

开立不可撤销信用证申请书

××银行：

兹向贵行申请开立不可撤销跟单信用证，请贵行按本申请书正面英文部分及所附附件（如有）对外开立。本公司就此信用证业务特承诺如下：

一、本公司同意，贵行对信用证项下单据是否相符拥有最终的认定权，贵行在审单后有权自行决定对外付款、承兑或拒付。

1. 对经贵行审查认为单证相符的单据，本公司保证在贵行规定的期限内，根据贵行要求办妥信用证项下的付款/承兑或延期付款确认手续，并在贵行出具的《对外付款/承兑通知书》(《境内付款/承兑通知书》）规定的付款期限或贵行通知的付款到期日前将足额款项存入本公司的开证保证金账户以备对外支付（如因汇率波动造成保证金账户余额不足，本公司有义务在接到贵行补款通知之日起三个工作日内将相应款项补存入保证金账户）。否则，贵行有权从本公司账户扣划资金对外付款或以备付款。若本公司账上余额不足而迫使贵行垫付资金时，本公司承认贵行所垫付资金的本息为本公司所欠贵行之债务，并按贵行要求及时履行清偿责任。

2. 对经贵行审查认为有单证不符的单据，贵行有权独立决定立即对外拒付/拒绝承兑/拒绝确认延期付款，也可征求本公司关于是否接受不符点的意见。若贵行就单证不符单据征求本公司是否接受不符点的意见时，本公司保证在贵行规定的期限内书面通知贵行；若本公司接受含不符点的单据，本公司保证在贵行规定的期限内根据贵行要求办妥无条件同意贵行付款/承兑/确认延期付款手续，否则贵行有权视为本公司不接受不符点而对外拒付。在本公司接受不符点的情况下，本公司承诺在贵行出具的《对外付款/承兑通知书》(《境内付款/承兑通知书》）规定的付款期限或贵行通知的付款到期日前将足额款项存入本公司的开证保证金账户以备对外支付（如因汇率波动造成保证金账户余额不足，本公司有义务在接到贵行补款通知之日起三个工作日内将相应款项补存入保证金账户）。

3. 贵行按国际惯例以电信或信函或承兑汇票形式对外办理的远期信用证项下汇票的承兑，本公司皆认可为有效付款承兑或承诺，并同意贵行依照前述承兑或承诺到期无条件付款。

在以上各项情形中，一旦发生贵行在该等信用证项下的付款，本公司均认可为终局性付款，该项付款自动成为本公司对贵行的债务，本公司有义务清偿此项债务本息及相关费用。

二、本公司在收到贵行已开出的信用证或对信用证修改资料（若有）的副本后，保证及时与原申请书内容核对。如有不符之处，本公司在两个工作日内书面通知贵行。如未通知，当视同正确无误。

三、贵行开立的信用证独立于任何贸易合同。如该信用证项下出现任何贸易纠纷，由本公司自行解决，本公司将不以任何方式提出对贵行不利的主张和要求。

四、贵行可根据内部流程的需要，由贵行在开出信用证后，委托招商银行其他分行向受益人转开信用证。在此情况下，本公司亦同意按本承诺书各条款承担相应责任和义务。

五、本公司保证承担贵行或贵行的代理行因开立该等信用证及处理该等信用证项下业务而发生的一切款项及产生的利息、费用和其他一切支出或遭受的一切损失（包括但不限于贵行因开证、拒付、协助司法机关办理止付手续等而遭遇的诉讼、仲裁、索赔等所导致的裁决赔偿、诉讼费、仲裁费、应诉律师费、差旅费等损失），并授权贵行通过本公司账户扣划支付上述款项而无须事先通知本公司。

六、贵行不能接受本公司选择的通知行时，有权自行选择其他银行作为通知行。

七、本公司保证遵守国家有关货物进口、申报、装运、储存和外汇管理方面的法律、法规和规章的规定以及贵行的有关规定，办妥进口及一切相关手续，并在申请开立信用证时提供贵行所需的资料和文件。

八、本公司保证在办理信用证业务过程中遵守国际商会最新出版生效的《跟单信用证统一惯例》等国际惯例，承担相关责任和履行相关义务。信用证若需修改，由本公司向贵行提出书面申请，并由贵行确定是否办理修改。

九、本公司同意：

1. 若本公司不能及时付款赎单，贵行有权决定在贵行认为合适的时机、以合适的价格向合适的买家出售货物，并以所得抵偿本公司所欠贵行融资本息及其他一切费用，本公司对贵行处理货物的方式及价格均予以确认同意，若出售所得不能抵偿本公司所欠上述债务时，本公司保证负责偿还，贵行可以用任何方式向本公司追讨，也可直接从本公司账户扣还。

2. 信用证项下货物运抵后，贵行有权以自己的名义对货物存仓、投保等，但无任何义务必须采取这种行动，贵行也无须对因此而引起的任何损失或损害承担任何责任。

3. 本公司保证，按贵行要求的方式和范围办理该等信用证项下货物所必需的一切保险，若保险项下发生任何索赔，本公司可代表贵行并根据贵行的指示进行索赔，赔偿的所有款项归贵行所有，本公司在收到赔款后立即交付贵行。

十、本公司同意：无论货物是否到港，或因战争或其他不可抗力事件灭失，或因出口国或中华人民共和国有关规定不能进口，或因货物及合同有任何纠纷或其他原因致使进口货物不能正常处理或销售等，本公司仍承担该等信用证项下的一切债务及风险，本公司将根据贵行要求支付该等信用证项下款项，或偿还贵行的一切垫款本息及费用。

十一、本公司承诺：本公司应贵行要求存入开证保证金账户内的资金（账号和金额以保证金实际存入时贵行系统自动生成并于贵行出具的收取保证金通知书上记载的为准），均视为贵行应本公司申请开立信用证及其后所发生的垫款或押汇债务提供质押担保的保证金。

贵行在信用证项下办理对外付款时，有权不通知我公司径行扣划前述保证金并办理购汇手续（在保证金与付汇币种不同时）。

十二、如果由于我公司在信用证到期日前未备足款项而导致贵行最终垫款的，我公司有义务在贵行垫款之日起 30 日内偿还贵行的垫款本息及一切费用，在此期间垫款的利率以垫款当日贵行执行的同期进口押汇利率为基准上浮一定比例（具体上浮比例由贵行结合业务情况酌定，下同）。超过此期限的，对未偿部分贵行有权在上述利率基础上再上浮一定比例向我公司加收利息。

十三、本公司根据向贵行提交的经本公司法定代表人签字/盖章并加盖公章的“预留印鉴授权书”中的授权向贵行提供信用证项下各具体业务申请书，贵行有权根据有关申请书直接办理与信用证相关的一切业务。

十四、本申请书适用于中华人民共和国法律，如发生争议和纠纷，贵我双方先行协商解决，若协商不成的，贵我双方可通过《授信协议》或《国际贸易融资协议》约定的纠纷解决方式予以解决。

十五、本申请书自本公司签字盖章之日起生效，并且持续有效，未经贵行书面同意，不得撤销。

公司预留印鉴：

日期：　　年　月　日

业务操作

由于到指定日期仍然没有收到信用证，许颖写了一封催客户开立信用证的信函：

Dear Mr. Smith,

With regard to our sales contract No.2017EX1001 for 5,670 pcs of boys jackets, we have received neither the required credit nor further information from you. Please note that, as agreed, the terms of payment for above contract are sight letter of credit reaching the seller by the early of JUNE, 2017.

We hereby request you to open the irrevocable sight letter of credit for the amount of USD69,627.60 in our favor, with which we can execute the above contract according to the original schedule.

Yours truly,

Xu

做中学，学中做

1. 我国某外贸公司向日本 A 客商出口一批货物，A 客商按时开来不可撤销即期议付信用证，该证由设在我国境内的外资 B 银行通知并加具保兑。我国该外贸公司在货物装运后，将全套合格单据交 B 银行议付，收妥货款。但 B 银行向开证行索偿时，得知开证行因经营不善已宣布破产。于是，B 银行要求我国该外贸公司将议付款退还，并建议我国该外贸公司直接向买方索款。问：我国该外贸公司如何处理？为什么？

2. 我国某外贸公司与外商签订一份出口合同，其中包装条款规定，以新麻袋包装。之后，买方所在地银行开来了即期不可撤销信用证。我国该外贸公司业务员审证时发现，信用证的包装条款规定：以麻袋包装。经综合考虑后，我国该外贸公司决定以信用证规定为准准备货物，在包装中使用了新、旧不同的麻袋，货物装船后，我国该外贸公司以全套合格单据向银行议付了货款。买方收到货物后，以包装不符合合同规定为由向我国某外贸公司提出索赔。问：我国该外贸公司应否赔偿？说明理由。

任务十二　审核信用证

情境引例

在许颖的催促下，客人马上通过银行开来了信用证，这让许颖非常高兴。接下来，她要认真审核一下信用证的内容，看看信用证与合同的内容是否一致，里边有没有什么问题。

流程图解

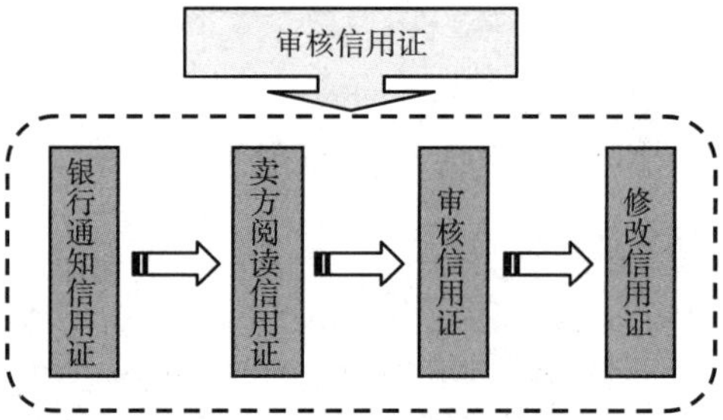

知识准备

一、银行通知信用证

开证行在开出信用证时，并不是直接将信用证寄给出口国的卖方，而是将信用证通过银行间通信系统发送给开证申请书中约定的通知行，或者当申请书没有约定时发给自己选择的通知行。通知行收到信用证之后，再向受益人发出“信用证通知书”，通知受益人到银行办理领取信用证的手续。

拓展阅读

信用证通知书样式

BANK OF CHINA HANGZHOU BINJIANG SUB-BRANCH
ADDRESS: 3806 JIANGNAN STREET, HANGZHOU
CABLE CHUNGKUO
TELEX: 34116/34127 BOCJS CN
SWIFT: BKCHCNBJ940
FAX: 4208843

中国银行
BANK OF CHINA
信 用 证 通 知 书
NOTIFICATION OF DOCUMENTARY CREDIT

2017/06/09

TO 致： HANGZHOU ABC GARMENTS & ACCESSORIES CO.,LTD 470 BINWEN ROAD, HANGZHOU, CHINA		WHEN CORRESPONDING PLEASE QUOTE OUT REF NO.	AD94001A40576
ISSUING BANK 开证行 ROYAL BANK OF CANADA 1046 LINKEN ROAD, TORONTO，CANADA		TRANSMITTED TO US THROUGH 转递行 REF NO.	
L/C NO. 信用证号 STLCN000326	DATED 开证日期 2017/06/01	AMOUNT 金额 USD 69,627.60	EXPIRY PLACE 有效地 FOREIGN
EXPIRY DATE 效期 2017/07/15	TENOR 期限 SIGHT	CHARGE 未付费用 RMB0.00	CHARGE BY 费用承担人 BENE
RECEIVED VIA 来证方式 SWIFT	AVAILABLE 是否生效 VALID	TEST/SIGN 印押是否相符 YES	CONFIRM 我行是否保兑 NO

DEAR SIRS 敬启者：

WE HAVE PLEASURE IN ADVISING YOU THAT WE HAVE RECEIVED FROM THE A/M BANK A(N) **LETTER OF CREDIT**, CONTENTS OF WHICH ARE AS PER ATTACHED SHEET(S).

THIS ADVICE AND THE ATTACHED SHEET(S) MUST ACCOMPANY THE RELATIVE DOCUMENTS WHEN PRESENTED FOR NEGOTIATION.

兹通知贵公司，我行收自上述银行信用证一份，现随附通知。贵司交单时，请将本通知书及信用证一并提示。

REMARK 备注：

PLEASE NOTE THAT THIS ADVICE DOES NOT CONSTITUTE OUR CONFIRMATION OF THE ABOVE L/C NOR DOES IT CONVEY ANY ENGAGEMENT OR OBLIGATION ON OUT PART.

THIS L/C CONSISTS OF 3 SHEET(S), INCLUDING THE COVERING LETTER AND ATTACHMENT(S).

本信用证连同面函及附件共 3 纸。

IF YOU FIND ANY TERMS AND CONDITIONS IN THE L/C WHICH YOU ARE UNABLE TO COMPLY WITH AND OR ANY ERROR(S), IT IS SUGGESTED THAT YOU CONTACT APPLICANT DIRECTLY FOR NECESSARY AMENDMENT(S) SO AS TO AVOID AND DIFFICULTIES WHICH MAY ARISE WHEN DOCUMENTS ARE PRESENED.

如本信用证中有无法办到的条款及/或错误，请与开证申请人联系，进行必要的修改，以排除交单时可能发生的问题。

THIS L/C IS ADVISED SUBJECT TO ICC UCP PUBLICATION NO.600.

本信用证之通知系遵循国际商会跟单信用证统一惯例第 600 号出版物办理。

此证如有任何问题及疑虑，请与结算业务部审证科联络，电话：0571-×××××××，×××××××。

YOURS FAITHFULL
FOR **BANK OF CHINA**

二、卖方阅读信用证

（一）认知信用证格式

1. SWIFT 介绍

SWIFT 中文名是“环球银行金融电信协会”，是国际银行同业间的国际合作组织，成立于 1973 年，目前全球大多数国家大多数银行已使用 SWIFT 系统。SWIFT 的使用，为银行的结算提供了安全、可靠、快捷、标准化、自动化的通信业务，从而大大提高了银行的结算速度。由于 SWIFT 的格式具有标准化，目前信用证的格式主要都使用 SWIFT 电文。

2. SWIFT 系统的特点

（1）SWIFT 需要会员资格。我国的大多数专业银行都是其会员。

（2）SWIFT 的费用较低。同样多的内容，SWIFT 的费用只有 TELEX（电传）的 18%左右，只有 CABLE（电报）的 2.5%左右。

（3）SWIFT 的安全性较高。SWIFT 的密押比电传的密押可靠性强、保密性高，且具有较高的自动化。

（4）SWIFT 的格式具有标准化。

3. SWIFT 电文表示方式

（1）项目表示方式。SWIFT 由项目（FIELD）组成，如：59 BENEFICIARY（受益人），就是一个项目，59 是项目的代号，可以用两位数字表示，也可以两位数字加上字母来表示，如 51a APPLICANT（申请人）。不同的代号，表示不同的含义。

（2）日期表示方式。SWIFT 电文的日期表示为：YYMMDD（年月日）如：2014 年 8 月 23 日，表示为：140823。

（3）数字表示方式。在 SWIFT 电文中，数字不使用分隔号，小数点用逗号“,”来表示，如：5,152,286.36 表示为 5152286，36；4/5 表示为 0,8；5%表示为 5 PERCENT。

（二）信用证中常见项目表示方式

SWIFT 对电文的项目还规定了一定的格式，各种 SWIFT 电文都必须按照这种格式来表示。在 SWIFT 电文中，一些项目是必选项目，一些项目是可选项目，必选项目是必须要具备的。

1. 跟单信用证开证格式（MT700）

- 必选 20 DOCUMENTARY CREDIT NUMBER（信用证号码）。
- 可选 23 REFERENCE TO PRE-ADVICE（预先通知号码）。如果信用证是采取预先通知的方式，该项目内应该填入“PREADV/”，再加上预先通知的编号或日期。
- 必选 27 SEQUENCE OF TOTAL（电文页次）。
- 可选 31C DATE OF ISSUE（开证日期）。如果这项没有填，则开证日期为电文的发送日期。
- 必选 31D DATE AND PLACE OF EXPIRY（信用证有效期和有效地点）。该日期为最后交单的日期。

- 必选 32B CURRENCY CODE, AMOUNT（信用证结算的货币代码和金额）。
- 可选 39A PERCENTAGE CREDIT AMOUNT TOLERANCE（信用证金额上下浮动允许的最大范围）。该项目的表示方法较为特殊，数值表示百分比的数值，如：5/5，表示上下浮动最大为 5%。
- 可选 39B MAXIMUM CREDIT AMOUNT（信用证最大限制金额）。39B 与 39A 不能同时出现。
- 可选 39C ADDITIONAL AMOUNTS COVERED（额外金额）。表示信用证所涉及的保险费、利息、运费等金额。
- 必选 40A FORM OF DOCUMENTARY CREDIT（跟单信用证种类）。

（1）IRREVOCABLE（不可撤销跟单信用证）。

（2）REVOCABLE（可撤销跟单信用证）。

（3）IRREVOCABLE TRANSFERABLE（不可撤销可转让跟单信用证）。

（4）REVOCABLE TRANSFERABLE（可撤销可转让跟单信用证）。

（5）IRREVOCABLE STANDBY（不可撤销备用信用证）。

（6）REVOCABLE STANDBY（可撤销备用信用证）。

- 必选 41a AVAILABLE WITH...BY...（指定的有关银行及信用证兑付的方式）。该项目列明被授权对该证付款、承兑或议付的银行及该信用证的兑付方式。

（1）银行表示方法。

当该项目代号为 41A 时，银行用 SWIFT 名址码表示。

当该项目代号为 41D 时，银行用行名地址表示。

如果信用证为自由议付信用证，该项目代号为 41D，银行用 ANY BANK IN…（国家/地名）表示，如果对国家地区也无限制，该项目代号为 41D，银行用 ANY BANK 表示。

（2）兑付的表示方法。

以下语句分别表示：

BY PAYMENT 即期付款

BY ACCEPTANCE 远期承兑

BY NEGOTIATION 议付

BY DEFERRED PAYMENT 迟期付款

BY MIXED PAYMENT 混合付款

如果该信用证为迟期付款信用证，有关付款的详细条款将在项目 42P 中列明；如果该信用证系混合付款信用证，有关付款的详细条款将在项目 42M 中列明。

- 可选 42a DRAWEE（汇票付款人）。必须与 42C 同时出现。
- 可选 42C DRAFTS AT...（汇票付款日期）。必须与 42a 同时出现。
- 可选 42M MIXED PAYMENT DETAILS（混合付款条款）。需要写明付款日期、金额及确定的付款方式。
- 可选 42P DEFERRED PAYMENT DETAILS（迟期付款条款）。需要写明付款日期、金额及确定的付款方式。

- 可选 43P PARTIAL SHIPMENTS（分装条款）。表示该信用证的货物是否可以分批装运。
- 可选 43T TRANSHIPMENT（转运条款）。表示该信用证的货物是直接到达，还是通过转运到达。
- 可选 44A LOADING ON BOARD/DISPATCH/TAKING IN CHARGE AT/FORM（装船、发运和接收监管的地点）。
- 可选 44B FOR TRANSPORTATION TO...（货物发运的最终地）。
- 可选 44C LATEST DATE OF SHIPMENT（最迟装船期）。
- 可选 44D SHIPMENT PERIOD（船期）。44C 与 44D 不能同时出现。
- 可选 45A DESCRIPTION OF GOODS AND/OR SERVICES（货物描述）。表明货物的情况、价格条款。
- 可选 46A DOCUMENTS REQUIRED（单据要求）。
- 可选 47A ADDITIONAL CONDITIONS（特别条款）。
- 可选 48 PERIOD FOR PRESENTATION（交单期限）。表明开立运输单据后多少天内交单。
- 必选 49 CONFIRMATION INSTRUCTIONS（保兑指示）。其内容有以下三种情况：

CONFIRM：要求保兑行保兑该信用证。

MAY ADD：收报行可以对该信用证加具保兑。

WITHOUT：不要求收报行保兑该信用证。

- 必选 50 APPLICANT（信用证开证申请人）。
- 可选 51a APPLICANT BANK（信用证开证人的银行）。
- 可选 53A REIMBURSEMENT BANK（偿付行）。
- 可选 57a ADVISE THROUGH BANK（通知行）。
- 必选 59 BENEFICIARY（信用证的受益人）。
- 可选 71B CHARGES（费用情况）。表明费用是否由受益人（出口商）出，如果没有这一条，表示除议付费、转让费外，其他各种费用由开出信用证的申请人（进口商）出。
- 可选 72 SENDER TO RECEIVER INFORMATION（附言）。
- 可选 78 INSTRUCTION TO THE PAYING/ACCEPTING/NEGOTIATING BANK（给付款行、承兑行、议付行的指示）。

2．信用证修改格式（MT707）

- 必选 20 SENDER'S REFERENCE（信用证号码）。
- 必选 21 RECEIVER'S REFERENCE（收报行编号）。发电文的银行若不知道收报行编号，则填写“NONREF”。
- 可选 23 ISSUING BANK'S REFERENCE（开证行号码）。
- 可选 26E NUMBER OF AMENDMENT（修改次数）。该信用证修改的次数，要求按顺序排列。

- 可选 30 DATE OF AMENDMENT（修改日期）。如果信用证修改没填这项，修改日期就是发报日期。
- 可选 31C DATE OF ISSUE（开证日期）。如果这项没有填，则开证日期为电文的发送日期。
- 可选 31E NEW DATE OF EXPIRY（信用证新的有效期）。表明信用证修改的有效期。
- 可选 32B INCREASE OF DOCUMENTARY CREDIT AMOUNT（信用证金额的增加）。
- 可选 33B DECREASE OF DOCUMENTARY CREDIT AMOUNT（信用证金额的减少）。
- 可选 34B NEW DOCUMENTARY CREDIT AMOUNT AFTER AMENDMENT（信用证修改后的金额）。
- 可选 39A PERCENTAGE CREDIT AMOUNT TOLERANCE（信用证金额上下浮动允许的最大范围的修改）。
- 可选 39B MAXIMUM CREDIT AMOUNT（信用证最大限制金额的修改）。39B 与 39A 不能同时出现。
- 可选 39C ADDITIONAL AMOUNTS COVERED（额外金额的修改）。表示信用证所涉及的保险费、利息、运费等金额的修改。
- 可选 44A LOADING ON BOARD/DISPATCH/TAKING IN CHARGE AT/FORM（装船、发运和接收监管的地点的修改）。
- 可选 44B FOR TRANSPORTATION TO...（货物发运的最终地的修改）。
- 可选 44C LATEST DATE OF SHIPMENT（最后装船期的修改）。修改装船的最迟的日期。
- 可选 44D SHIPMENT PERIOD（装船期的修改）。44C 与 44D 不能同时出现。
- 可选 52a APPLICANT BANK（信用证开证的银行）。
- 必选 59 BENEFICIARY（BEFORE THIS AMENDMENT）（信用证的受益人）。
- 可选 72 SENDER TO RECEIVER INFORMATION（附言）。

/BENCON/：要求收报行通知发报行受益人是否接受该信用证的修改。

/PHONBEN/：请电话通知受益人（列出受益人的电话号码）。

/TELEBEN/：用快捷有效的电信方式通知受益人。

- 可选 78 NARRATIVE（修改详述）。

例 6–2　SWIFT 信用证实例

Issue of a Documentary Credit

BKCHCNBJA08E SESSION: 000 ISN: 000000

BANK OF CHINA

LIAONING

NO. 5 ZHONGSHAN SQUARE　ZHONGSHAN DISTRICT　DALIAN

CHINA——开证行

Destination Bank:

KOEXKRSEXXX MESSAGE TYPE: 700

KOREA EXCHANGE BANK

SEOUL

178.2 KA, ULCHI RO, CHUNG-KO——收报行（通知行）

40A：Form of Documentary Credit

IRREVOCABLE——信用证种类为不可撤销

20：Letter of Credit Number

LC84E0081/09——信用证号码

31G：Date of Issue

090916——开证日期

40E：APPLICABLE RULES

UCP LATEST VERSION——本信用证适用 UCP 最新版本

31D：Date and Place of Expiry

091015 KOREA——失效时间地点

51D：Applicant Bank

BANK OF CHINA LIAONING BRANCH——开证行

50：Applicant

DALIAN WEIDA TRADING CO., LTD.——开证申请人

59：Beneficiary

SANGYONG CORPORATION

CPO BOX 110SEOUL KOREA——受益人

32B：Currency Code, Amount

USD 1,146,725.04——信用证总额

41D：Available with…by…

ANY BANK BY NEGOTIATION——兑付方式为任何银行议付

42C：Drafts at

45DAYS AFTER SIGHT——见票 45 天后付款

42D：Drawee

BANK OF CHINA LIAONING BRANCH——付款行

43P：Partial Shipments

NOT ALLOWED——分批装运不允许

43T：Transshipment

NOT ALLOWED——转船不允许

44A：Shipping on Board/Dispatch/Packing in Charge at/ from

RUSSIAN SEA——起运港

44B：Transportation to

DALIAN PORT, P.R.CHINA——目的港

44C：Latest Date of Shipment

090913——最迟装运期

45A：Description of Goods or Services——货物描述

FROZEN YELLOWFIN SOLE WHOLE ROUND (WITH WHITE BELLY) USD770.00/MT CFR DALIAN QUANTITY: 200MT

ALASKA PLAICE (WITH YELLOW BELLY) USD600.00/MT CFR DALIAN QUANTITY: 300MT

46A：Documents Required——要求的单据

1. SIGNED COMMERCIAL INVOICE IN 5 COPIES.

——签字的商业发票五份。

2. FULL SET OF CLEAN ON BOARD OCEAN BILLS OF LADING MADE OUT TO ORDER AND BLANK ENDORSED, MARKED "FREIGHT PREPAID" NOTIFYING LIAONING OCEAN FISHING CO., LTD. TEL: (86)411-××××××.

——一整套清洁已装船提单，抬头为 TO ORDER 的空白背书且注明运费已付，通知人为辽宁洋渔业有限公司，电话号码为：(86）411-××××××。

3. PACKING LIST/WEIGHT MEMO IN 4 COPIES INDICATING QUANTITY/GROSS AND NET WEIGHTS OF EACH PACKAGE AND PACKING CONDITIONS AS CALLED FOR BY THE L/C.

——装箱单/重量单四份，显示每个包装产品的数量、毛净重和信用证要求的包装情况。

4. CERTIFICATE OF QUALITY IN 3 COPIES ISSUED BY PUBLIC RECOGNIZED SURVEYOR.

——由公众认可的检验机构出具的质量证明三份。

5. BENEFICIARY'S CERTIFIED COPY OF FAX DISPATCHED TO THE ACCOUNTEE WITHIN 3 DAYS AFTER SHIPMENT ADVISING NAME OF VESSEL, DATE, QUANTITY, WEIGHT, VALUE OF SHIPMENT, L/C NUMBER AND CONTRACT NUMBER.

——受益人证明的传真件，证明在船开后三天内已将船名航次、日期、货物的数量、重量、金额、信用证号和合同号通知给开证申请人。

6. CERTIFICATE OF ORIGIN IN 3 COPIES ISSUED BY AUTHORIZED INSTITUTION.

——当局签发的原产地证明三份。

7. CERTIFICATEOF HEALTH IN 3 COPIES ISSUED BY AUTHORIZED INSTITUTION.

——当局签发的健康/检疫证明三份。

47A：ADDITIONAL INSTRUCTIONS——附加指示

1. CHARTER PARTY B/L AND THIRD PARTY DOCUMENTS ARE ACCEPTABLE.

——租船提单和第三方单据可以接受。

2. SHIPMENT PRIOR TO L/C ISSUING DATE IS ACCEPTABLE.

——装船日期早于信用证开证日期可以接受。

3. BOTH QUANTITY AND AMOUNT 10 PERCENT MORE OR LESS ARE ALLOWED.

——允许数量和金额增减 10%的幅度。

71B：Charges——银行费用

ALL BANKING CHARGES OUTSIDE THE OPENNING BANK ARE FOR BENEFICIARY'S ACCOUNT.

——开证行之外的银行费用由受益人承担。

48：Period for Presentation——交单期限

DOCUMENTS MUST BE PRESENTED WITHIN 15 DAYS AFTER THE DATE OF ISSUANCE OF THE TRANSPORT DOCUMENTS BUT WITHIN THE VALIDITY OF THE CREDIT.

——必须在运输单据签发日期之后 15 天内交单，但也必须在信用证有效期内。

49：Confirmation Instructions——保兑指示

WITHOUT——不用加保兑

78：Instructions to the Paying/Accepting/Negotiating Bank ——银行间指示

1. ALL DOCUMENTS TO BE FORWARDED IN ONE COVER, UNLESS OTHERWISE STATED ABOVE.

——除非另有约定，单据需要一次性全部提交。

2. DISCREPANT DOCUMENT FEE OF USD 50.00 OR EQUAL CURRENCY WILL BE DEDUCTED FROM DRAWING IF DOCUMENTS WITH DISCREPANCIES ARE ACCEPTED.

——如果能接受不合格的交单，开证行要从支付金额（货款）中扣除不符点处理费 50 美元或等值的其他货币金额。

57A：Advising Through Bank——通知行

KOEXKRSEXXX MESSAGE TYPE: 700

KOREA EXCHANGE BANK

SEOUL

178.2 KA, ULCHI RO, CHUNG-KO

三、审核信用证

（一）审核要点

信用证的通知行与受益人都有责任审核信用证。银行审核的重点在于信用证的真实性、开证行的资信状况、信用证中开证行的责任条款、资金支付的路线和银行费用承担等问题。对于信用证的具体内容，主要由受益人自己审核把握。

受益人在收到信用证以后，应立即做如下的检查：

（1）买卖双方公司的名号和地址写法是不是和发票上打印的公司名号和地址写法完全一样？

（2）信用证提到的付款保证是否符合受益人的要求？

（3）信用证的款项对吗？信用证的金额总数应与合同相吻合并包括该合同的全部应付费用。

（4）付款的条件是否符合要求？出口商通常要求即期付款。在远期信用证条件下，汇票的期限应与合同中所规定的一致。有一种信用证要求开立远期汇票，却可即期支付，这种信用证被称为假远期信用证，其对受益人所起的作用与即期信用证是一样的。

（5）信用证提到的贸易条款是否符合受益人原先提出的要求？

（6）是否赶得上在有效期和货运单据限期内把各项单据送交银行？

（7）能提供所需的货运单据吗？

（8）有关保险的规定是否与销售合同条款一致？需保险的险别，受益人对此应与中国人民保险公司联系，以决定是否接受申请人的要求。超过销售合同中规定投保范围的任何费用应由申请人负担。

（9）货物说明（包括免费附送的物品）、数量和其他各项写对了吗？

（二）信用证的常见问题

1．信用证的性质

信用证未生效或有限制性生效的条款；信用证为可撤销的；信用证中没有保证付款的责任文句；信用证内漏列适用国际商会 UCP 规则条款；信用证未按合同要求加保兑；信用证密押不符。

2．信用证有关期限

信用证中没有到期日（有效期）；到期地点在国外；信用证的到期日和装运期有矛盾；装运期、到期日或交单期规定与合同不符；装运期或有效期的规定与交单期矛盾；交单期过短。

3．信用证当事人

开证申请人公司名称或地址与合同不符；受益人公司名称或地址与合同不符。

4．金额货币

信用证金额不够（不符合合同、未达到溢短装要求）；金额大小写不一致；信用证货币币种与合同规定不符。

5．汇票

付款期限与合同规定不符；没有将开证行作为汇票的付款人。

6．分批和转运

分批规定与合同规定不符；转运规定与合同规定不符；转运港口与合同规定或成交条件不符；目的地不符合合同或成交条件；转运期限与合同规定不符。

7．货物

货物品名规格不符；货物数量不符；货物包装有误；贸易术语错误；使用术语与条款

有矛盾；货物单价数量与总金额不吻合；证中援引的合同号码与日期错误；漏列溢短装规定。

8. 单据

发票种类不当；商业发票要求领事签证；提单收货人一栏的填制要求不当；提单抬头和背书要求有矛盾；提单运费条款规定与成交条件矛盾；正本提单全部或部分直寄客户；产地证明出具机构有误（国外机构或无授权机构）；漏列必须提交的单据（如 CIF 成交条件下的保险单）；费用条款规定不合理；运输工具限制过严；要求提交的检验证书种类与实际不符；保险单种类不对；保险险别范围与合同规定不一致；投保金额未按合同规定。

四、修改信用证

通过对信用证的全面审核，如发现问题，应分情况及时处理。对于非实质性的问题，可以考虑更改计划或单据内容来相应配合信用证的要求。对于影响安全收汇，难以接受或做到的信用证条款，必须要求国外客人（进口商）进行修改，并约定好修改费用由哪一方承担。

进口商（开证申请人）在接到出口商关于信用证修改的合理要求后，应填写信用证修改申请书，向原开证行申请修改信用证的内容。原开证行开立“信用证修改书”后，通过原来的通知行通知受益人。

（一）信用证修改的规则

（1）只有买方（开证人）有权申请修改信用证。

（2）只有卖方（受益人）有权决定是否接受信用证的修改内容。

（二）修改信用证应注意的事项

（1）凡是需要修改的内容，应做到一次性向国外客人提出，避免多次修改信用证的情况。

（2）对于不可撤销信用证中任何条款的修改，都必须取得当事人的同意后才能生效。对信用证修改内容的接受或拒绝有两种表示形式：一是受益人发出接受或拒绝该信用证修改的书面通知；二是受益人以行动来表示，即看是否按照信用证修改后的要求交单。

（3）收到信用证修改后，应及时检查修改内容是否符合要求，并视情况表示接受或重新提出修改。

（4）对于修改内容要么全部接受，要么全部拒绝。部分接受修改中的内容是无效的。

（5）有关信用证修改必须通过原信用证通知行通知；通过客人直接寄送的修改申请书或修改书复印件不是有效的修改。

（6）明确修改费用由谁承担。一般按照责任归属来确定修改费用由谁承担。

案例分析

信用证的修改

国外一家贸易公司与我国某进出口公司订立合同，购买小麦500吨。合同规定，2009年1月20日前开出信用证，2月5日前装船。1月28日买方开来信用证，有效期至2月10日。由于卖方按期装船发生困难，故去电请买方将装船期延至2月17日并将信用证有效期延长至2月20日，买方回电表示同意，但未通知开证银行。2月17日货物装船后，卖方到银行议付时，遭到拒绝。

该案例中，银行拒付最可能的理由是运输单据不符，超期了。因为买方虽然同意修改信用证，但未通知开证银行，所以信用证并未修改，议付银行当然以单证不符拒绝议付。此事责任在于买方，先是超期开证，后是没有修改信用证，但卖方的做法也有不妥之处：应在收到信用证修改书之后才能确认信用证被修改了，否则有单证不符的风险。

业务操作

经过许颖的催促，客人通过加拿大皇家银行开来了信用证，主要内容如下：

LETTER OF CREDIT

27:SEQUENCE OF TOTAL
1/1
40A:FORM OF DOCUMENTARY CREDIT
IRREVOCABLE
20:DOCUMENTARY CREDIT NUMBER
STLCN000326
31C:DATE OF ISSUE
170601
40E: APPLICABLE RULES
UCP LATEST VERSION
31D:DATE AND PLACE OF EXPIRY
170715 ON THE ISSUING BANK'S COUNTER
51A:APPLICANT BANK
ROYAL BANK OF CANADA
1046 LINKEN ROAD, TORONTO，CANADA
50:APPLICANT
XYZ CLOTH IMPORT & EXPORT CO.,LTD.
No.818 APPLE STREET, TORONTO，CANADA
59:BENEFICIARY
HANGZHOU ABC GARMENTS& ACCESSORIES CO.,LTD.
470 BINWEN ROAD, HANGZHOU, CHINA
32B:CURRENCY CODE, AMOUNT
USD 69,627.60
41D:AVAILABLE WITH BY
ANY BANK BY NEGOTIATION
42C:DRAFTS AT
SIGHT
42A:DRAWEE
ROYAL BANK OF CANADA
1046 LINKEN ROAD, TORONTO，CANADA
43P:PARTIAL SHIPMENTS
NOT ALLOWED
43T:TRANSHIPMENT
NOT ALLOWED
44E:PORT OF LOADING/ AIRPORT OF DEP
NINGBO
44F:PORT OF DISCHARGE/AIRPORT OF DEST
TORONTO

44C:LATEST DATE OF SHIPMENT
170630
45A:DESCRIPTION OF GOODS AND/OR SERVICES
BOYS JACKETS 5,670PCS, 18PCS PER CARTON, ART NO. PP01. COLOR: RED,FABRIC CONTENT: 100% COTTON . CIFC5% TORONTO USD 12.28/PC
46A:DOCUMENTS REQUIRED
1. SIGNED COMMERCIAL INVOICE IN 3 COPIES INDICATING CONTRACT NO. EX1001.
2. FULL SET OF CLEAN ON BOARD BILLS OF LADING MADE OUT TO ORDER AND BLANK ENDORSED, MARKED FREIGHT COLLECT AND NOTIFY APPLICANT.
3. INSURANCE POLICY/CERTIFICATE IN 3 COPIES FOR 110 % OF THE INVOICE VALUE SHOWING CLAIMS PAYABLE IN CANADA CURRENCY OF THE DRAFT, BLANK ENDORSED, COVERING ALL RISKS, WAR RISKS.
4. PACKING LIST/WEIGHT MEMO IN 3 COPIES.
5. CERTIFICATE OF ORIGIN IN 3 COPIES ISSUED BY CCPIT.
6. BENEFICIARY'S CERTIFIED COPY OF FAX DISPATCHED TO THE ACCOUNTEE WITHIN 3 DAYS AFTER SHIPMENT ADVISING NAME OF VESSEL, DATE, QUANTITY, WEIGHT, VALUE OF SHIPMENT, L/C NUMBER AND CONTRACT NUMBER.
47A:ADDITIONAL CONDITIONS
1. ALL DOCS MUST BE WRITTEN IN ENGLISH LANGUAGE.
2. IN THE INVOICE IT MUST FIGURE THE NUMBER OF THE L/C AND THE DATE.
71B:CHARGES
ALL BANKING CHARGES OUTSIDE THE OPENING BANK ARE FOR BENEFICIARY'S ACCOUNT.
48:PERIOD FOR PRESENTATION
DOCUMENTS MUST BE PRESENTED WITHIN 15 DAYS AFTER DATE OF ISSUANCE OF THE TRANSPORT DOCUMENTS BUT WITHIN THE VALIDITY OF THIS CREDIT
49:CONFIRMATION INSTRUCTIONS
WITHOUT
78：INSTRUCTIONS TO THE PAYING/ACCETPING/NEGOTIATING BANK
1. ALL DOCUMENTS TO BE FORWARDED IN ONE COVER, UNLESS OTHERWISE STATED ABOVE.
2. DISCREPANT DOCUMENT FEE OF USD 50.00 OR EQUAL CURRENCY WILL BE DEDUCTED FROM DRAWING IF DOCUMENTS WITH DISCREPANCIES ARE ACCEPTED.
57D:ADVISE THROUGH BANK
BANK OF CHINA HANGZHOU BINJIANG SUB-BRANCH
3806 JIANGNAN STREET, HANGZHOU, CHINA

经过审核，许颖发现了以下几处需要修改的内容：

（1）信用证到期地点设在开证行柜台对公司不利，应改为在受益人所在地到期。

（2）单据条款中的发票要注明合同号是没问题的，但合同号写错了，必须修改。

（3）提单条款中要求注明运费到付（FREIGHT COLLECT），与贸易术语 CIF 不符，也要修改。

做中学，学中做

根据合同审核信用证的内容，找出其中应修改之处。

合同内容：

SALES CONTRACT

BUYER: JAE & SONS PAPERS COMPANY NO. ST05-016
203 LODIA HOTEL OFFICE 1546, DONG-GU DATE: AUGUST 08, 2015
BUSAN, KOREA SIGNED AT: NANJING, CHINA
SELLER: WONDER INTERNATIONAL COMPANY LIMITED
NO. 529, QIJIANG ROAD HE DONG DISTRICT,
NANJING, CHINA

This Contract is made by and agreed between the Buyer and the Seller, whereby the Buyer agrees to buy and the Seller agrees to sell the under-mentioned commodity according to the terms and conditions stipulated below:

1. COMMODITY: UNBLEACHED KRAFT LINE BOARD
2. UNIT PRICE: USD390.00 PER METRIC TON CFR BUSAN KOREA
3. TOTAL QUANTITY: 100 METRIC TONS,±10% ARE ALLOWED
4. PAYMENT TERM: BY IRREVOCABLE L/C 90 DAYS AFTER B/L DATE

5. TOTAL VALUE: USD39,000.00 (SAY U.S. DOLLARS THIRTY NINE THOUSAND ONLY. 10% MORE OR LESS ALLOWED)

6. PACKING: TO BE PACKED IN STRONG WOODEN CASES, SUITABLE FOR LONG DISTANCE OCEAN TRANSPORTATION

7. SHIPPING MARKS: THE SELLER SHALL MARK EACH PACKAGE WITH FADELESS PAINT THE PACKAGE NUMBER, GROSS WEIGHT, MEASUREMENT AND THE WORDING "KEEP AWAY FROM MOISTURE", "HANDLE WITH CARE", ETC. AND THE SHIPPING MARK: ST05-016/BUSAN KOREA

8. TIME OF SHIPMENT: BEFORE OCTOBER 02, 2015

9. PORT OF SHIPMENT: MAIN PORTS OF CHINA

10. PORT OF DESTINATION: BUSAN, KOREA

11. INSURANCE: To be covered by the Buyer after shipment

12. DOCUMENT:

- SIGNED INVOICE INDICATING L/C NO. AND CONTRACT NO.
- FULL SET (3/3) OF CLEAN ON BOARD OCEAN BILL OF LADING MARKED "FREIGHT TO COLLECT" / "FREIGHT PREPAID" MADE OUT TO ORDER BLANK ENDORSED NOTIFYING THE APPLICANT
- PACKING LIST/WEIGHT LIST INDICATING QUANTITY / GROSS AND NET WEIGHT
- CERTIFICATE OF ORIGIN
- NO SOLID WOOD PACKING CERTIFICATE ISSUED BY MANUFACTURER

13. OTHER CONDITIONS REQUIRED IN L/C:

- ALL BANKING CHARGES OUTSIDE THE OPENING BANK ARE FOR BENEFICIARY'S ACCOUNT
- DO NOT MENTION ANY SHIPPING MARKS IN YOUR L/C
- PARTIAL AND TRANSSHIPMENT ALLOWED

14. REMARKS: THE LAST DATE OF L/C OPENING: AUGUST 20, 2015

信用证内容：

BANK OF KOREA LIMITED, BUSAN

SEQUENCE OF TOTAL	27: 1/1
FORM OF DOC. CREDIT	40A: IRREVOCABLE
DOC. CREDIT NUMBER	20: S100-108085
DATE OF ISSUE	31C: 20150810
DATE AND PLACE OF EXPIRY	31D: DATE 20151023 PLACE APPLICANT'S COUNTRY
APPLICANT	50: JAE & SONS PAPERS COMPANY 203 LODIA HOTEL OFFICE 1546, DONG-GU BUSAN, KOREA
BENEFICIARY	59: WONDER INTERNATIONAL COMPANY LIMITED NO. 529, QIJIANG ROAD HE DONG DISTRICT, NANNING, CHINA
AMOUNT	32B: CURRENCY USD AMOUNT 39 000.00
AVAILABLE WITH/BY	41A: ANY BANK IN CHINA BY NEGOTIATION
DRAFTS AT…	42C: 90 DAYS AT SIGHT FOR FULL INVOICE COST
DRAWEE	42A: BANK OF KOREA LIMITED, BUSAN
PARTIAL SHIPMENTS:	43P: NOT ALLOWED
TRANSHIPMENT	43T: NOT ALLOWED
LOADING IN CHARGE	44A: MAIN PORTS OF CHINA
FOR TRANSPORTATION TO	44B: MAIN PORTS OF KOREA
LATEST DATE OF SHIPMENT	44C: 20151002
DESCRIPT OF GOODS	45A:
COMMODITY	: UNBLEACHED KRAFT LINE BOARD
UNIT PRICE	: USD390.00/MT
TOTAL	: 100MT±10% ARE ALLOWED
PRICE TERM	: CIF BUSAN KOREA
COUNTRY OF ORIGIN	: P. R. CHINA
PACKING	: STANDARD EXPORT PACKING
SHIPPING MARK	: ST05-016 BUSAN KOREA

DOCUMENTS REQUIRED 46A:

1. COMMERCIAL INVOICE IN 3 COPIES INDICATING L/C NO.&CONTRACT NO. ST05-018

2. FULL SET OF CLEAN ON BOARD OCEAN BILLS OF LADING MADE OUT TO ORDER AND BLANK ENDORSED MARKED FREIGHT TO COLLECT AND NOTIFYING APPLICANT

3. PACKING LIST/WEIGHT LIST IN 3 COPIES INDICATING QUANTITY/GROSS AND NET WEIGHTS

4. CERTIFICATE OF ORIGIN IN 3 COPIES

ADDITIONAL COND. 47B: ALL DOCUMENTS ARE TO BE PRESENTED TO US IN ONE LOT BY COURIER/SPEED POST

DETAILS OF CHARGES 71B: ALL BANKING CHARGES OUTSIDE OF OPENING BANK ARE FOR ACCOUNT OF BENEFICIARY

PERIOD OF PRESENTATION 48: DOCUMENTS TO BE PRESENTED WITHIN 21 DAYS AFTER THE DATE OF SHIPMENT BUT WITHIN THE VALIDITY OF THE CREDIT

CONFIRMATION 49: WITHOUT

INSTRUCTIONS 78: WE HEREBY UNDERTAKE THAT DRAFTS DRAWN UNDER AND IN COMPLIANCE WITH THE TERMS AND CONDITIONS OF THIS CREDIT WILL BE PAID AT MATURITY

任务十三　安排其他支付方式

情境引例

在许颖处理史密斯的订单的同时，有一澳大利亚老客户发来电子邮件，购买公司的一批产品。该客户称原先的信用证结算方式加大了业务成本，要求将支付方式改为电汇方式。由于该客户每年会有一些常规的重复订单，业务稳定，许颖需要考虑客户的要求，安排好该客户所有新订单的结算条款。

流程图解

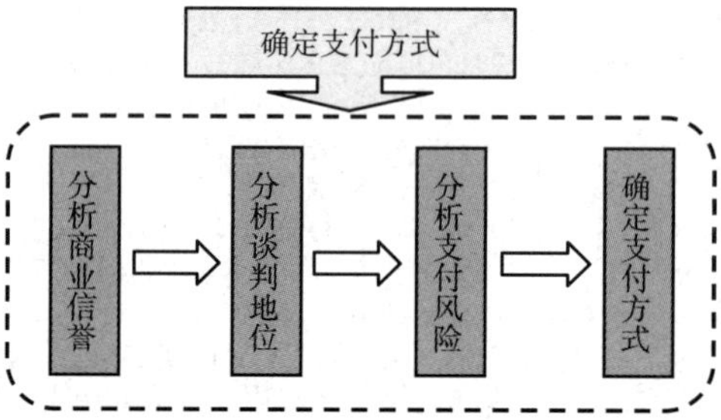

知识准备

虽然信用证结算方式能解决买卖双方的信用担保问题，但信用证的操作环节多、内容复杂、业务成本较高。国际贸易中使用最广泛的结算方式是电汇而不是信用证。如果不想使用信用证方式结算，可以采用汇款或托收等其他的结算方式。

一、汇款

国际汇款（Remittance）是指通过银行的汇兑来实现不同国家或地区之间债权债务的

清偿和国际资金的转移。

（一）当事人

（1）汇款人（Remitter）：汇出款项的债务人，一般是进口商。

（2）收款人（Payee or Beneficiary）：收到款项的债权人，称为受益人，一般是出口商。

（3）汇出行（Remitting Bank）：办理汇出款项的进口地银行。

（4）汇入行（Paying Bank）：受汇出行委托支付汇款的出口地银行，一般是收款人的账户银行。

（二）汇款业务种类

1. 电汇（T/T）

电汇是汇款人（买方）委托进口地银行以电报（Cable）、电传（Telex）、环球银行间金融电信网络（SWIFT）等电信方式，指示出口地某个往来银行作为汇入行，解付一定金额给收款人（卖方）的汇款方式。

从买方办理电汇的时间看，电汇可以在卖方装运货物之前办理，俗称前 T/T，也可约定在买方收到货物以后办理，俗称后 T/T。

在进出口贸易中，常用的汇款方式是电汇，其业务流程如图 6-2 所示。

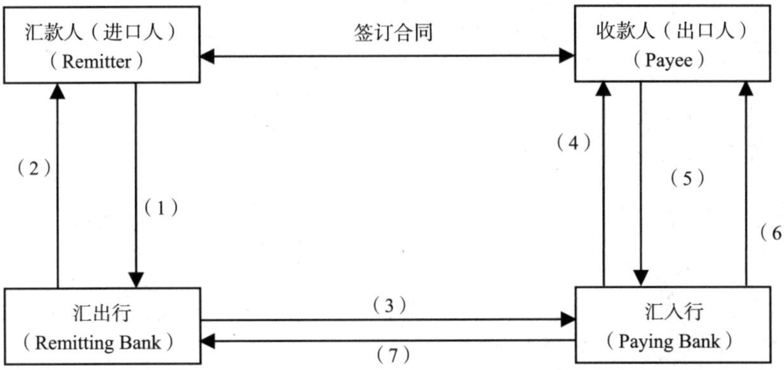

图 6-2 电汇业务流程

（1）汇款人提交汇款申请书，交付款项，在申请书上选择电汇方式。

（2）汇出行同意之后，汇款人取得电汇回执。

（3）汇出行以电信方式向汇入行发出汇款的委托指示，委托汇入行解付汇款给收款人。

（4）汇入行收到委托指示、核对密押无误后，缮制电汇通知书，通知收款人收款。

（5）收款人收到通知书后在收据联上盖章，返交汇入行。

（6）汇入行借记汇出行账户，解付汇款给收款人。

（7）汇入行将付讫借记通知书寄给汇出行，通知汇款解付完毕。

2. 信汇（M/T）

信汇是汇出行应汇款人（买方）申请，将信汇委托书或支付委托书邮寄给汇入行，授权其解付一定金额给收款人（卖方）的一种汇款方式。

3．票汇（D/D）

票汇是汇出行应汇款人（买方）申请，代汇款人开立以其分行或代理行为解付行的银行即期汇票，支付一定金额给收款人（卖方）的汇款方式。

（三）业务特点

在汇款方式下，进口方汇出货款后出口方是否按合同交货，完全取决于出口方的信用；出口方发货以后进口方是否按合同支付货款，也取决于进口方的信用。因为银行在汇款业务中并不保证货款的支付，因此，汇款方式属于一种商业信用。

温馨提示

三种汇款方式的比较

比较项目	电汇	信汇	票汇
业务费用	高	低	低
安全性	安全	次于电汇	易丢失或毁损
汇款速度	最快捷	次于电汇	慢

二、托收

托收（Collection）是出口商开立汇票，委托银行代收款项，向国外进口商收取货款或劳务款项的一种结算方式。

（一）托收的当事人

1．委托人

委托人也称出票人，一般是出口商，主要是行使与进口商签订的合同上的条款，履行与银行签订的委托收款的合同。

2．托收行

托收行也称寄单行，是委托代收款项的银行，主要是按照委托人的要求和国际惯例处理业务。

3．代收行

代收行是在进口地的代理人，根据托收行的委托书向付款人收款的银行。

4．付款人

付款人一般是进口商，是支付款项的人。

（二）托收的种类

1．光票托收

光票托收是指出口商仅开具汇票而不附商业单据（主要指货运单据）的托收。主要用于货款的尾数、样品费用、佣金、代垫费用、贸易从属费用、索赔以及非贸易的款项。

2．跟单托收

跟单托收是指附有商业单据的托收。卖方开具托收汇票，连同商业单据（主要指货物装运单据）一起委托给托收行。跟单托收也包括不使用汇票的情况。跟单托收是汇票要连同商业单据一起向进口商收取款项的一种托收方式，有时为了避免印花税，也有不开汇票，只拿商业单据委托银行代收。

（三）托收的交单条件

按交单条件不同，跟单托收又可分为付款交单和承兑交单。

1．付款交单（Documents Against Payment，D/P）

付款交单是卖方的交单以买方的付款为条件，即买方付款后才能向代收行领取货运单据。又分为即期付款交单、远期付款交单。

即期付款交单（D/P at sight），指开出的汇票是即期汇票，进口商见票后，只有立即付清货款，才能拿到商业单据。

远期付款交单（D/P after sight）：出口商开出远期汇票，进口商向银行承兑，于汇票到期日付款，银行在进口商付款后才能交单。

2．承兑交单（Documents Against Acceptance，D/A）

承兑交单是卖方以买方承兑汇票为交单条件的方式，即买方在汇票上履行承兑手续后，即可向代收行取到货运单据，凭此提取货物，于汇票到期日付款。

（四）托收业务流程

1．即期付款交单

合同约定结算方式为即期付款交单时，委托人（出口商）开出的汇票是即期汇票，寄代收行向付款人（进口商）提示汇票后，付款人只有立即付清货款，才能拿到商业单据。这种方式因为出口商能控制单据所以风险相对较小。

即期付款交单业务流程如图 6-3 所示。

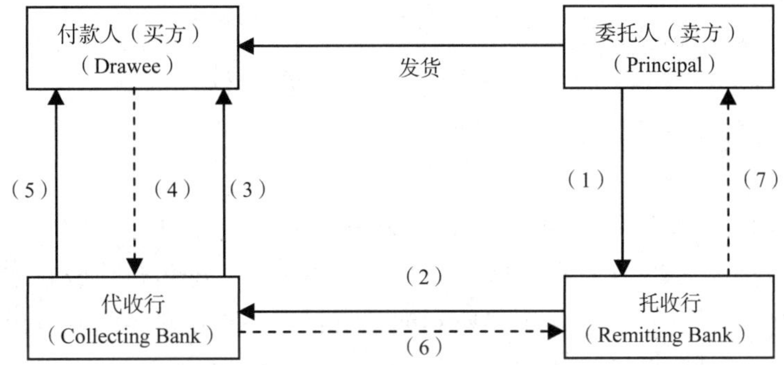

图 6-3 即期付款交单业务流程

（1）委托人向托收行提出托收申请，并提交跟单汇票和有关单据。

（2）托收行向代收行寄托收指示和汇票、单据。

（3）代收行向付款人提示汇票，要求付款人付款。

（4）付款人付款。
（5）代收行把单据交付款人。
（6）代收行贷记托收行账户，把收妥的货款交托收行。
（7）托收行贷记委托人账户，把货款交委托人。

2. 远期付款交单

合同约定结算方式为远期付款交单时，出口商开出的是远期汇票，寄代收行向付款人（进口商）提示汇票后，进口商先向银行承兑（承诺付款但并未付款），在汇票到期后才履行付款，而代收行必须在进口商到期付款后才能交出单据。有些国家或地区的法律中规定把远期付款交单按承兑交单方式处理，因此卖方使用远期付款交单方式要谨慎。

远期付款交单业务流程如图6-4所示。

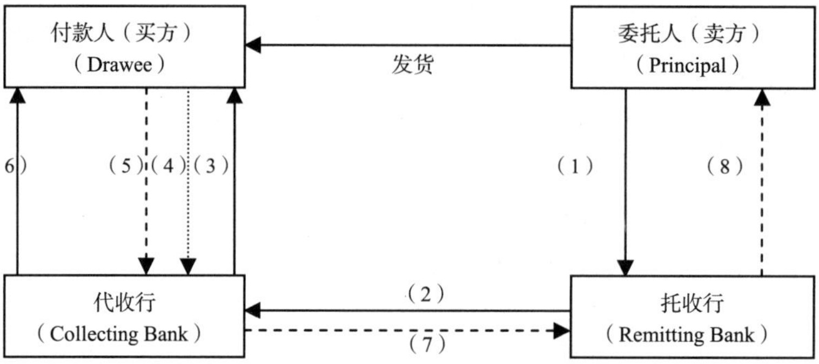

图6-4 远期付款交单业务流程

（1）委托人向托收行提出托收申请，并提交跟单远期汇票和有关单据。
（2）托收行向代收行寄出托收指示和汇票、单据。
（3）代收行向付款人提示汇票，要求承兑。
（4）付款人在远期汇票上承兑。
（5）付款人在汇票到期后付款。
（6）代收行把单据交付款人。
（7）代收行贷记托收行账户，把收妥的货款交托收行。
（8）托收行贷记委托人账户，把货款交委托人。

3. 承兑交单（D/A）

合同约定结算方式为承兑交单时，出口商开出的也是远期汇票，寄代收行向付款人（进口商）提示汇票后，买方在远期汇票上履行承兑手续后，即可从代收行取得货运单据，并凭此单据提取货物后先行销售，于汇票到期日再付款。承兑交单是卖方以买方承兑汇票为交单条件的方式，这种方式因为出口商不能控制单据而风险较大。

承兑交单业务流程如图6-5所示。

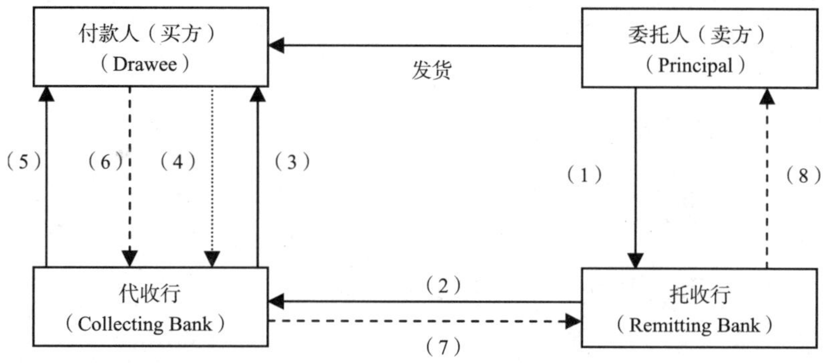

图 6-5　承兑交单业务流程

（1）委托人向托收行提出托收申请，并提交跟单远期汇票和有关单据。

（2）托收行向代收行寄出托收指示和汇票、单据。

（3）代收行向付款人提示汇票要求承兑。

（4）付款人在远期汇票上承兑。

（5）代收行把单据交付款人。

（6）付款人在汇票到期后付款。

（7）代收行贷记托收行账户，把收妥的货款交托收行。

（8）托收行贷记委托人账户，把货款交委托人。

（四）业务特点

在托收方式下，卖方委托银行向买方收取货款，能否收到完全取决于买方的信用，因托收属于一种商业信用，银行在托收业务中没有责任担保卖方肯定可以收到货款。因此，采用托收方式收取货款，对卖方来说有相当大的风险，出口商仅凭进口商的信用发货，发完货后才收款，风险较大，包括进口商倒闭、进口商拒付、进口商以货物的规格、质量、包装、数量等不一致而要求降价等。

但对买方来说，托收这种结算方式可加速企业的资金周转。在我国的出口业务中，为了既促进出口，又确保收汇安全，采用托收方式应特别注意对进口商资信的考察，一般只采用付款交单方式，采用承兑交单要从严控制。

温馨提示

有关托收的国际惯例

托收业务的国际惯例最新版本为《托收统一规则》（*Uniform Rules for Collection*, ICC Publication No.522）（国际商会第 522 号出版物），于 1996 年 1 月 1 日正式实施，简称“URC522”。

业务操作

一、电汇特点分析

许颖首先分析了电汇支付方式的几种常见做法及其特点。

一是全部前 TT，即卖方发货前全额电汇，这种方式对卖方十分有利，适用于卖方谈判地位主动的情况。条款举例：100% TT in advance。

二是全部后 TT，即买方收货后全额电汇，这种方式对买方十分有利，适用于买方谈判地位主动的情况。条款举例：100% TT 30 days after delivery。

三是部分前 TT，即要求买方在发货前支付部分定金，发货之后付清余款，相对来说比较公平。条款举例：TT with 30% deposit and the balance of TT is against the copy of the bill of lading，或者 TT, 30% deposit upon ordering and balance pay upon delivery。

二、客户分析

根据业务记录发现，该客户每年会有一些常规的重复订单，业务稳定，资信状况良好。许颖决定建议客户使用部分前 TT 来结算货款的做法。但毕竟货到付款对公司来说是存在风险的，因此还必须考虑投保出口信用险来预防货款收不到的风险。

三、制定支付条款

在上述分析之后，许颖制定的支付条款如下：

Terms of payment: TT with 30% deposit and the balance of TT is against the copy of the bill of lading.

做中学，学中做

我国某进出口公司（简称 N 公司）在广州出口商品交易会上结识希腊某客户（简称 A 公司），经过反复磋商就腈纶拉舍尔毯达成一笔合同。付款方式为 50%信用证 50%电汇。第一笔合同顺利执行，N 公司及时收回货款。待下一次销售季节来临，A 公司发来传真希望与 N 公司继续合作，N 公司复函表示愿意与 A 公司建立长期的业务关系。经过一段时间的传真往来，双方再次达成一笔合同。成交腈纶拉舍尔毯 3 200 条，成交价为 USD15.00/条 CFR 比雷埃夫斯。装期安排在 11 月底之前，付款方式为电汇 1/3 货款作为定金，N 公司在收到这部分货款后再开始安排生产，另 1/3 货款在 N 公司投产后通知 A 公司，再电汇给 N 公司，最后 1/3 货款用即期不可撤销的信用证支付。同时 N 公司了解到 A 公司要求采取这样的付款方式完全是为了逃避进口关税，考虑这样的付款方式对我方很安全，再者以前也曾这样做过，N 公司与 A 公司签订了第二笔合同。

为了保证按时交货（该商品属季节性商品），N 公司随后与国内某一生产厂家签订购货合同，工厂按合同约定备货。

10 月 12 日，N 公司发传真催促 A 公司电汇第一笔 1/3 货款，A 公司回复货款即付。

10 月 17 日，N 公司发现款还未到账，再次传真催问并要求 A 公司将汇款底单传真过来以便到中国银行查询。

10 月 19 日，由于传真催问未果，不得不电话催问，客户告知货款确实已付，并要求 N 公司相信他们，并将汇单申请传真过来。

10 月 25 日，N 公司通知客户为了保证按时交货现已投产，催促 A 公司将第二笔电汇款汇出。

10 月 26 日，A 公司回复第一笔电汇款正在向银行查询，第二笔已经汇出。

11 月 5 日，A 公司的最后 1/3 货款的不可撤销的即期信用证开抵 N 公司，装运期 11 月底，效期 12 月 15 日，提单日后 15 天交单议付。

11 月 15 日，国内工厂通知 3 200 条拉舍尔毯全部备妥，请求结算货款。

11 月 30 日，在两次电汇款未到的情况下，信用证的装期日渐临近，为了不造成新的库存，N 公司本着对 A 公司的信任将该批毯子于 11 月 30 日装上“金河”轮，驶往比雷埃夫斯港。

12 月 2 日，N 公司拿到船公司签发的提单日为 11 月 30 日的清洁的已装船提单，同时通知 A 公司货已装出，要求速复电汇款查询结果。

12 月 15 日，N 公司在万般无奈的情况下将全套装运单据提交银行议付。此案的结果 N 公司仅仅收回信用证项下 1/3 货款，损失惨重。后来 N 公司通过中国驻希腊的大使馆了解到 A 公司在第一笔电汇款申请后便撤销了，A 公司在知道 N 公司已安排生产的情况下，根本没有申请办理第二笔电汇款，为了骗取 N 公司的信任，主动开出仅 1/3 货款的信用证。

请分析此案出口企业货款损失的原因及启示。

07 项目七 安排出运

学习目标

▶ 知识目标	▶ 能力目标
1. 熟悉国际货运操作的基本流程，了解各种运输方式的特点。	1. 能分析不同货代企业的优点，能办理货物出口托运手续。
2. 掌握托运委托书的主要内容和提单的性质特点和种类。	2. 能与保险公司联系办理货物运输投保手续。
3. 熟悉国际货运保险的险别和投保单的基本内容。	3. 能看懂出口报检单和出口报关单，能办理报检或报关的委托。

任务十四　办理托运订舱

情境引例

在货物生产正常进行之后，许颖开始着手安排货物出运事宜。首先面临的是办理运输的业务。经过与之前已有联系的几家货运代理联系，许颖初步打算与杭州金为国际货运代理有限公司合作，由其代为办理货物出运事宜。请帮助许颖撰写一份托运委托书。

流程图解

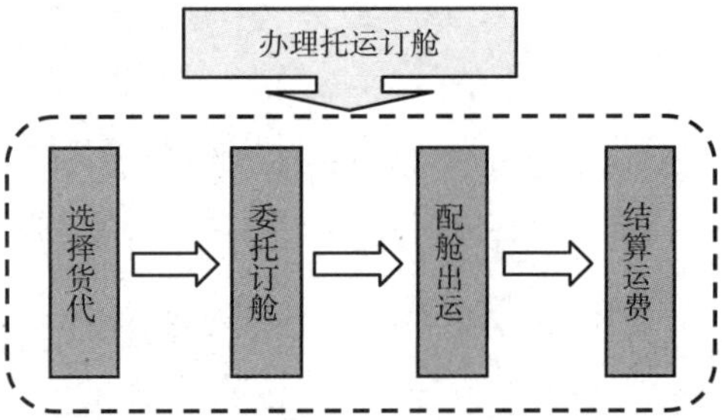

知识准备

一、选择货代

一般来讲，货主（卖方或买方）并不直接向承运货物的运输公司订舱，而是委托专业的国际货物运输代理公司（简称货代）代为办理货物运输事项。因此，货代的服务质量和收费价格对货主的货物运输工作有较大影响。由于国际贸易的主要运输方式是海运，以下海运出口业务为例介绍出口商如何选择货代。

货物运输不但包括操作流程和一系列单证手续办理等内容，而且涉及与运输法律有关系的当事方，货运代理便是其中一方。就货代而言，重要的是能够辨别有关航运操作的各种手续，以提供给货主良好的航运服务。作为货主，适当选择货运代理，意味着选择了熟知航运业务的适当海运人和适合贸易合同的运输方式，从而能有效地履行贸易合同约定的法律义务，保护自己作为货主的权益。

货代公司众多，服务的范围也各不相同。货主对货代的选择通常可考虑如下因素。

（一）货运代理须熟知世界地理方面的常识

首先，作为国际货运代理人，由于船舶进出于不同国家，故而应熟知世界地理及航线、港口所处位置、转运地及其内陆集散地。其次，货代还应了解国际贸易的模式及其发展趋势、货物的流向等，如西欧和美国、加拿大、日本等工业化程度较高的国家，大量从发展中国家进口原材料，并向这些国家出口工业制成品。

（二）货运代理应熟知不同类型运输方式对货物的适用性

对于货主或托运人而言，选择好适当的运输方式，取决于货运代理是否精于以下几个方面业务：

（1）运输服务的定期性，如货物须在某一固定时间内运出则应选择班轮运输。

（2）运输速度。

（3）运输费用：当运输时间和运输速度不是托运人或货主考虑的主要因素时，运价就成为最重要的了。

（4）运输的可靠性：选择货运所要托付的船公司前应考察其实力信誉，以减少海事欺诈而成为受害者的可能性。

（三）货运代理应了解不同类型的船舶对货主货物的适应性

作为货运代理人，必须了解船舶特征，如船舶登记国和吨位、总登记吨（GRT）、净登记吨（NRT）、散装窖、包装窖、总载重吨（DWT）、载重线、船级等方面的知识。较佳的货运代理还应了解几种常见的货船类型，如班轮、半集装箱船、半托盘船、散货船、滚装船及全集装箱船等。

（四）货运代理应熟知航运法规

除应了解《海牙规则》《维斯比规则》《汉堡规则》外，还应适当了解货物出口地或目的港国家的海运法规、港口操作习惯等。

（五）货运代理应熟练操作海上货物运输的单证

主要海运单证包括提单、海运单、舱单、发货单、提货单、装箱单、港站收据、大副收据等。货运代理应确保单证制作的正确、清晰和及时。

（六）货运代理应懂得海关手续和港口作业流程

在进出口贸易中，清关是货运代理的一项传统职能。货主应考虑货代作为海关代理的身份，在其履行职责的过程中，是否具有保护客户和海关当局双方责任的能力。货运代理具备办理进港离港手续、保税贮存、内陆结关等的能力，港口程序的运作能力是非常重要的。

拓展阅读

外贸货物出运工作程序

在以 CIF 或 CFR 条件成交，由卖方安排运输时，其工作程序如下：

（1）审核信用证中的装运条款：为使出运工作顺利进行，在收到信用证后，必须审核信用证中有关的装运条款，如装运期、结汇期、装运港、目的港、是否能转运或分批装运，以及是否指定船公司、船名、船籍和船级等，有的来证要求提供各种证明，如航线证明书、船籍证等，对这些条款和规定，应确认要求是否合理或是否能办到等来考虑接受或提出修改要求。

（2）备货报验：根据出口成交合同及信用证中有关货物的品种，规格，数量，包装等的规定，按时、按质、按量地准备好应交的出口货物，并做好申请报验和领证工作。

（3）托运订舱：编制出口托运单，即可向货运代理办理委托订舱手续。货运代理根据货主的具体要求按航线分类整理后，及时向船公司或其代理订舱。当船公司或其代理签出装货单，订舱工作即告完成，就意味着托运人和承运人之间的运输合同已经缔结。

（4）保险：货物订妥舱位后，需要卖方购买保险的，即可办理货物运输险的投保手续。

（5）货物集中港区：当船舶到港装货计划确定后，按照港区进货通知并在规定的期限内，由托运人办妥集运手续，将出口货物及时运至港区集中，等待装船，做到批次清、件数清、标志清。要特别注意与港区、船公司以及有关的运输公司或铁路等单位保持密切联系，按时完成进货，防止工作脱节而影响装船进度。

（6）报关工作：货物集中港区后，把编制好的出口货物报关单连同装货单、发票、装箱单、商检证、外销合同等有关单证向海关申报出口，经海关关员查验合格放行后方可装船。

（7）装船工作：在装船前，理货员代表船方，收集经海关放行货物的装货单和收货单，经过整理后，按照积载图和舱单，分批接货装船。装船过程中，托运人委托的货运代理应有人在现场监装，随时掌握装船进度并处理临时发生的问题。装货完毕，理货组长要与船方大副共同签署收货单，交予托运人。

（8）装船完毕，托运人向收货人发出装船通知，可凭收货单向船公司或其代理换取已装船提单，这时运输工作即告一段落。

二、委托订舱

（一）确认国际运输方式

不同的运输方式下，货物出运的手续略有不同，因此要先确认是什么运输方式。

1．海洋运输

在国际货物运输方式中，运用最广泛的是海洋运输（Ocean Transport）方式。海洋运输有运载量大、通过能力强、运费低的优势。海洋运输虽有上述优点，但也存在不足之处。例如，海洋运输受气候和自然条件的影响较大，航期不易准确，而且风险较大。此外，海洋运输的速度也相对较慢。

按照海洋运输船舶经营方式的不同，可分为班轮运输（Liner Shipping）和租船运输（Shipping by Chartering）。

（1）班轮运输，也称定期运输，是指轮船公司将船舶按事先制定的船期表（Sailing Schedule），在特定海上航线的若干个固定挂靠港口之间，经常地为非特定的众多货主提供货物运输服务，并按事先公布费率或协议费率收取运费的一种船舶营运方式。班轮运输的特点包括：

①“四固定”。这是指班轮公司有固定的船期表、有固定的航线、每个航线有固定的停靠港口、按照相对固定的运费率收取运费。这是班轮运输的基本特点。

②“一负责”。这是指在班轮运输中，由船方负责货物的配载装卸，相关的装卸费包括在运费中，货方不用在运费之外再支付装卸费。船货双方不约定装卸时间，因而也不计算滞期费和速遣费。

③船、货双方的权利、义务与责任豁免的规定，以船方签发的提单条款为依据。

④班轮承运货物的品种、数量比较灵活，货运质量较有保证，且一般采取在码头仓库交接货物，货物交接比较便利。

（2）租船运输，又称不定期船运输（Tramp Shipping），是指租船人向船东租赁船舶用以运输货物的一种运输方式。租船运输无固定的航线、挂靠港和船期，一切由租船双方在装运前协商确定。租船运输的主要方式分为两种：

①定程租船（Voyage Charter），又称航次租船，简称程租船。它是由船舶所有人负责提供船舶，在指定港口之间进行一个航次或数个航次，承运指定货物的租船运输。货轮从装运港口驶往指定目的港的一个航行过程，称为一个航次。

②定期租船（Time Charter），又称期租船，它是船舶所有人将特定的船舶，按照租船合同约定的方式，在约定的期间，供租船人使用一定时期的租船运输方式。承租人（租船人）在承租期间，也可将租来的船舶充作班轮或出租船舶给他人使用。

2．铁路运输

在国际货物运输中，铁路运输（Rail Transport）是一种仅次于海洋运输的主要运输方式；海洋运输的进出口货物，也大多是靠铁路运输进行货物的集中和分散的。

铁路运输有许多优点，如：一般不受气候条件的影响，可保障全年的正常运输，而且运量较大，速度较快，有高度的连续性，运转过程中可能遭受的风险也较小。办理铁路货运手续比海洋运输简单，而且发货人和收货人可以在就近的始发站（装运站）和目的站办理托运和提货手续。

铁路运输可分为国际铁路货物联运和国内铁路货物运输两种：

（1）国际铁路货物联运。凡是使用一份统一的国际联运票据，由铁路负责经过两国或两国以上铁路的全程运送，并且由一国铁路向另一国铁路移交货物时，不需要发货人和收货人参加，这种运输称为国际铁路货物联运。

采用国际铁路货物联运，有关当事国事先必须要有书面约定。欧洲国家制定了《国际铁路货物运送规则》，在1934年修改后改称《国际铁路货物运送公约》（以下简称《国际货约》），并于1938年10月1日开始实行。

1951年11月，苏联、阿尔巴尼亚、保加利亚、匈牙利、罗马尼亚、波兰、捷克和原民主德国签订了《国际铁路货物联运协定》简称《国际货协》；1954年1月起，我国同朝鲜、蒙古也参加了上述协定；随后于1956年6月，越南也参加了上述国际铁路联运。至此，共有12个国家参加了《国际货协》。

目前，我国对朝鲜、独联体国家的大部分进出口货物以及东欧一些国家的小部分进出口货物，都是采用国际铁路货物联运的方式运送的。按照《国际货协》有关规定，从参加《国际货协》的国家向未参加《国际货协》的国家或相反方向运送货物，亦可办理联运。具体做法是：从参加《国际货协》的国家发货，使用《国际货协》的铁路运单，当货物运到离开《国际货协》参加国的最终出口国国境站时，由铁路边境站负责改换适当的联运票据继续转运至最终到站。从未参加《国际货协》的国家向参加《国际货协》国家铁路发货，其继续转运发送事宜，则由参加《国际货协》的第一过境铁路的进口国国境站负责办理。

（2）国内铁路货物运输。国内铁路货物运输是指仅在本国范围内按国内铁路货物运输规程的规定办理的货物运输。我国出口货物经铁路运至港口装船及进口货物卸船后经铁路运往各地，均属国内铁路货物运输的范畴。

供应我国港、澳地区的物资经铁路运往我国香港九龙，也属于国内铁路货物运输的范围，不过，这种运输同一般经铁路运到港口装船有所区别，它由内地铁路段运输和港段运输两段组成，由中国对外贸易运输公司在各地的分支机构和香港中国旅行社联合组织。

内地到香港铁路货物运输的基本做法如下：首先发货人要按照《国内铁路货物运输规程》的规定，把货物从始发站托运到深圳北站，交由设在深圳北站的中外运分公司接货（不卸车），然后由设在深圳的中外运机构作为各外贸企业的代理，向铁路局办理货物运输单据交换和发运手续，并办理货物的报关手续，将货物转至香港段铁路九龙站后，由香港中国旅行社卸交给香港收货人（买方）。

运送到澳门的货物，先将货物运至广州南站再转船运至澳门。

采用上述两种特定的运输方式时，因国内铁路运单不能作为结汇的凭证，故由各地中国对外贸易运输公司以承运人的身份签发承运货物收据（Cargo Receipt）作为向银行办理结算贷款的凭证。

3．航空运输

航空运输（Air Transport）是一种现代化的运输方式，它与海洋运输、铁路运输相比，具有运输速度快、货运质量高且不受地面条件的限制等优点。因此，它最适宜运送急需物资、鲜活商品、精密仪器和贵重物品。近年来，随着国际贸易的迅速发展以及国际货物运输技术的不断现代化，采用空运方式也日趋普遍。

采用航空运输需要办理一定的货运手续，但航空公司一般只负责空中运输，即从一个机场运至另一个机场的运输，而货物在始发机场交给航空公司之前的揽货、接货、报关、订舱，以及在目的地机场从航空公司手中接货或运货上门等业务，则是由航空货运公司办理的。航空货运公司可以是货主的代理，也可以是航空公司的代理，也可两者兼之。当航空货运公司作为双重代理人时，它代表航空公司接受货主的货物，出具航空运单（包括以自己名义出具的分运单）并在一定范围内充当货主的承运人，故其对货物的安全性负有责任。货物在航空公司责任范围内的丢失、损坏，收货人或其代理人可凭商务事故记录，向航空公司索赔。如果货损货差发生在代理人的责任范围内，则由代理人负责赔偿。

（1）航空运输方式的种类。

目前，我国的进出口商品中，进口采用空运的有电脑、成套设备中的精密部件、电子产品等；出口商品中主要有丝绸、纺织品、海产品、水果和蔬菜等。这些进出口商品，按不同需要，主要采用下列几种运输方式：

①班机运输（Airliner Transport）。班机是指在固定时间、固定航线、固定始发站和目的站运输的飞机，通常班机是使用客货混合型飞机。一些大的航空公司也有开辟定期全货机航班的。班机因有定时、定航线、定站等特点，因此适用于运送急需物品、鲜活商品以及节令性商品。

②包机运输（Chartered Carrier Transport）。包机是指包租整架飞机或由几个发货人（或航空货运代理公司）联合包租一架飞机来运送货物。因此，包机又分为整包机和部分包机两种形式，前者适用于运送数量较大的商品，后者适用于多个发货人，但货物到达站又是同一地点的货物运输。

③集中托运（Consolidation Transport）。集中托运是指航空货运公司把若干单独发运的货物（每一货主货物要出具一份航空运单）组成一整批货物，用一份总运单（附分运单）整批发运到预定目的地，由航空货运公司在那里的代理人收货、报关、分拨后交给实际收货人。集中托运的运价比国际空运协会公布的班机运价低7%~10%。因此发货人比较愿意将货物交给航空货运公司安排。

④航空快递（Air Courier Service）。航空快递是指具有独立法人资格的企业将进出境货物或物品从发件人（consignor）所在地通过自身或代理运送到收件人（consignee）的一种快速航空运输方式。

（2）航空运价和运费。

航空运价（Rate），又称费率，是指航空公司收取的每一重量单位货物从启运机场运至目的地机场的航空费用，不包括其他额外费用（如提货费、仓储费等）。航空运价一般采取重量递减原则，即货物越重，单位货物的运价越低。空运货物是按普通货物、指定货物和等级货物分类规定运价标准的。

航空运费（Weight Charge）是航空公司收取的某一批货物从启运机场运至目的地机场的航空费用。航空运费一般是按实际重量或体积重量乘以运价而计算出来的，以两者中较高者为准。

4．其他运输

（1）公路运输。

公路运输（Road Transportation）是一种现代化的运输方式，它不仅可以直接运进或运出对外贸易货物，而且也是车站、港口和机场集散进出口货物的重要手段。

公路运输具有机动灵活、速度快和方便等特点，尤其在实现“门到门”运输中，更离不开公路运输。但公路运输也有一定的不足之处，如载货量有限、运输成本高、容易造成货损事故。

（2）内河运输。

内河运输（Inland Water Transportation）是水上运输的重要组成部分，它是连接内陆腹地与沿海地区的纽带，在运输和集散进出口货物中起着重要的作用。

我国拥有四通八达的内河航运网，我国长江、珠江等主要河流中的一些港口已对外开放，我国同一些邻国还有国际河流相通连，这就为我国进出口货物通过河流运输和集散提供了十分有利的条件。

（3）邮包运输。

邮包运输（Parcel Post Transport）是一种较简便的运输方式。各国邮政部门之间订有协定和公约，通过这些协定和公约，各国的邮件包裹可以互相传递，从而形成国际邮包运输网。由于国际邮包运输具有国际多式联运和“门到门”运输的性质，加之，手续简便，费用也不高，故其成为国际贸易中普遍采用的运输方式之一。

邮包运输包括普通邮包和航空邮包两种。国际邮包运输，对邮包的重量和体积均有限制，如每个包裹重量不得超过 20 公斤，长度不得超过 1 公尺（1 公尺=1 米）。因此，邮包运输只使用于量轻、体小的货物，如精密仪器、机器零部件、药品、金银首饰、样品和其他零星物品。

（二）选择集装箱运输的交接方式

1．集装箱运输的概念

集装箱（Container）也称“货柜”“货箱”，原意是一种容器，指具有一定强度和刚度的专供周转使用并且便于机械操作和运输的大型货物容器。因其外形像一只箱子，又可集中装载成组的货物，故称其为集装箱。集装箱有多种类型。根据国际标准化组织的规定，集装箱的规格有三个系列 13 种之多，在国际货运上使用的主要为 20 英尺和 40 英尺两种。

集装箱运输是以集装箱作为运输单位进行货物运输的一种现代化的先进的运输方式，它可适用于海洋运输、铁路运输及国际多式联运等，适合于“门到门”交货的成组运输。

2. 集装箱运输的装箱方式

采用集装箱运输货物时，集装箱的装箱方式有整箱货（Full Container Load, FCL）和拼箱（Less Than Container Load, LCL）之分。凡装货量达到每个集装箱容积之75%的或达到每个集装箱负荷量之95%的即FCL，由货主或货代自行在工厂装箱后，以箱为单位向承运人进行托运；凡货量达不到上述整箱标准的，则要拼箱托运，即由货主或货代将货物从工厂送交集装箱货运站（Container Freight Station, CFS）后，运输部门按货物的性质、目的地分类整理，然后将去同一目的地的货物拼装成整箱后再发运。

3. 集装箱运输的交接方式

（1）"场到场"。整箱货由货方在工厂或仓库进行装箱，货物装箱后直接运交集装箱堆场（Container Yard，CY）等待装运。货到目的港（地）后，收货人可以直接从目的港（地）的集装箱堆场提货，而不用到码头去提货，此即"场到场"（CY TO CY）的方式。

（2）"站到站"。拼箱货由于货量不足一整箱，所以需要由承运人在集装箱货运站负责将不同发货人的运往同一目的港的货物拼装在一个集装箱内，货到目的港（地）后，再由承运人在货运站拆箱分拨给各个不同的收货人，即"站到站"（CFS TO CFS）的方式。

（三）办理托运委托

以海运出口为例，出口企业一般是向货代企业办理托运，其工作主要是填写和向货代寄送"托运委托书"，委托书的名称没有统一规定，有些公司称为"托运单"。托运委托书的内容多数栏目与提单类似，因为后来的提单就是根据委托书来制作的。

三、配舱出运

（一）货代发送配舱回单

货代公司在接受货主的托运委托后，应及时根据货主的托运委托书重新缮制格式规范的托运单（一般一式十联，故又称十联单），然后发送给船公司代理（简称船代），向指定的船公司或根据货主要求自己选择的船公司进行订舱。在订舱成功之后，船代会退回加注船名、航次的若干联托运单（配舱回单、装货单等联），货代应及时把包括航期在内的配舱信息发送给货主，方便其准备出运事项。

（二）货物出运

在接到船公司要求送货的通知后，如果是整箱货，货代应及时向船公司箱管部提出用箱申请，填写"设备交接单"，提取空箱，同时通知货主做好装箱准备。提取的集装箱空箱用集装箱卡车送到货主仓库进行装箱，然后由货主填写"集装箱装箱单"，再由集装箱卡车司机将装满货物的重箱送到装运港港区集港，港区仓库签发托运单的"场站收据"联，以确认收到货物。然后由货主办理出口报关手续，等海关放行之后再装船。装船结束后，船公司会签发托运单的"大副收据"联。

拓展阅读

集装箱装箱单样式

Reefer Temperature Required 冷藏温度 Class 等级 | IMDG page 危规页码 | UN No. 联合国编码 | Flash point 闪点	CONTAINER LOAD PLAN 装 箱 单				COSCO NINGBO COMPANY 中远宁波公司 shipper's/packer's copy 发货人/装箱人 联	
Ship's name/ Voy. No. 船名/航次 Volendam/DY105-04	Port of loading 装货港 NINGBO	Port of discharge 卸货港 TORONTO	Place of deliver 交货地	SHIPPER'S PACKER'S DECLARATIONS 托运人的包装声明		
Container No.箱号 COSU3202732	Bill of loading No. 提单号	Package &packing 件数和包装	Gross weight 毛重	Measurements 尺码	Description of goods 货名	Marks & numbers 唛头
Seal No.封号 978984 Cont.Size 箱型: √20′ 40′ 45′ Cont.Type 箱类: √GP=普通箱 RF=冷藏箱 HC=高箱 HT=挂衣箱 ISO Code for Container size/type 箱型/箱类 ISO 标准代码 Packer's name & add. 装箱人名称地址 杭州 ABC 制衣服饰有限公司 杭州市滨文路 470 号	STBLN000270	315 CTNS	3 150 KGS	25.193 7 CBM	BOYS JACKETS	BOYS JACKETS TORONTO C/No.1-315 MADE IN CHINA
Packing Date 装箱日期 2017-06-13	Received by drayman 驾驶员签收及车号 浙 B×××P×	Total packages 总件数 315 CTNS	Total cargo Wt 总重量 3 150 KGS	Total Meas. 总尺码 25.193 7 CBM	Remarks:备注	
Packed by 装箱人签名 孙××	Received by Terminals/date of receipt 码头收箱签收和收箱日期		Cont. Tare Wt 集装箱皮重	Cgo/cont. Total Wt 货/箱总重量		

（三）货代寄送海运提单

在货物装船出运之后，货代应及时联系船代用“大副收据”联换取海运提单，在 CIF 或 CFR 等贸易术语时，还需要先支付国际运费之后才能获得海运提单。

1. 海运提单的含义及当事人

海运提单，简称提单。我国《海商法》第 71 条规定：“提单，是指用以证明海上货物运输合同和货物已经由承运人接收或者装船，以及承运人保证据以交付货物的单据。提单所涉及的当事人主要有承运人、托运人、收货人等。其中，承运人通常是与托运人签订运输合同、承担运输任务的航运公司，托运人是送交所运送货物的人，收货人是有权提货的人。

2. 海运提单的性质和作用

（1）提单是承运人出具的货物收据（Receipt for Goods）。

提单的签发，意味着承运人已按提单上所列内容收到托运的货物。根据我国《海商法》，提单上通常记载着货物的标志、包装、件数、重量以及对其外表状况等的描述，构成承运人按此接收货物的初步证据，即收货人在目的港若发现货物与提单所描述的货物状况不同，承运人就要承担相应的赔偿责任。

（2）提单是物权凭证（Document of Title）。

承运人或其代理人在目的港必须向提单持有人交付货物。收货人在目的港提取货物时，必须提交正本提单。即便是真正的收货人，如果不能提交正本提单，承运人也可以拒绝向其交货。因此，提单是一批货物所有权的凭证，货物的所有权随着提单的转移而转移。

（3）提单是海上运输合同的证明（Evidence of the Contract）。

提单只是运输合同存在的证明，其本身并不是运输合同。因为构成运输合同的主要项目如船名、航期、航线以及其他的有关货运条件都是事先公布的，也是众所周知的；运价和运输条件也是承运人预先规定的；提单条款仅仅是承运人单方面制定的，在提单上也只有承运人单方面的签字。因此，从合同法的基本原理来看，它不具备合同成立的基本条件。另外，提单的签发是合同成立之后，它只是在履行合同的过程中出现的一种证据，而合同实际上在托运人向承运人或其代理人租船订舱、办理托运手续时就已成立。

3. 海运提单的内容

提单的格式很多，每个船公司都有自己的提单格式，但基本内容大致相同，一般包括提单正面的记载事项和提单背面的运输条款。

提单正面的记载事项，分别由托运人和承运人或其代理人填写，通常包括下列事项：

（1）托运人（Shipper）。

（2）收货人（Consignee）。

（3）被通知人（Notify Party）。

（4）收货地或装货港（Place of Receipt or Port of Loading）。

（5）目的地或卸货港（Destination or Port of Discharge）。

（6）船名及航次（Vessel's Name & Voyage Number）。

（7）唛头及件号（Shipping Marks & Numbers）。

（8）货名及件数（Description of Goods & Number of Packages）。

（9）重量和体积（Weight & Measurement）。

（10）运费预付或运费到付（Freight Prepaid or Freight to Collect）。

（11）正本提单的张数（Number of Original B/L）。

（12）船公司或其代理人的签章（Name & Signature of the Collect）。

（13）签发提单的地点及日期（Place & Date of Issue）。

拓展阅读

提单样式

<table>
<tr><td colspan="2" rowspan="3">Shipper
HANGZHOU XX IMP. AND EXP. CO., LTD.
309 JICHANG ROAD,HANGZHOU,CHINA</td><td colspan="2">B/L No.</td><td colspan="2">SD1750416270</td></tr>
<tr><td colspan="4" rowspan="3">PIL
PACIFIC INTERNATION LINES (PTE) LTD
(Incorporated in Singapore)
COMBINED TRANSPORT BILL OF LADING
Received in apparent good order and condition except as otherwise noted the total number of container or other packages or units enumerated below for transportation from the place of receipt to the place of delivery subject to the terms hereof. One of the signed Bills of Lading must be surrendered duly endorsed in exchange for the Goods or delivery order. On presentation of this document (duly) Endorsed to the Carrier by or on behalf of the Holder, the rights and liabilities arising in accordance with the terms hereof shall (without prejudice to any rule of common law or statute rendering them binding on the Merchant) become binding in all respects between the Carrier and the Holder as though the contract evidenced hereby had been made between them.
SEE TERMS ON ORIGINAL B/L</td></tr>
<tr></tr>
<tr><td colspan="2">Consignee
TO ORDER

Notify Party
VIRSONS LIMITED
23 COSGROVE WAYLUTON,
FELIXSTOWE，ENGLAND</td></tr>
<tr><td colspan="2">Vessel and Voyage Number
HAN JIANG V.331E</td><td colspan="2">Port of Loading
SHANGHAI,CHINA</td><td colspan="2">Port of Discharge
FELIXSTOWE，ENGLAND</td></tr>
<tr><td colspan="2">Place of Receipt</td><td colspan="2">Place of Delivery</td><td colspan="2">Number of Original B/L
THREE(3)</td></tr>
<tr><td colspan="6">PARTICULARS AS DECLARED BY SHIPPER – CARRIER NOT RESPONSIBLE</td></tr>
<tr><td>Container Nos./Seal Nos.
Marks and/Numbers</td><td colspan="3">No. of Container / Packages / Description of Goods</td><td>Gross Weight
(Kilos)</td><td>Measurement
(cubicmetres)</td></tr>
<tr><td>VIRSONS
RAP-599/2003
FELIXSTOWE
No.1-200</td><td colspan="3">DEVORE CUSHION COVER
200CTNS</td><td>4,400KGS</td><td>14.389CBM</td></tr>
<tr><td>VIRSONS
RAP-599/2003
FELIXSTOWE
No.1-150</td><td colspan="3">RUGS
150CTNS</td><td>2,700KGS</td><td>44.064CBM</td></tr>
<tr><td>TGHU4693235/2973385</td><td colspan="3">TOTAL: 350 CTNS</td><td>7,100KGS</td><td>58.453CBM</td></tr>
<tr><td></td><td colspan="3">VIRSONS ORDER NO.RAP-599/2003

CY TO CY 1×40’FCL
SHIPPER’S LOAD COUNT & SEAL</td><td colspan="2">ON BOARD
AUG8, 2013
×××</td></tr>
<tr><td colspan="3">Freight & Charges</td><td colspan="3">Number of Containers/Packages (in words)</td></tr>
<tr><td colspan="3" rowspan="5">FREIGHT PREPAID</td><td colspan="3">SAY THREE HUNDRED AND FIFTY CARTONS ONLY</td></tr>
<tr><td colspan="3">Shipped on Board Date:
AUG8, 2013</td></tr>
<tr><td colspan="3">Place and Date of Issue:
SHANGHAI ,CHINA AUG8, 2013</td></tr>
<tr><td colspan="3">In Witness Whereof this number of Original Bills of Lading stated.Above all of the tenor and date one of which being accomplished the others to stand void.</td></tr>
<tr><td colspan="3">PACIFIC INTERNATION LINES (PTE) LTD
×××
as Carrier</td></tr>
</table>

除此之外，提单背面大多事先印有一些条款。这些背面条款是作为确定承运人与托运人之间，以及承运与收货人及提单持有人之间的权利和义务的主要依据。

4．海运提单的种类

海运提单可以从各种不同角度予以分类，主要有以下几种：

（1）根据货物是否已装船，分为“已装船提单”（On board B/L; Shipped B/L）和“备运提单”（Received for Shipment B/L）。

已装船提单是指轮船公司已将货物装上指定船舶后所签发的提单，其特点是提单上必须以文字表明货物已经装在某船上，并载有装船日期，同时还应由船长或其代理人签字。

备运提单又称收妥待运提单，是指船公司已收到托运货物等待装运期间所签发的提单。

（2）根据提单上有无对货物外表状况的不良批注，分为“清洁提单”（Clean B/L）和“不清洁提单”（Unclean B/L）。

清洁提单是指货物在装船时“表面状况良好”，船公司在提单上未加注任何有关货物受损或包装不良等批注的提单。

不清洁提单指轮船公司在提单上对货物表面状况或包装不良或存在缺陷等批注的提单。例如，提单上批注“××件损坏”（Packages in damaged condition），“铁条松散”（Iron strap loose or missing）等。

（3）根据提单收货人抬头的不同可分为“记名提单”（Straight B/L）、“不记名提单”（Bearer B/L）和“指示提单”（Order B/L）。

记名提单是指提单上的收货人栏内填明特定收货人名称，只能由该特定收货人提货，由于这种提单不能通过背书方式转让给第三方，它不能流通，故其在国际贸易中很少使用。

不记名提单是指提单收货人栏内没有指明任何收货人，谁持有提单，谁就可以提货，承运人交货，只凭单，不凭人，采用这种提单风险大，故其在国际贸易中很少使用。

指示提单是指提单上的收货人栏填写“凭指定”（To order）或“凭某人指定”（To order of）字样。这种提单可经过背书转让，故其在国际贸易中广为使用。目前在实际业务中，使用最多的是“凭指定”并经空白背书的提单，习惯上称其为“空白抬头、空白背书提单”。

（4）根据提单内容的繁简，可分为“全式提单”（Long form B//L）和“略式或简式提单”（Short form B/L）。

全式提单是根据单面列有承运人和托运人权利、义务的详细条款的提单。

略式或简式提单是指提单背面无条款，而只列出提单正面的必须记载事项。这种提单一般都列有“本提单货物的收受、保管、运输和运费等项，均按本公司全式提单上的条款办理”字样。此外，租船合同项下所签发的提单，通常也是略式提单，在这种略式提单上应注明：“所有条件依照×年×月×日签订的租船合同。”

（5）按提单使用有效成分，可分为“正本提单”（Original B/L）和“副本提单”（Copy B/L）。

正本提单是指提单上有承运人、船长或其代理人签发盖章并注明签发日期的提单。这种提单在法律上和商业上都是公认有效的单证。提单上必须标明“正本”（Original）字样，以示与副本提单有别。

副本提单是指提单上没有承运人、船长或其代理人签字盖章，而仅供工作上参考之用的提单，在副本提单上一般都以“Copy”或“Non negotiable”（不做流通转让）字样，以示与正本提单有别。

（6）其他种类提单。

舱面提单（On Deck B/L），是指承运货物装在船舶甲板上所签发的提单，故又称甲板货提单。由于货物装在甲板上风险较大，故托运人一般都向保险公司加保甲板险。

过期提单（Stale B/L），是指卖方超过提单签发日期后21天才交到银行议付的提单。按惯例，如信用证无特殊规定，银行将拒绝接受这种过期提单。

倒签提单（Anti-dated B/L），是指承运人应托运人要求，使提单签发日期早于实际装船日期的提单。这主要是为了使提单符合信用证对装运日期的规定，以顺利结汇。

预借提单（Advanced B/L），是指在信用证规定的装运日期和议付日期已到，而货物却未及时装船情况下，托运人出具保函，让承运人签发已装船提单，这就属于预借提单。

需要注意的是，倒签提单和预借提单的取得均须托运人提供担保函才能获得，它们的提单日期都不是实际的装船日期，应尽量减少或杜绝使用。英美法等国家不认可保函，亚欧一些国家认为只要未损害第三者利益，便不属违法，但应严加控制。

案例分析

倒签提单

××年我国某出口公司与伦敦某进口商签订了金额为8万多英镑的贸易合同，装船期为：最迟1月底。货物实际于2月11日装船完毕，船公司根据出口公司的要求签发了装船日期为1月31日的提单。出口公司凭该提单顺利在中国银行收取货款。货物到达目的港后，进口商聘请律师上船查阅了“航行日志”，查实提单的日期与实际情况不符，证明提单是伪造的，立即向法院控告，由法院发出通知扣留该船。最后以出口公司赔款2万多英镑结案。

本案中出口公司实际装运日期超过了约定，属于违约。为掩盖违约行为，将提单上的装船日期改为符合要求的日期，是一种对收货人的侵权行为。实践中外贸企业也可能遇到超期装运的情况，在超期不多的情况下也常会要求船公司倒签提单，但毕竟这样做是有风险的。此时最好与客户协商，将装运期延期为妥。

四、结算运费

货代公司向货主收取国际运费的时间是视情况而定的，对合作关系好的货主可以在寄送提单之后再结算货代费用，对合作关系一般的可以在寄送提单之前就要求货主支付货代费用。货代公司收取的费用主要是国际货物运费，也包括在出口国的货物出运环节产生的杂项费用和进口国提货环节产生的杂项费用。

由于集装箱班轮运输是主要的运输方式，以下主要介绍集装箱班轮运输运费的计算，包括拼箱货和整箱货两种情况。

（一）拼箱货运费

1．运价、运费和运价本

运价（freight rate）是指承运人承运单位货物要收取的运输服务费用，即运输单位产品的价格。运费（freight）则是指承运人承运某一批货物时要收取的总费用。

班轮运费通常是按照班轮运价本（freight tariff）的规定计收的。一般船公司会定期公布自己的运价本。运价本也称费率表或运价表，是船公司承运货物（提供运输服务）时向托运人据以收取运费的运价的汇总表。运价表的性质与旅客运输业务中的汽车票价表、火车票价表等是一样的。

2．计费标准

拼箱货运费的计费标准，根据不同商品，通常采用下列几种：

- 按货物实际毛重计收运费，故称重量吨（Weight Ton），运价表内用“W”表示。
- 按货物的体积/容积计收，故称尺码吨（Measurement Ton），运价表中以“M”表示。
- 按重量或体积计收，由船公司选择其中收费较高的作为计费吨，运价表中以“W/M”表示。

注意：重量吨和尺码吨统称运费吨（Freight Ton，FT）。

- 按商品价格计收，亦称为从价运费，运价表内用“A.V.”或“Ad.Val.”表示。从价运费一般按货物的 FOB 价格的百分之几收取。另外，在班轮运价表中还有下列标志“W/M or/val.”及“W/M plus A.V.”。前者表示运费按照货物重量、体积或价值三者较高的一种计收；后者表示先按货物重量或体积计收，然后另加一定百分比的从价运费。
- 按货物的件数计收，一般只对包装固定，包装内的数量、重量、体积也是固定不变的货物，才按每箱、每捆或每件等特定的运费额计收。
- 由货主和船公司临时议定，这种方法通常是在承运粮食、豆类、矿石、煤炭等运量大、货价较低、装卸容易、装卸速度快的农副产品和矿产品时采用。

3．拼箱货运费的计算

运费包括基本运费和附加费两部分。前者是指货物从装运港运到卸货港所应收取的基本运费，它是构成全程运费的主要部分；后者是指对一些需要特殊处理的货物，或者由于突然事件的发生或客观情况变化等原因而需另外加收的费用。

运费的基本计算公式为：

$$运费=运输吨\times 等级运费率\times（1+附加费率）$$

例 7–1 运费计算

出口 1 000 箱货物至科威特，每箱 50.00 美元 CFR 科威特。该货物每箱尺码为 42 厘米×28 厘米×25 厘米，总毛重为 20 000 千克。海运运费按 W/M（11 级）。查出口地至科威特 11 级货基本运费为 70 美元，港口附加费为运费的 20%。试求该批货物的海运运费是多少？

解：因为尺码吨=1 000×0.42 米×0.28 米×0.25 米=29.4 立方米，而重量吨为 20 公吨

因为尺码吨大于重量吨，所以应按尺码吨计算运费。

运费=尺码吨×等级运费率×（1+附加费率）

=29.4×70×（1+20%）=2 469.6（美元）

因此，海运运费为 2 469.6 美元。

（二）整箱货运费

整箱货运费与拼箱货一样，也由基本运费和附加费组成。基本运费的计算有两种方法。

第一种是采用与拼箱货基本运费相同的方法，对具体的航线按货物的等级和不同的计费标准来计算基本运费。

第二种是采用包箱费率。这种费率不考虑货物的等级和种类，只根据集装箱的尺寸和类型来收取运费。对相同航线的所有普通货物，每承运一个集装箱的货物的运费是相同的，因此这种“包箱费率”称为均一费率（Freight All Kinds，FAK）。

从表 7-1 数据可知，上海至蒙特利尔港整箱货的运价为 3 150 美元/20’，4 350 美元/ 40’。

表 7-1　上海港至部分港口集装箱运输货物海运运价表

目的港	运费等级	拼箱费率 1 LCL（M）	拼箱费率 2 LCL（W）	包箱费率 1 FCL 20’	包箱费率 2 FCL 40’
SINGAPORE	FAK	65		1 100	2 035
BARSELONA, MARSEILLES, GENOA, NAPLES	1~7	103	139	2 100	4 130
	8~10	109	147	2 250	4 330
	11~15	115	156	2 400	4 730
	16~20	121	165	2 550	5 030
ADELAIDE	11~15	103	139	2 100	3 960
MONTREAL	8~13	130		3 150	4 350
AUCKLAND WELING TON	1~7	123		2 090	3 955
	8~13	133		2 290	4 335
	14~20	143		2 490	4 715

拓展阅读

班轮运输的附加费用

班轮运费包括基本运费和附加费两部分。前者是指货物从装运港运到卸货港所应收取的基本运费，它是构成全程运费的主要部分；后者是指对一些需要特殊处理的货物，或者由于突然事件的发生或客观情况变化等原因而需另外加收的费用。附加费名目繁多，通常有下列几种：

（1）超重附加费（Extra Charges on Heavy Lifts）。超重附加费是指由于货物单件重量超过一定限度而加收的一种附加费。

（2）超长附加费（Extra Charges on Over Lengths）。超长附加费是指由于单件货物的长度超过一定限度而增收的一种附加费。

（3）选卸附加费（Additional on Optional Discharging Port）。对于选卸货物（Optional Cargo）需要在积载方面给予特殊的安排，这就会增加一定的手续和费用，甚至有时会发生翻舱，由于上述原因而追加的费用，称为选卸附加费。

（4）直航附加费（Additional on Direct）。如一批货达到规定的数量，托运人要求将一批货物直接抵达非基本港口卸货，船公司为此加收的费用，称为直航附加费。

（5）转船附加费（Transhipment Additional）。如果货物需要转船运输的话，船公司必须在转船港口办理换装和转船手续，由于上述作业所增加的费用，称为转船附加费。

（6）港口附加费（Port Additional）。由于某些港口的情况比较复杂，装卸效率较低或港口收费较高等原因，船公司特此加收一定的费用，称为港口附加费。

除上述各种附加费外，船公司有时还根据各种不同情况临时决定增收某种费用，例如燃油附加费、货币附加费、绕航附加费等。

业务操作

许颖在和货代公司联系后，填写了海运出口托运委托书。

国际货物运输托运委托书

<table>
<tr><td rowspan="2" colspan="2">托运人（Shipper）
HANGZHOU ABC GARMENTS& ACCESSORIES CO.,LTD
470 BINWEN ROAD, HANGZHOU, CHINA</td><td>发票号码
ABCPP1001</td><td>贸易方式
一般贸易</td><td>收汇方式
信用证</td></tr>
<tr><td>运输方式
海运</td><td colspan="2">运费支付方式（到付/预付）
预付</td></tr>
<tr><td rowspan="2" colspan="2">收货人（Consignee）
TO ORDER</td><td>货物备妥时间
20170615</td><td colspan="2">杂费支付方式（到付/预付）
预付</td></tr>
<tr><td>可否转运
No</td><td colspan="2">可否分批
No</td></tr>
<tr><td rowspan="2" colspan="2">被通知人（Notify Party）
XYZ CLOTH IMPORT & EXPORT CO.,LTD.
No.818 APPLE STREET, TORONTO，CANADA</td><td>装运期限
20170630</td><td colspan="2">信用证有效期
20170715</td></tr>
<tr><td colspan="3">装船方式（自送/门到门）
门到门</td></tr>
<tr><td>装运港
NINGBO</td><td>卸货港
TORONTO</td><td rowspan="2" colspan="3">门到门装货地址</td></tr>
<tr><td>目的地</td><td>提单份数</td></tr>
</table>

标记唛头	件数及包装式样	货物规格及货号	毛重（公斤）	体积（立方米）
BOYS JACKETS TORONTO C/No.1-315 MADE IN CHINA	315CTNS	BOYS JACKETS COLOR: RED, FABRIC CONTENT: 100% COTTON	3,150.00	25.1937

续表

配载要求
特别要求
托运人签章　　杭州 ABC 服饰及配件有限公司 联系人及联系方式　　许颖，××××××× 托运日期　　2017－06－04

做中学，学中做

1. 某公司出口箱装货物一批，报价为每箱 35 美元，CFR 利物浦，英国商人要求该报 FOB 价。已知：该批货物每箱长 45 厘米，宽 40 厘米，高 25 厘米，每箱毛重 35 公斤，商品计费标准为 W/M，每运费吨基本运费为 120 美元，并加收燃油附加费 20%，货币附加费 10%。问：我方应报 FOB 价多少？

2. 根据前面“知识准备”中第 SD1750416270 号提单样式的内容，说说这个提单的种类。

任务十五　办理货运投保

情境引例

在安排好订舱工作之后，许颖需根据客户提出的要求，结合船期向保险公司联系国际货物运输保险事宜，首先要做的就是制作投保单。

流程图解

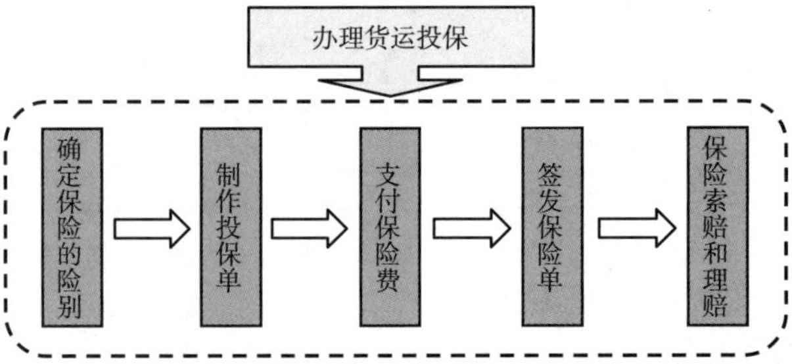

知识准备

一、确定保险的险别

国际货物运输保险是以国际货物运输过程中的各种货物作为保险标的的保险。国际货物运输保险的种类以其保险标的的运输工具种类相应分为四类：海洋运输货物保险、陆上运输货物保险、航空运输货物保险、邮包保险。在国际贸易运输中，有时一批货物的运输全过程使用两种或两种以上的运输工具，这时，往往以货运全过程中主要的运输工具来确定投保何种国际贸易运输保险种类。本书主要介绍海上货物运输保险的险别。

海洋运输货物保险条款所承保的险别，分为基本险别和附加险别两类。基本险别有平安险（Free from Particular Average, F.P.A）、水渍险（With Average or With Particular Average, W.A or W.P.A）和一切险（All Risk, A.R.）三种。根据 INCOTERMS2020 的规定，在 CIF 术语时卖方必须取得符合“协会货物保险条款”中条款(C)（相当于我国的平安险）承保范围的保险；而在 CIP 时卖方必须取得符合“协会货物保险条款”条款(A)（相当于我国的一切险）承保范围的保险，不过当事人可以协商选择更低级别的承保范围。

（一）基本险

1．平安险的责任范围

（1）被保货物在运输过程中，由于自然灾害造成整批货物的全部损失或推定全损。被保货物用驳船运往或远离海轮的，每一驳船所装货物可视为一整批。

（2）由于运输工具遭受意外事故造成货物全部或部分损失。

（3）在运输工具已经发生意外事故的情况下，货物在此前后又在海上遭受自然灾害造成的部分损失。

（4）在装卸或转运时，由于一件或数件货物落海造成的全部或部分损失。

（5）被保人对遭受承保范围内的货物采取抢救、防止或减少货损的措施而支付的合理费用，但以不超过该批被救货物的保险金额为限。

（6）运输工具遭难后，在避难港由于卸货所引起的损失以及在中途港、避难港由于卸货、存仓以及运送货物所产生的特别费用。

（7）共同海损的牺牲、分摊和救助费用。

（8）运输合同订有“船舶互撞责任条款”，根据该条款规定应由货方偿还船方的损失。

2．水渍险的责任范围

除平安险的各项责任外，还负责被保货物由于自然灾害造成的部分损失。

3．一切险的责任范围

除平安险和水渍险的各项责任外，还负责被保货物在运输途中由于一般外来原因所造成的全部或部分损失。

案例分析

保险公司的赔偿责任

一批货物已经按发票总值的 110%投保了平安险。货轮在航行途中于 5 月 3 日遇暴风雨袭击，该批货物损失货值 1 000 元人民币；该货轮在继续航行中又于 5 月 8 日触礁，货物再次发生部分损失，损失额亦为 1 000 元人民币。在这种情况下，保险公司应赔偿多少钱?

分析：自然灾害造成的部分损失属于水渍险的保险责任范围，在投保平安险的情况下保险公司当然不赔。但根据平安险的责任范围第 3 条的规定，在运输工具已经发生意外事故（本案例中为触礁）下，货物在此前后又在海上遭受自然灾害（本案例中为暴风雨）造成的部分损失属于平安险的保险责任范围，保险公司应对两次损失均进行赔偿，总计赔偿 2 000 元人民币。

（二）附加险

附加险别是基本险别责任的扩大和补充，它不能单独投保，附加险别有一般附加险和特殊附加险。

1．一般附加险

一般附加险均已包括在一切险的责任范围内，凡已投保海运保险一切险的就无须加保任何一般附加险，但应当说明海运保险一切险并非一切风险造成的损失均予负责。

一般附加险有 11 种，包括：

（1）偷窃、提货不着险（Risk of Theft，Pilferage and Non-delivery，T.P.N.D）：保险有效期内，保险货物被偷走，以及货物运抵目的地以后，整件未交的损失，由保险公司负责赔偿。

（2）淡水雨淋险（Fresh Water and/or Rain Damage）：货物在运输中，由于淡水、雨水以致雪溶所造成的损失，保险公司都应负责赔偿。淡水包括船上淡水舱、水管漏水以及汗等。

（3）短量险（Risk of Shortage）：负责保险货物数量变少和重量的损失。通常包装货物出现此情况，保险公司必须要查清外包装是否发生异常现象，如破口、破袋等，如属散装货物，往往以装船和卸货重量之间的差额作为计算短量的依据。

（4）混杂、玷污险（Risk of Intermixture & Contamination）：保险货物在运输过程中，混进了杂质所造成的损失。例如矿石等混进了泥土、草屑等因而使质量受到影响。此外保险货物因为和其他物质接触而被玷污，例如布匹、食物、服装等被油类或带色的物质污染因而引起的经济损失。

（5）渗漏险（Risk of Leakage）：流质、半流质的液体物质，在运输过程中因为容器损坏而引起的渗漏损坏。如以液体装存的湿肠衣，因为液体渗漏而使肠发生腐烂、变质等损失，均由保险公司负责赔偿。

（6）碰损、破碎险（Risk of Clash & Breakage）：碰损主要是对金属、木质等货物来说的，破碎则主要是对易碎性物质来说的。前者是指在运输途中，因为受到震动、颠簸、挤压而造成货物本身的损失；后者是指在运输途中由于装卸粗鲁或运输工具的颠震造成货物本身的破裂、断碎的损失。

（7）串味险（Risk of Odour）：例如，茶叶、香料、药材等在运输途中受到一起堆储的皮具、樟脑等异味的影响使品质受到损失。

（8）受热、受潮险（Sweat & Heating Risk）：例如，船舶在航行途中，由于气温骤变，或者因为船上通风设备失灵等使舱内水汽凝结、发潮、发热，引起货物的损失。

（9）钩损险（Hook Damage Risk）：保险货物在装卸过程中因为使用手钩、吊钩等工具所造成的损失，例如粮食包装袋因吊钩钩坏而造成粮食外漏所造成的损失，保险公司在承保该险的前提下，应予赔偿。

（10）包装破裂险（Breakage of Packing Risk）：因为包装破裂造成物资的短少、玷污等损失。此外，对于因保险货物运输过程中续运安全需要而产生的候补包装、调换包装所支付的费用，保险公司也应负责。

（11）锈损险（Rust Risk）：保险公司负责保险货物在运输过程中因为生锈造成的损失。不过这种生锈必须在保险期内发生，如原装时就已生锈，保险公司不负责任。

2．特殊附加险

特殊附加险有 8 种，包括交货不到险（Failure to Deliver Risk）、进口关税险（Import Duty Risk）、舱面险（On Deck Risk）、拒收险（Rejection Risk）、黄曲霉素险（Aflatoxin Risk）、卖方利益险（Seller's Contingent Risk）、罢工险（Strikes Risk）、海运战争险（Ocean Marine Cargo War Risk）。

拓展阅读

国际货物运输保险涉及的损失

海上货物运输的损失又称海损（Average），是指货物在海运过程中由于海上风险而造成的损失，海损也包括与海运相连的陆运和内河运输过程中的货物损失。海上损失按损失的程度可以分成全部损失和部分损失。

1．全部损失

全部损失又称全损，是指被保险货物的全部遭受损失，有实际全损和推定全损之分。实际全损是指货物全部灭失或全部变质而不再有任何商业价值。推定全损是指货物遭受风险后受损，尽管未达实际全损的程度，但实际全损已不可避免，或者为避免实际全损所支付的费用和继续将货物运抵目的地的费用之和超过了保险价值。推定全损需经保险人核查后认定。

2．部分损失

不属于实际全损和推定全损的损失，为部分损失。按照造成损失的原因可分为共同海损和单独海损。

在海洋运输途中，船舶、货物或其他财产遭遇共同危险，为了解除共同危险，有意采取合理的救难措施，所直接造成的特殊牺牲和支付的特殊费用，称为共同海损。在船舶发生共同海损后，凡属共同海损范围内的牺牲和费用，均可通过共同海损理算，由有关获救受益方（船方、货方和运费收入方）根据获救价值按比例分摊。这种分摊，称为共同海损分摊。

单独海损是指仅涉及船舶或货物所有人单方面的利益的损失，它与共同海损的主要区别是：

第一，造成海损的原因不同：单独海损是承保风险所直接导致的船、货损失；共同海损，则不是承保风险所直接导致的损失，而是为了解除或减轻共同危险，人为造成的一种损失。

第二，承担损失的责任不同：单独海损的损失一般由受损方自行承担；而共同海损的损失，则应由受益的各方按照受益大小的比例共同分摊。

二、制作投保单

在国际货物买卖过程中，由哪一方负责办理投保国际贸易运输保险，应根据买卖双方商订的价格条件来确定。例如按 FOB 条件和 CFR 条件成交，保险应由买方办理国际运输保险；如按 CIF 条件成交，保险就应由卖方办理国际运输保险。

投保单是投保人向保险人提出投保的书面申请，其主要内容包括被保险人的姓名、被保险货物的品名、标记、数量及包装、保险金额、运输工具名称、开航日期及起讫地点、投保险别、投保日期及签章等。

在填写货运险投保单时还应注意，投保的险别、币值与其他条件必须与销售合同、信用证上所列保险条件一致；投保后发现投保项目有错漏，要及时向保险人申请批改，否则在发生损失后发现与货运险投保单所填情况不符，将影响保险人及时、准确的理赔。

三、支付保险费

（一）确定保险金额

保险金额就是投保金额，是指保险公司的最大赔偿限额，它是计算保险费的依据，也是货物发生损失后计算赔偿的依据。按照国际惯例，投保金额应按发票上的 CIF 的基础上加一定的投保加成计算，按国际惯例，这个加成比例不得低于 10%。向中国人民保险公司办理进出口货物运输保险，有两种办法：一种是逐笔投保；另一种是按签订预约保险总合同办理。

保险金额计算的公式是：

$$\text{保险金额}=\text{CIF（CIP）货值}\times\text{（1+投保加成率）}$$

若出口商原先报的是 CFR 或 CPT 价，则 CIF 或 CIP 价的计算公式为：

$$\text{CIF（或CIP）价}=\frac{\text{CFR（CPT）价}}{1-\text{保险费率}\times(1+\text{投保加成率})}$$

需要注意的是，保险金额一般进位取整，即投保加成是大于 10%的比例的。但不可以采用四舍五入的方法处理，保留两位小数时也不能四舍五入，只能进位，因为如果舍去后面的小数将导致投保加成比例未达到 10%，而国际惯例是最低要求加 10%投保。

（二）计算保险费

保险费按投保险别的保险费率计算。保险费率是根据不同的险别、不同的商品、不同的运输方式、不同的目的地，并参照国际上的费率水平而制定的。它分为“一般货物费率”和“指明货物加费费率”两种。前者是一般商品的费率，后者指特别列明的货物（如某些易碎、易损商品）在一般货物费率的基础上另行加收的费率。

保险费的计算公式是：

保险费=保险金额×保险费率

例 7-2 保险费的计算

某出口公司原报价为 CFR 汉堡每公吨 5 000 美元，现客户要求改报 CIF 价并按此价加一成投保平安险和破碎险，费率合计 0.8%，应报 CIF 价多少？保险公司可赔付的最高限额是多少？保险费是多少？

解：CIF 价=5 000/（1−110%×0.8%）=5 044.39（美元）

保险金额=5 044.39×110%=5 548.83（美元）

保险费=5 548.83×0.8%=44.39（美元）

四、签发保险单

交付保险费后，投保人即可取得保险单（insurance policy）。保险单实际上已构成保险人（保险公司）与被保险人（受益人）之间的保险契约，是保险人的承保证明。在发生保险范围内的损失或灭失时，投保人可凭此向保险人要求赔偿。

五、保险索赔和理赔

（一）由谁向保险公司索赔

保险索赔是当被保险人的货物遭受承保责任范围内的风险损失时，被保险人向保险人提出的索赔要求。在国际贸易中，如果贸易术语为 CIF，则由卖方办理投保，保险单的被保险人为卖方，但货物在国际运输途中的损失却由买方承担，因此卖方在交货后应将保险单背书后转让给买方或其收货代理人。当货物抵达目的港（地），发现残损时，买方或其收货代理人作为保险单的合法受让人，应就地向保险人或其代理人要求赔偿。如果由买方办理投保，被保险人一般为买方，此时保单无须背书转让。

（二）索赔时应提交的文件

被保险货物运抵目的地后，收货人如发现整件短少或有明显残损，应立即向承运人或有关方面索取货损或货差证明，并联系保险公司指定的检验理赔代理人申请检验，出检验报告，确定损失程度；同时向承运人或有关责任方提出索赔。属于保险责任的，可填写索赔清单，连同提单副本、装箱单、保险单正本、磅码单、修理配置费凭证、第三者责任方的签证或商务记录，以及向第三者责任方索赔的来往函件等向保险公司要求索赔。索赔应当在保险有效期内提出并办理，否则保险公司可以不予办理。

海洋货物运输保险索赔时效，根据合同约定办理，没有约定时则从被保险货物在最后卸载港全部卸离海轮后起算，最多不超过两年。

拓展阅读

保险单样式

PICC

中国人民财产保险股份有限公司
PICC Property and Casualty Company Limited
总公司设于北京　　一九四九年创立
Head Office Beijing　　Established in 1949

货　物　运　输　保　险　单
CARGO TRANSPORTATION INSURANCE POLICY

发票号码 Invoice No.　07GESP3298
合同号码 Contract No.　JP070525
信用证号码 Credit No.　H486-2001689　　保单号次 Policy No.　9076521
被保险人 Insured:　NINGBO HUADONG FOOD CO., LTD.

中国人民财产保险股份有限公司（以下简称本公司）根据被保险人的要求，及其所缴付约定的保险费，按照本保险单承担险别和背面条款与下列特别条款承保下列货物运输保险，特签发本保险单。
This policy of insurance witnesses that The People Insurance (Property) Company of China, Ltd. (hereinafter called the Company) at the request of the insured and in consideration of the agreed premium paid by the insured, undertakes to insure the under mentioned goods in transportation subject to the conditions of this policy as per the clauses printed overleaf and other special clauses attached hereon.

标记 Marks & No.	包装及数量 Quantity	保险货物项目 Description of goods	保险金额 Amount Insured
TOKO MADE IN CHINA No.1-1500	1,500CTNS	FROZEN PEA PODS	USD33,660.00

总保险金额:
Total Amount Insured:　SAY U.S.DOLLARS THIRTY THREE THOUSAND SIX HUNDRED AND SIXTY ONLY
保险费 Premium　AS ARRANGED　　启运日期 Date of commencement　AS PER B/L　　装载运输工具 Per conveyance　PRESIDENT V.006
自 From　NINGBO,CHINA　　经 Via　　至 To　OSAKA,JAPAN
承保险别 Conditions:
COVERING ALL RISKS AND WAR RISK AS PER OMCC & OMWRC OF PICC DATED 1/1/1981 INCLUDING WARE HOUSE TO WARE HOUSE CLAUSE

所保货物，如发生本保险单项下可能引起索赔的损失或损坏，应立即通知本公司下述代理人查看。如有索赔，应向本公司提交保险单正本（本保险单共有 2 份正本）及有关文件。如一份正本已用于索赔，其余正本则自动失效。
In the event of damage which may result in a claim under this policy, immediate notice be given to the Company Agent as mentioned hereunder. claims,if any,one of the Original Policy which has been issued in two original(s) together with the relevant documents shall be surrendered to the Company,if one of the Original Policy has been accomplished,the others to be void.

赔款偿付地点
Claim payable at　OSAKA,JAPAN IN USD

中国人保财险股份有限公司宁波分公司
PICC Property and Casualty Company Limited, Ningbo Branch

出单日期
Issuing date　JUN10,2017

地址:　中国宁波中山东路 321 号
Address:　321 Zhongshan East Road Ningbo, China

钱××
Authorized Signature

（三）海运保险的保险责任期限

保险公司理赔的基本条件之一是货物发生损失的时间和地点在保险责任期限范围内。

按照国际保险业的习惯，海运保险基本险采用的是“仓至仓条款”（Warehouse to Warehouse Clause，W-W Clause），即保险责任自被保险货物远离保险单所载明的起运地发货人仓库或储存处所开始生效，包括正常运输过程中的海上、陆上、内河和驳船运输在内，直至该项货物到达保险单所载明目的地收货人的仓库为止，但最长不超过被保险货物卸离海轮后 60 天。

战争险的保险责任期限以水面危险为限，即自货物在起运港装上海轮或驳船时开始，直到目的港卸离海轮或驳船为止；如不卸离海轮或驳船，则从海轮到达目的港的当天午夜起算满 15 天，保险责任自行终止。保险条款还规定，在投保战争险前提下，加保罢工险不另收费。

（四）海运保险的除外责任

除外责任是指保险公司不予负责的损失或费用，一般都是属非意外的、非偶然性的或须特约承保的风险。为了明确保险人承保海运保险的责任范围，中国人民保险公司《海洋运输货物保险条款》中对海运基本险别的除外责任有下列五项：①被保险人的故意行为或过失所造成的损失；②发货人责任所引起的损失；③在保险责任开始前，被保险货物已经存在的品质不良或数量短差所造成的损失；④被保险货物的自然损耗、本质缺陷、特性以及市场跌落、运输延迟所引起的损失和费用；⑤战争险和罢工险条款规定的责任及其险外责任。空运、陆运、邮运保险的除外责任与海运基本险别的险外责任基本相同。

拓展阅读

投保注意事项

办理国际货运保险，首先，应根据自己的实际情况选择合适的保险公司，毕竟不同的货物，保险公司的费率和承保条件也不同，出口的国家是否有检验理赔点也很重要。因此这些因素都是选择保险公司的关键点。

其次，仔细考虑所出口货物的各种情况非常重要，这样既可节省保费，又能较全面地提高风险保障程度。由于现在出口业务普遍利润微薄，而风险发生的可能性却有增加的趋势，所以在投保时，就更要仔细权衡，在办理投保业务时就更加应该考虑得比较多而且全面。

最后，还要注意以下几个方面：

（1）应提供需要投保外贸保险的货物情况，包括货物名称、包装、发票号等；

（2）提供货物运输情况，包括运输工具、运单号、起运时间、运输路线；

（3）提供投保的外贸运输保险险别，以及是否有特殊情况需要申报，如果开具信用证，应提供信用证号，并告知信用证中有关外贸运输保险的条款内容；

（4）在投保时应对保险公司如实告知，不应存在隐瞒、遗漏、错报、误报的情况。

> 值得注意的是，投保贸易运输保险提供资料越详细越好，因为这样万一日后发生理赔非常有帮助，千万别为了投保省事而误了理赔大事。

业务操作

根据买卖双方的相互约定或合同的要求，许颖需根据客户提出的要求，结合船期向中国平安财产保险股份有限公司杭州分公司联系国际货物运输保险事宜，制作了如下投保单：

<table>
<tr><td colspan="3">中国平安财产保险股份有限公司
PING AN PROPERTY INSURANCE COMPANY OF CHINA,LTD.
货物运输险投保单
APPLICATION FOR TRANSPORTATION INSURANCE</td></tr>
<tr><td colspan="3">被保险人：
Insured: HANGZHOU ABC GARMENTS & ACCESSORIES CO.,LTD.</td></tr>
<tr><td colspan="3">本投保单由投保人如实填写并签章后作为向本公司投保货物运输保险的依据，本投保单为该货物运输保险单的组成部分。
The Applicant is required to fill in the following items in good faith and as detailed as possible, and affix signature to this application, which shall be treated as proof of application to the Company for cargo transportation insurance and constitute an integral part of the insurance policy covering cargo.</td></tr>
<tr><td colspan="2">兹拟向中国平安财产保险股份有限公司投保下列货物运输保险:
Herein apply to the Company for Transportation Insurance of following cargo:

5,670PCS (315 CTNS) Boys Jackets
Shipping Marks:
BOYS JACKETS
TORONTO
C/No.1－315
MADE IN CHINA

请将保险货物项目、标记、数量及包装注明此上。
Please state items, marks, quantity and packing of cargo insured here above.</td><td>请将投保的险别及条件注明如下:
Please state risks insured against and conditions:

COVERING ALL RISKS BEARING INSTITUTE CARGO CLAUSES (ALL RISKS) PLUS INSTITUTE WAR CLAUSE (CARGO)</td></tr>
<tr><td>装载运输工具 Per Conveyance
Volendam/DY105-04</td><td>集装箱运输：是☑ 否☐
Container Loading Yes☑ No☐</td><td>整船运输： 是☐ 否 ☑
Whole Vessel Transportation Yes No☑</td></tr>
<tr><td>发票或提单号 Invoice No. or B/L
No.ABCPP1001</td><td colspan="2">开航日期: 年 月 日
Slg. on or abt. JUN19, 2017</td></tr>
<tr><td>自：
From: NINGBO ,CHINA</td><td>经：
Via:</td><td>至：
To: TORONTO,CANADA</td></tr>
<tr><td>发票金额
Amount Invoice:USD69,627.60</td><td>加成比例 %
Plus: 10%</td><td>保险金额
Amount Insured: USD76,591.00</td></tr>
<tr><td>费率
Rate:</td><td colspan="2">保险费
Premium:</td></tr>
<tr><td colspan="3">备注
Remarks:</td></tr>
</table>

续表

<table>
<tr><td colspan="3">投保人兹声明所填上述内容属实，对贵公司就货物运输保险条款及附加条款（包括责任免除部分）的说明已经了解，同意按照该条款投保货物运输保险。
I declare that above is true to the best of my knowledge and belief, and hereby agree that the application be incorporated into the policy. I have read and understand the Company's cargo transportation insurance clauses and extensions(including the Exclusions).</td></tr>
<tr><td colspan="2">投保人签章:
Name /Seal of Proposer:
HANGZHOU ABC GARMENTS & ACCESSORIES CO.,LTD.</td><td>送单地址:
Delivery Address:</td></tr>
<tr><td>联系人地址: 同上☑或
Linkmen address: Ditto　or</td><td>电话:
Tel:</td><td>日期: 2017 年　06　月　15 日
Date: June15, 2017</td></tr>
</table>

做中学，学中做

1. 我国某公司以 CIF 条件出口一批丝绸，合同签订后，买方发来电传，称合同规定的目的港最近经常发生暴乱，要求我国该出口公司办理保险时加保战争险。问：我国该出口公司应如何处理？

2. 货轮不慎搁浅，事后船长下令开倒车，强行起浮。货船轮机受损并划破船底，海水渗入船舱，船货部分受损。在就近港口修理时卸下大部分货物，共占用一周时间，增加了包括船员工资在内的各项费用开支。船舶修复后装上暂时卸载的货物重新起航。起航后不久，A 舱起火，船长下令灌水灭火。灭火后发现一部分儿童玩具被烧毁，另一部分儿童玩具和全部茶叶被浸湿。试分析：哪些是共同海损？哪些是单独海损？应投保何种险别？是否可以获得保险公司的全部赔偿？

3. 买卖双方签订了一份 FOB 合同，买方向保险公司投保“仓至仓条款的一切险”。当货物在从卖方仓库运往装运码头途中，出现意外事故并造成 10%货物受损（属于一切险范围内的风险损失），事后卖方以保险单含“仓至仓条款”，要求保险公司赔偿，但遭到保险公司的拒绝。卖方于是请买方出面以买方名义向保险公司索赔，同样又遭拒绝。请分析此案保险公司拒赔的原因。

4. 某出口公司原报价为 CFR 汉堡每公吨 5 000 美元，现客户要求改报 CIF 价并按此价加一成投保平安险和破碎险，费率合计 0.8%，应报 CIF 价多少？保险公司可赔付的最高限额是多少？保险费是多少？

任务十六　办理报检报关

情境引例

在货物生产完并经宁波天益服饰加工厂检验合格之后，许颖要核实该产品是否需要办理商检手续。同时，许颖还要委托杭州金为国际货运代理有限公司代为报关，并提供相关报关所需要的资料。

流程图解

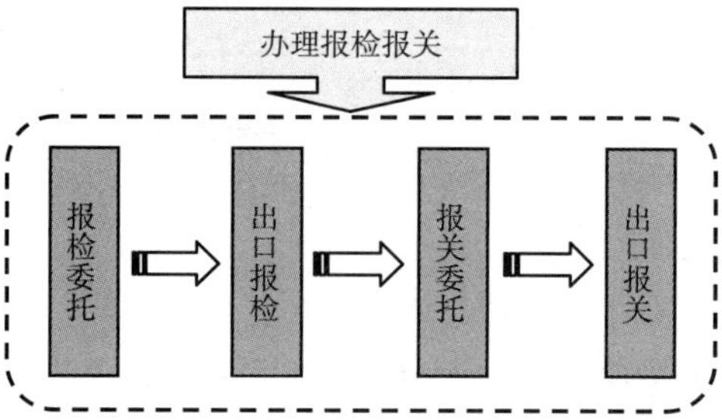

知识准备

一、报检委托

（一）商品检验的含义

出口报检是指出口商向国家出入境检验检疫管理机关办理商品检验手续的过程。2018年，国家行政机构进行了调整，出入境检验检疫局并入海关。关检融合以后，出入境检验检疫的主管单位是海关。商品检验的范围包括：

（1）对卖方交付的货物的质量、数量和包装进行检验，以确定货物是否符合合同。

（2）对装运技术条件或货物在运输过程中发生的残损、短缺进行检验或鉴定，以明确事故的起因和责任的归属。

（3）根据法律和行政法规对某些进出口货物或有关的事项进行质量、数量、包装、卫生、安全等方面的强制性检验或检疫。

（二）办理报检委托

只有事先在海关备案过的报检单位才可以向海关的检验检疫部门办理报检业务。如果出口商自己以报检单位的身份向海关报检，属于自理报检，是不需要办理报检委托的。如果出口商委托其他专业报检单位代为报检，则需要先办理报检委托，填写报检委托书交代理报检单位。关检融合以后，报检委托书采用改版后的报关委托书（样式见本书报关委托部分）。

二、出口报检

（一）出境货物报检单的填制

在出口通关环节，我国实施的是“先报检、再报关”的管理制度，只有少数商品需要报检。报检单位在中国国际贸易“单一窗口”的货物申报系统在线填写出境货物检验检疫申请单（出口报检单）的各项数据，然后发送报检数据给海关。在发送数据前，报检单位应打印一份纸质报检单进行核对，办理现场报检业务时也需要准备一份纸质报检单。

报检单的填写规范如下：

（1）编号：电子报检受理后自动生成，在受理回执中自动反馈。

（2）申请单位：填写报检单位的全称。

（3）申请单位登记号：填写报检单位在检验检疫机构备案或注册登记的代码。

（4）联系人：填写报检人员姓名。电话：填写报检人员的联系电话。

（5）申请日期：检验检疫机构实际受理报检的日期，由检验检疫机构受理报检人员填写。

（6）发货人：根据不同情况填写。预检报检的，可填写生产单位。出口报检的，应填写外贸合同中的卖方或信用证受益人。

（7）收货人：按外贸合同、信用证中所列买方名称填写。

（8）货物名称：按外贸合同、信用证上所列名称及规格填写。

（9）H.S 编码：填写本批货物的商品编码。以当年海关公布的商品税则编码分类为准。

（10）产地：指货物的生产（加工）地，填写省、市、县名。

（11）数/重量：按实际申请检验检疫数/重量填写。重量还应填写毛/净重。

（12）货物总值：填写本批货物的总值及币种，应与外贸合同、发票上所列的货物总值一致。

（13）包装种类及数量：填写本批货物实际运输包装的种类及数量，应注明包装的材质。

（14）运输工具名称号码：填写装运本批货物的运输工具的名称和号码。

（15）合同号：填写对外贸易合同、订单的号码。

（16）信用证号：填写本批货物对应的信用证编号。

（17）贸易方式：填写本批货物进口的贸易方式，根据实际情况选填写一般贸易、来料加工、进料加工、易货贸易、补偿贸易、边境贸易、无偿援助、外商投资、对外承包工程进出口货物、出口加工区进出境货物、出口加工区进出区货物、退运货物、过境货物、保税区进出境仓储、转口货物、保税区进出区货物、暂时进出口货物、暂时进出口留购货物、展览品、样品、其他非贸易性物品、其他贸易性货物等。

（18）货物存放地点：填写本批货物存放的具体地点、厂库。

（19）发货日期：填写出口装运日期，预检报检可不填。

（20）输往国家和地区：外贸合同中买方（进口方）所在国家和地区，或者合同注明的最终输往国家和地区。

（21）许可证/审批号：对已实施许可/审批制度管理的货物，报检时填写质量许可证编号或审批单编号。

（22）生产单位注册号：生产、加工本批货物的单位在检验检疫机构注册登记编号。

（23）启运地：填写装运本批货物离境的交通工具的启运口岸/城市地区名称。

（24）到达口岸：本批货物最终抵达目的地停靠口岸名称。

（25）集装箱规格、数量及号码：货物若以集装箱运输应填写集装箱的规格、数量及号码。

（26）合同订立的特殊条款以及其他要求：填写在外贸合同中特别订立的有关质量、

卫生等条款或报检单位对本批货物检验检疫的特别要求。

（27）标记及号码：货物的标记号码，应与合同、发票等有关外贸单据保持一致。若没有标记号码则填“N/M”。

（28）用途：填写本批货物的用途。根据实际情况选填种用或繁殖、食用、奶用、观赏或演艺、伴侣动物、试验、药用、饲用，或者其他。

（29）随附单据：按实际情况向检验检疫机构提供的单据，在对应的“□”上打“√”或补填。

（30）需要证单名称：根据所需由检验检疫机构出具的证单，在对应的“□”上打“√”或补填，并注明所需证单的正副本数量。

（31）报检人郑重声明：报检人员必须亲笔签名。

（32）检验检疫费：由检验检疫机构计费人员填写。

（33）领取证单：报检人在领取证单时填写领证日期并签名。

拓展阅读

纸质出口报检单样式

<table>
<tr><td colspan="8">中华人民共和国海关
出境货物检验检疫申请</td></tr>
<tr><td colspan="2">申请单位（加盖公章）</td><td colspan="4">宁波华东食品有限公司</td><td>*编　　号</td><td></td></tr>
<tr><td>申请单位登记号</td><td>4478633213</td><td>联系人</td><td>张三</td><td>电话</td><td>×××××××</td><td>申请日期</td><td>2017 年 6 月 8 日</td></tr>
<tr><td rowspan="2">发货人</td><td>（中文）</td><td colspan="6">宁波华东食品有限公司</td></tr>
<tr><td>（外文）</td><td colspan="6">NINGBO HUADONG FOOD CO., LTD.</td></tr>
<tr><td rowspan="2">收货人</td><td>（中文）</td><td colspan="6"></td></tr>
<tr><td>（外文）</td><td colspan="6">TOKO TRADE CORPORATION</td></tr>
<tr><td colspan="2">货物名称（中/外文）</td><td>H.S.编码</td><td>产地</td><td>数/重量</td><td>货物总值</td><td colspan="2">包装种类及数量</td></tr>
<tr><td colspan="2">冷冻豌豆
FROZEN PEA PODS</td><td>0710.2100</td><td>宁波</td><td>30 公吨</td><td>30 600 美元</td><td colspan="2">1 500 箱</td></tr>
<tr><td colspan="2">运输工具名称号码</td><td>PRESIDENT V.006</td><td>贸易方式</td><td>一般贸易</td><td>货物存放地点</td><td colspan="2">宁波市东山路 18 号</td></tr>
<tr><td>合同号</td><td colspan="2">JP070525</td><td>信用证号</td><td colspan="2">H486-2001689</td><td>用途</td><td>食用</td></tr>
<tr><td>发货日期</td><td>2007 年 6 月 12 日</td><td>输往国家（地区）</td><td colspan="2">日本</td><td>许可证／审批号</td><td colspan="2"></td></tr>
<tr><td>启运地</td><td>宁波</td><td>到达口岸</td><td colspan="2">大阪</td><td>生产单位注册号</td><td colspan="2">221089763214</td></tr>
<tr><td colspan="2">集装箱规格、数量及号码</td><td colspan="6">1 × 40'/ CGHU2332159</td></tr>
<tr><td colspan="2">合同、信用证订立的检验检疫条款或特殊要求</td><td colspan="3">标记及号码</td><td colspan="3">随附单据（划“✓”或补填）</td></tr>
<tr><td colspan="2"></td><td colspan="3">TOKO
MADE IN CHINA
No.1-1500</td><td colspan="2">☑合同
☑信用证
☑发票
□换证凭单
☑装箱单
☑厂检单</td><td>☑包装性能结果单
□许可/审批文件
□
□
□</td></tr>
</table>

续表

需要证单名称（划"✓"或补填）				*检验检疫费	
□品质证书	__正__副	□植物检疫证书	__正__副	总金额 （人民币元）	
□重量证书	__正__副	□熏蒸/消毒证书	__正__副		
□数量证书	__正__副	□出境货物换证凭单	__正__副	计费人	
□兽医卫生证书	__正__副	□		收费人	
□健康证书	__正__副	□			
□卫生证书	__正__副	□			
□动物卫生证书	__正__副				
报验人郑重声明： 1. 本人被授权报检。 2. 上列填写内容正确属实，货物无伪造或冒用他人的厂名、标志、认证标志，并承担货物质量责任。 签名：___张三___				领取证单	
				日期	
				签名	
注：有"*"号栏由出入境检验检疫机关填写			◆国家出入境检验检疫局制		

（二）出境报检所需提供的材料

出境报检时，应提供出境货物检验检疫申请单，并提供外贸合同（售货确认书或函电）、信用证、发票、装箱单等必要的单证。

下列情况还应按要求提供有关文件：

（1）凡实施出口质量许可、卫生注册登记或需审批审核的货物，应提供有关证明。

（2）凭样成交的货物，应提供经买卖双方确认的样品。

（3）实施品质检验的，须由生产经营部门出具厂检结果单原件；如有运输包装，还应提供检验检疫机构签发的《出境货物运输包装性能检验结果单》（正本）。

（4）报检出境危险货物的，必须提供危险货物包装容器性能鉴定结果单和使用鉴定结果单。

（5）出境特殊物品的，应提供国家出口批文和有关证明、检验证书等，以及检验检疫局卫生检疫处签发的《入/出境特殊物品卫生检疫审批单》。

（6）用于展览、工程、科研等临时出境货物报检时，须提供政府批文或其他有效证明文件。

（三）检验证书

检验证书（Inspection Certificate）是商检机构对进出口商品实施检验或鉴定后出具的证明文件。常用的检验证书有：品质检验证书（Inspection Certificate of Quality）、重量检验证书（Inspection Certificate of Weight）、数量检验证书（Inspection Certificate of Quantity）、兽医检验证书（Veterinary Inspection Certificate）、卫生检验证书（Sanitary Inspection Certificate）、消毒检验证书（Inspection Certificate of Disinfection）、熏蒸证书（Inspection of Fumigation）、产地检验证书（Inspection Certificate of Origin）等。在具体业务中，卖方究竟需要提供哪种证书，要根据商品的种类、性质、贸易习惯及政府的有关法律法规而定。

商品检验证书的主要作用如下。

1. 作为买卖双方交接货物的依据

国际货物买卖中，卖方有义务保证所提供货物的质量、数（重）量、包装等与合同规定相符。因此，合同或信用证中往往规定卖方交货时须提交商检机构出具的检验证书，以证明所交货物与合同规定相符。

2．作为索赔和理赔的依据

如合同中规定在进口国检验，或规定买方有复验权，则若经检验货物与合同规定不符，买方可凭指定检验机构出具的检验证书，向卖方提出异议和索赔。

3．作为买卖双方结算货款的依据

在信用证支付方式下，信用证规定卖方须提交的单据中，往往包括商检证书，并对检验证书名称、内容等做出了明确规定。当卖方向银行交单，要求付款、承兑或议付货款时，必须提交符合信用证要求的商检证书。

4．作为海关验关放行的凭证

凡属于法定检验的商品，在办理进出口清关手续时，必须提交检验机构出具的合格检验证书，海关才准予办理通关手续。

三、报关委托

报关是指进出境运输工具的负责人、货物和物品的收发货人或其代理人，在通过海关监管口岸时，依法进行申报并办理有关手续的过程。所有进出口货物都需要办理报关。

报关涉及的对象可分为进出境的运输工具和货物、物品两大类。由于性质不同，其报关程序各异。运输工具如船舶、飞机等通常应由船长、机长签署到达、离境报关单，交验载货清单、空运单、海运单等单证向海关申报，作为海关对装卸货物和上下旅客实施监管的依据。而货物和物品则应由其收发货人或其代理人，按照货物的贸易性质或物品的类别，填写报关单，并随附有关的法定单证及商业和运输单证报关。如属于保税货物，应按“保税货物”方式进行申报，海关对应办事项及监管办法与其他贸易方式的货物有所区别。

（一）报关单位

海关对进出口货物报关管理的主要制度实际是报关注册登记制度。凡是在中华人民共和国进出境口岸办理进出口货物报关手续的企业必须向海关办理报关注册登记。

报关单位分为三大类。

1．专业报关企业

即专门从事进出口货物代理报关服务，具有境内法人地位独立核算的经济实体。其名称中必须冠以“××报关行”或“××报关公司”字样。

2．代理报关企业

本身没有进出口经营权，而为有进出经营权的企业代理经营对外贸易仓储运输、国际运输工具、国际运输工具服务及代理等业务，兼营代理报关服务的企业，诸如各类外运公司等。

3．自理报关企业

有进出口经营权的国有大中型企业、工贸、外贸、技贸公司以及三资企业等，既经营进出口业务，又自我办理报关服务。

（二）办理报关委托

如果不是出口商自理报关，则应填写报关委托书交给代理报关单位。

拓展阅读

报关委托书样式

代理报关委托书

编号：□□□□□□□□□□□□□□

万享供应链管理（上海）有限公司＿＿＿＿＿＿＿＿：

我单位现 A（A 逐票、B 长期）委托贵公司代理 ABC 等通关事宜。［A、填单申报 B、申请、联系和配合实施检验检疫 C、辅助查验 D、代缴税款 E、设立手册（账册） F、核销手册（账册）G、领取海关相关单证 H、其他］详见《委托报关协议》。

我单位保证遵守海关有关法律、法规、规章，保证所提供的情况真实、完整、单货相符，无侵犯他人知识产权的行为。否则，愿承担相关法律责任。

本委托书有效期自签字之日起至　　　年　月　日止。

委托方（盖章）：浙江恒星灯具有限公司

法定代表人或其授权签署《代理报关委托书》的人（签字）

2019 年 11 月 03 日

委托报关协议

为明确委托报关具体事项和各自责任，双方经平等协商签订协议如下：

委托方	浙江恒星灯具有限公司	被委托方	万享供应链管理（上海）有限公司	
主要货物名称	米黄色蕾丝布艺灯罩台灯	*报关单编码	No.220020150123456789	
HS 编码	9405200010	收到单证日期	2019 年 11 月 03 日	
进出口日期	2019 年 11 月 13 日	收到单证情况	合同☑	发票☑
提单号	TD20151111		装箱清单☑	提（运）单☑
贸易方式	一般贸易		加工贸易手册□	许可证件☑
原产地/货源地	温州		其他	
传真电话	+86-0577-××××××××	报关收费	人民币：　　　元	
其他要求：		承诺说明：		
背面所列通用条款是本协议不可分割的一部分，对本协议的签署构成了对背面通用条款的同意。		背面所列通用条款是本协议不可分割的一部分，对本协议的签署构成了对背面通用条款的同意。		
委托方业务签章： 浙江恒星灯具有限公司 经办人签章：××× 联系电话：×××××××× 2019 年 11 月 03 日		被委托方业务签章： 万享供应链管理（上海）有限公司 经办报关员签章：××× 联系电话：×××××××× 2019 年 11 月 03 日		

（白联：海关留存，黄联：被委托方留存，红联：委托方留存）　　中国报关协会监制

四、出口报关

（一）报关程序

根据时间的先后顺序和海关管理要求的不同，报关可分为前期报关程序、进出境报关程序和后续报关程序。

1．前期报关程序

前期报关程序是指进出口货物在实际进出境之前，进出口货物收发货人或其代理人向海关说明进出口货物的情况，申请适用特定的报关程序。

2．进出境报关程序

进出境报关程序是指进出口货物在进出境环节需要向海关履行的手续。进出境报关程序是任何进出口货物通关时都必须履行经过的环节。一般进出口货物的报关只需要履行进出境报关程序即可，主要包括进出口申报、陪同查验、缴纳税费、提取或装运货物等。

报关程序流转图如图 7-1 所示。

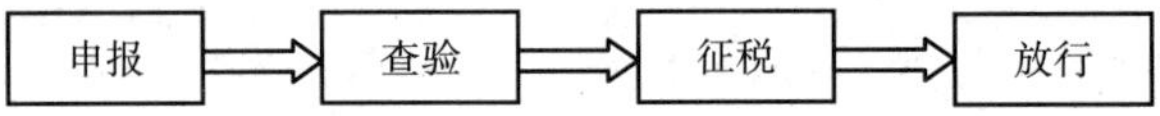

图 7-1　报关程序流转图

3．后续报关程序

后续报关程序主要是指进出口货物实际进出境以后，进出口货物收发货人或其代理人根据海关管理的要求向海关办理的旨在证明有关进出口货物合法进出口、在境内合规使用并已经完成有关海关监管义务的手续。

（二）填制报关单

进出口货物报关单是由海关总署规定统一格式和填制规范，由进出口货物收、发货人或其代理人填制并向海关提交的申报货物状况的法律文书，是海关依法监管货物进出口、征收关税及其他税费、编制海关统计，以及处理其他海关业务的重要凭证。

一切进口货物的收货人、出口货物的发货人，或者他们的委托代理人都必须在货物进出境之前在中国国际贸易“单一窗口”的货物申报系统填写进出口货物的申报数据，审核无误后发送报关数据给海关。报关单位在发送报关数据的前后，均可在“单一窗口”自行打印《进口货物报关单》或《出口货物报关单》。电子数据报关单与纸质报关单具有同等法律效力。报关单填写的质量如何，直接关系到报关的效率、企业的经济利益和海关的征税、减免税和查验、发行等工作。

报关单各栏内容的填制规范如下。

1．境内收货人（境内发货人）

本栏目填报在海关注册的对外签订并执行进出口贸易合同的中国境内法人、其他组织或个人的名称及编码。编码可选填 18 位法人和其他组织统一社会信用代码或 10 位海关注册编码任一项。

2．进境关别（出境关别）

本栏目填报货物实际进（出）我国关境口岸海关的名称。

3．进口日期/出口日期

本栏目供海关签发打印报关单证明联用，在申报时免予填报。

4．申报日期

申报日期是指海关接受进出口货物收发货人、受委托的报关企业申报数据的日期。

以电子数据报关单方式申报的，申报日期为海关计算机系统接受申报数据时记录的日期。以纸质报关单方式申报的，申报日期为海关接受纸质报关单并对报关单进行登记处理的日期。

5. 消费使用单位/生产销售单位

消费使用单位是指已知的进口货物在境内的最终消费、使用单位，包括自行从境外进口货物的单位、委托其他企业进口货物的单位。

生产销售单位是指出口货物在境内的生产或销售单位，包括自行出口货物的单位、委托其他企业出口货物的单位。

有 10 位海关注册编码、18 位法人和其他组织统一社会信用代码或加工企业编码的消费使用单位/生产销售单位，本栏目应填报其中文名称及编码；没有编码的应填报其中文名称，代码填报“No”。

6. 运输方式

运输方式包括实际运输方式和海关规定的特殊运输方式，前者是指货物实际进出境的运输方式，按进出境所使用的运输工具分类；后者是指货物无实际进出境的运输方式，按货物在境内的流向分类。

7. 运输工具名称

运输工具名称是指载运货物进出境的运输工具的名称或运输工具编号。

8. 航次号

航次号是指载运货物进出境的运输工具的航次编号。无实际进出境的报关单，本栏目免予填报。

9. 提运单号

提运单号是指进出口货物提单或运单的编号。

10. 申报单位

自理报关的，本栏目填报进出口企业的名称及编码；委托代理报关的，本栏目填报报关企业名称及编码。

11. 监管方式

监管方式是指以国际贸易中进出口货物的交易方式为基础，结合海关对进出口货物的征税、统计及监管条件综合设定的海关对进出口货物的管理方式。常见的是一般贸易。

12. 征免性质

征免性质是指海关对进出口货物实施征、减、免税管理的性质类别。常见的是一般征税。

13. 备案号

备案号是指进出口货物收发货人、消费使用单位、生产销售单位在海关办理加工贸易合同备案或征、减、免税备案审批等手续时，海关核发的《加工贸易手册》《征免税证明》或其他备案审批文件的编号。

14. 贸易国（地区）

贸易国（地区）是指对外贸易中与境内企业签订贸易合同的外方所属的国家（地区）。

15．启运国（地区）/运抵国（地区）

启运国（地区）是指进口货物起始发运的国家（地区）。运抵国（地区）是指出口货物直接运抵的国家（地区）。

16．经停港/指运港

经停港是指进口货物在运抵我国关境前的最后一个境外装运港。指运港是指出口货物运往境外的最终目的港；最终目的港是不可预知的，按尽可能预知的目的港填报。

17．境内目的地/境内货源地

境内目的地是指进口货物在国内的消费、使用地或最终运抵地，其中最终运抵地为最终使用单位所在的地区。最终使用单位难以确定的，填报货物进口时预知的最终收货单位所在地。

境内货源地是指出口货物在国内的产地或原始发货地。出口货物产地难以确定的，填报最早发运该出口货物的单位所在地。

18．许可证号

本栏目填报以下许可证的编号：进（出）口许可证、两用物项和技术进（出）口许可证、两用物项和技术出口许可证（定向）、纺织品临时出口许可证。

19．成交方式

本栏目应根据实际成交价格条款，按海关规定的《成交方式代码表》选择填报相应的成交方式代码。贸易术语与成交方式的对应关系如表7-2所示。

表7-2 贸易术语与成交方式的对应关系

发票中的贸易术语	报关单中应填写的成交方式	成交方式代码
CIF、CIP、DDP、DPU、DAP	CIF	1
CFR（CNF、C&F）、CPT	CFR（CNF、C&F）	2
FCA、FAS、FOB	FOB	3
EXW	EXW	7

20．运费

本栏目填报成交方式为FOB的进口货物或成交方式为CIF、CFR的出口货物，应填报该份报关单所含全部货物的国际运输费用。

运费可按运费单价、总价或运费率三种方式之一填报，同时注明运费标记。运费标记如下："1"表示运费率；"2"表示每吨货物的运费单价；"3"表示运费总价。例如：5%的运费率填报为5/1；24美元的运费单价填报为502/24/2；7 000美元的运费总价填报为502/7 000/3。

21．保费

本栏目填报成交方式为FOB的进口货物或成交方式为CIF的出口货物，应填报该份报关单所含全部货物国际运输的保险费用。

22．杂费

杂费是指成交价格以外的，应计入完税价格或应从完税价格中扣除的费用，如手续费、佣金、回扣等。

23. 合同协议号

本栏目填报进出口货物合同（包括协议或订单）编号。未发生商业性交易的免予填报。

24. 件数

本栏目应填报货物的外包装数量，而不是货物的销售数量。

25. 包装种类

根据进出口货物的实际外包装种类填报。

26. 毛重（千克）

本栏填报货物及其包装材料的重量之和。

27. 净重（千克）

本栏填报货物的毛重减去外包装材料后的重量，即商品的实际重量。

28. 集装箱号

集装箱号是在每个集装箱箱体两侧标示的全球唯一的编号。本栏填报装载进出口货物（包括拼箱货）集装箱的箱体信息。

本栏分别填报集装箱号、集装箱的规格和集装箱的自重，例如“TEXU3605231/20/2275”。多个集装箱的，第一个集装箱号填报在“集装箱号”栏，其余的依次填报在“标记唛码及备注”栏。

29. 随附单证

随附单证指随进（出）口货物报关单一并向海关递交的许可证件代码及编号，但不包括适用“许可证号”栏填报的许可证。发票、装箱单、提单等必备的随附单证不在本栏目填报。

30. 标记唛码及备注

本栏目实际包含两部分内容，上部（或者说是左半部）用于填报标记唛码，下部（或者说是右半部）用于填报备注。

31. 项号

项号是指申报货物在报关单中的排列序号。一份电子报关单表体一共有 50 栏。

本栏目分两行填报及打印。第一行填报报关单中的商品顺序编号；第二行专用于加工贸易、减免税等已备案、审批的货物，填报和打印该项货物在《加工贸易手册》或《征免税证明》等备案、审批单证中的顺序编号。

32. 商品编号

本栏目填报商品的税号，由 10 位数字组成。

33. 商品名称、规格型号

本栏目分两行填报及打印。第一行为进出口货物规范的中文商品名称，第二行为规格型号（各项申报要素的内容），必要时可加注原文。

34. 数量及单位

数量及单位是指货物的实际数量及计量单位，按海关法定计量单位和成交计量单位填报，分三行填报和打印。第一行应按进出口货物的法定第一计量单位填报数量及单位。法定第二计量单位，应在第二行填报数量及单位。无法定第二计量单位的，本栏目第二行为空。合同或发票上显示的成交计量单位及数量应填报在第三行。

35．原产国（地区）

原产国（地区）应依据《中华人民共和国进出口货物原产地条例》《中华人民共和国海关关于执行〈非优惠原产地规则中实质性改变标准〉的规定》，以及海关总署关于各项优惠贸易协定原产地管理规章规定的原产地确定标准填报。

36．最终目的国（地区）

最终目的国（地区）填报已知的进出口货物的最终实际消费、使用或进一步加工制造国家（地区）。

37．单价

本栏目应填报同一项号下进出口货物实际成交的商品单位价格。

38．总价

本栏目应填报同一项号下进出口货物实际成交的商品总价。

39．币制

币制是指进出口货物实际成交价格的币种。

40．征免

征免是指海关对进出口货物进行征税、减税、免税或特案处理的实际操作方式，有照章征税、全免、保函等。

41．特殊关系确认

本栏目根据《中华人民共和国海关审定进出口货物完税价格办法》（以下简称《审价办法》）第 16 条，填报确认进出口行为中买卖双方是否存在特殊关系，有特殊关系的，在本栏目应填报“是”，反之则填报“否”。

42．价格影响确认

本栏目根据《审价办法》第 17 条，填报确认进出口行为中买卖双方存在的特殊关系是否影响成交价格，产生影响的，在本栏目应填报“是”，反之则填报“否”。

43．支付特许权使用费确认

本栏目根据《审价办法》第 13 条，填报确认进出口行为中买方是否存在向卖方或者有关方直接或者间接支付特许权使用费。支付特许权使用费的，在本栏目应填报“是”，反之则填报“否”。

（三）审核报关单

在向海关系统发送报关单电子数据之前，必须先审核报关单的内容，审核要点如下：

（1）申报人必须按照《海关法》《海关进出口申报管理规定》《海关进出口货物报关单填制规范》的有关规定，向海关如实申报，不可伪报、瞒报、虚报和迟报。

（2）填制内容必须真实，做到“单证相符”和“单货相符”，即所填报关单各栏目必须与商业发票、装箱单、批准文件和随附单据相符，必须与实际进出口货物情况相符。

（3）报关单的填报要准确、齐全、完整、字迹清楚，不得用铅笔或红色复写纸填写；若有更正，须在更正项目上加盖“校对章”。一般用电脑打印或打字机打印。

（4）不同备案号、不同批文、不同合同、同一批货物中不同贸易方式、同一批货物不同运输方式、同一批货物相同运输方式但航次不同、不同征免性质的货物，均应分单填报。

（5）一份原产地证书只能对应一份报关单。同一份报关单上的同一种商品不能同时享受协定税率和减免税。

（6）一份报关单最多填报 50 项商品。超过 50 项商品时，必须分单填报。一张纸质报关单上最多打印 8 项商品。

（7）分栏填报：反映进出口商品本身情况的项目中，须以相同的项号进行分栏填报。

（8）分行填报：反映不同的项号、商品名称、规格型号、数量及单位和不同的单价等均要分行填报。

（9）对已向海关申报的进出口货物报关单，如原填报内容与实际进出口货物不一致而有正当理由的，申报人应向海关递交书面更正申请，海关核准后，对原报关单进行更改或撤销。

（四）报关期限

进出口货物的报关期限在《海关法》中有明确的规定，而且出口货物报关期限与进口货物报关期限是不同的。

出口货物的发货人或其代理人除海关特许外，应当在装货的 24 小时以前向海关申报。做出这样的规定是为了在装货前给海关以充足的查验货物的时间，以保证海关工作的正常进行。

如果在这一规定的期限之前没有向海关申报，海关可以拒绝接受通关申报，这样，出口货物就得不到海关的检验、征税和放行，无法装货运输，从而影响运输单据的取得，甚至导致延迟装运、违反合同。因此，应该及早地向海关办理申报手续，做到准时装运。

进口货物的收货人或其代理人应当自载运该货的运输工具申报进境之日起 14 天内向海关办理进口货物的通关申报手续。做出这样的规定是为了加快口岸疏运，促使进口货物早日投入使用，减少差错，防止舞弊。如果在法定的 14 天内没有向海关办理申报手续，海关将征收滞报金。

业务操作

许颖查询了该批出口货物的海关监管条件，发现没有任何监管条件的内容，因此该批货物不需要办理商检。在准备好所有报关所需要的资料后，许颖把报关委托书等资料交给代理报关单位杭州金为国际货运代理有限公司。报关单位在申报系统输入报关单数据并审核报关单内容后向海关进行电子申报。报关单内容如表 7-3 所示：

表 7-3　出口报关单

（中华人民共和国海关出口货物报关单）

预录人编号：　　海关编号：　　（申报地海关）　　页码/页数：

<table>
<tr><td>境内发货人 913300127477205 91H
杭州 ABC 服饰及配件有限公司</td><td colspan="2">出境关别 3104
北仑海关</td><td colspan="2">出口日期
20170617</td><td colspan="2">申报日期</td><td>备案号</td></tr>
<tr><td>境外收货人</td><td colspan="2">运输方式
水路运输</td><td colspan="2">运输工具名称及航次号
Volendam/DY105-04</td><td colspan="3">提运单号
STBLN000270</td></tr>
<tr><td>生产销售单位 913302041234567896
宁波天益服饰加工厂</td><td colspan="2">监管方式
一般贸易</td><td colspan="2">征免性质
一般征税</td><td colspan="3">许可证号</td></tr>
<tr><td>合同协议号
2017EX1001</td><td colspan="2">贸易国（地区）
加拿大</td><td colspan="2">运抵国（地区）
加拿大</td><td colspan="3">指运港
多伦多</td></tr>
<tr><td>包装种类
纸箱</td><td>件数
315</td><td>毛重（千克）
3 150</td><td>净重（千克）
2 835</td><td>成交方式
CIF</td><td>运费</td><td>保费</td><td>杂费</td></tr>
<tr><td colspan="8">随附单证
随附单证 1：　　随附单证 2：合同；发票；委托报关协议（电子）</td></tr>
<tr><td colspan="8">标记唛码及备注
BOYSJACKET/TORONTO/C/NO.1－315/MADE IN CHINA　　集装箱标箱数及号码：1；COSU316298</td></tr>
</table>

项号	商品编号	商品名称及规格型号	数量及单位	单价/总价/币制	原产国（地区）	最终目的国（地区）	境内货源地	征免
01	6203320090	机织男童夹克 1|0|机织|上衣|男式|100%棉|全开襟|有拉链|品牌 ABC|货号 PP01	5 670 件 2 835 千克	12.28 69 627.60 美元	中国	加拿大	宁波其他	照章征税

<table>
<tr><td colspan="2">特殊关系确认：　　价格影响确认：　　支付特许权使用费确认：　　自报自缴：</td></tr>
<tr><td>申报人员　　申报人员证号　　电话　　兹申明以上内容承担如实申报、依法纳税之法律责任
申报单位　　杭州金为国际货运代理有限公司　　申报单位（签章）</td><td>海关批注及签章</td></tr>
</table>

做中学，学中做

根据业务背景填写一份委托报关协议：

浙江××进出口有限公司以一般贸易方式向美国出口一批行李箱，该产品的税则号为4202129000，所订船期为2016年12月16日，订舱完成后获知装货单号码为SINO51354，该批货物产自浙江省义乌市，准备委托上海欣海报关有限公司从上海报关出境。请将下列的委托报关协议补充完整。

委托报关协议

为明确委托报关具体事项和各自责任，双方经平等协商签订协议如下：

委托方	
主要货物名称	
HS 编码	
进出口日期	
提单号	
贸易方式	
原产地/货源地	
传真电话	0571－3456××××

其他要求：

背面所列通用条款是本协议不可分割的一部分，对本协议的签署构成了对背面通用条款的同意。

委托方业务签章：

经办人签章：×××

联系电话：0571－3456××××

2016年×月×日

被委托方		
*报关单编码	No.×××××××××××××××	
收到单证日期		
收到单证情况	合同□	发票□
	装箱清单□	提（运）单□
	加工贸易手册□	许可证件□
	其他：	
报关收费	人民币：　　　　元	

承诺说明：

背面所列通用条款是本协议不可分割的一部分，对本协议的签署构成了对背面通用条款的同意。

被委托方业务签章：

经办报关员签章：×××

联系电话：021－3487××××

2016年×月×日

08 项目八 制单结汇

学习目标

▶ 知识目标	▶ 能力目标
1. 了解出口退税的主要政策和外贸单据制作的业务流程。 2. 熟悉国际货款收汇的主要方式，掌握主要外贸单据的内容。	能制作常见的外贸业务单据，能计算出口退税额。

任务十七　制作外贸单据

情境引例

在完成报关和装运后，许颖开始着手收集交单结汇的相关单据。其中的商业发票、装箱单在货物生产托运订舱前就已经制作好了，产地证也已经从贸促会处拿到。货物出运后公司需要制作汇票和装船通知，等收到保险单和海运提单以后即可以交单结汇了。

流程图解

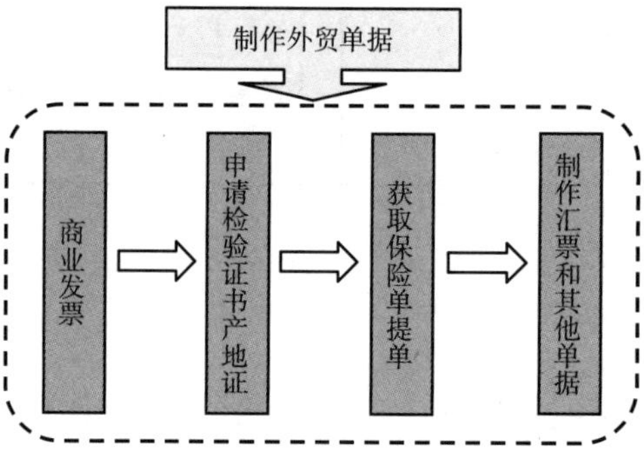

知识准备

主要的结汇单据包括发票、装箱单、检验证书、产地证、保险单、海运提单、汇票、装船通知、受益人证明等。

一、商业发票

商业发票（Commercial Invoice）是出口商开立的发货价目清单，是装运货物的总说明。发票全面反映了合同内容。

发票是供进口商凭以收货、支付货款和进出口商记账、报关纳税的凭据。在不用汇票的情况下（如付款信用证、即期付款交单），发票代替汇票作为付款的依据。

发票没有统一的格式，其内容应符合合同规定。在以信用证方式结算时，还应与信用证的规定严格相符。发票是全套货运单据的中心，其他单据均参照发票内容缮制，因而制作不仅要求正确无误，还应排列规范、整洁美观。

制作内容及注意事项如下：

（1）出口商名称。发票顶端必须有出口商名称、地址、电传、传真和电话号码，其中出口商名称和地址应与信用证一致。

（2）发票名称。在出口商名称下，应注明“发票”字样。

（3）发票抬头人。通常为国外进口商。在信用证方式时，除非另有规定，应为开证申请人。

（4）发票号码、合同号码、信用证号码及开票日期。发票号码由出口商自行按顺序编制。合同号码和信用证号码应与信用证所列的一致，如信用证无此要求，亦应列明。

（5）装运地和目的地。应与信用证所列一致，目的地应明确具体，若有重名，应写明国别。

（6）运输标志（唛头）。凡来证有指定唛头的，按来证制作。如无规定，由托运人自行制定。以集装箱方式装运，可以集装箱号和封印号码取代。运输单据和保险单上的唛头，应与发票一致。

（7）货物名称、规格、包装、数量和件数。关于货物的描述应符合合同要求，还必须和信用证所用文字完全一致。如果需要列明重量，应列明总的毛重和净重。

（8）单价和总值。单价和总值必须准确计算，与数量之间不可有矛盾，应列明价格条件（贸易术语），总值不可超过信用证金额。

（9）附加证明。大致有以下几种：①加注费用清单，包括运费、保险费和 FOB 价；②注明特定号码，如信用证号、进口许可证号、布鲁塞尔税则号；③注明原料来源地的证明文句。

（10）出单人名称。发票由出口商出具，在信用证方式下，必须是受益人出具。“UCP600”规定，商业发票可以只标明出单人名称而不加签署。如需签字，来证中应明确规定，如 Signed Commercial Invoice。

二、包装单据

包装单据（Packing Document）是指一切记载或描述商品包装种类和规格情况的单据，

是商业发票的补充说明。主要有装箱单（Packing List）、重量单（Weight List）、尺码单（Measurement List）。

装箱单的内容与发票大体相似，主要区别在于发票上有金额的说明，而装箱单上有重量、包装件数的说明。

三、检验证书

国际贸易中检验证书（Inspection Certification）种类很多，分别用以证明货物的品质、数量、重量和卫生条件等方面的情况。检验证书一般由国家指定的检验机构出具，也可根据不同情况，由出口企业或生产企业自行出具。应注意出证机构检验货物名称和检验项目必须符合信用证的规定。还须注意检验证书的有效期，一般货物为 60 天，新鲜果蔬类为 2 ~ 3 个星期，出口货物务必在有效期内出运，如超过期限，应重新报验。

四、原产地证明

原产地证明（Certificate of Origin）是用以证明货物原产地或制造地，是进口国海关计征税率的依据。我国出口商品所使用的产地证主要有以下几种。

（一）普惠制原产地证明书

普惠制原产地证明书（Generalized System of Preferences Certificate of Origin，FORM.A）是具有法律效力的我国出口产品在给惠国享受在最惠国税率基础上进一步减免进口关税的官方凭证。

（二）一般原产地证明书

一般原产地证明书（General Certificate of Origin C.O.）是证明货物原产于某一特定国家或地区，享受进口国正常关税（最惠国）待遇的证明文件。它的适用范围包括征收关税、贸易统计、保障措施、歧视性数量限制、反倾销和反补贴、原产地标记、政府采购等方面。

（三）区域性经济集团互惠原产地证书

区域性经济集团互惠原产地证书是具有法律效力的在协定成员国之间就特定产品享受互惠减免关税待遇的官方凭证。目前主要有《〈中国—东盟自由贸易区〉优惠原产地证明书》、《亚太贸易协定》原产地证明书、《〈中国与巴基斯坦优惠贸易安排〉优惠原产地证明书》《〈中国—智利自贸区〉原产地证书》等。中国与新加坡、新西兰、秘鲁、哥斯达黎加、韩国、澳大利亚等国也签署了自由贸易协定，中国大陆与中国香港、中国澳门、中国台湾也有关税优惠的协定，与这些国家和地区进行国际贸易时，应当考虑制作产地证以享受优惠关税。

（四）专用原产地证书

专用原产地证书是国际组织和国家根据政策和贸易措施的特殊需要，针对某一特殊行业的特定产品规定的原产地证书。主要有输往欧盟蘑菇罐头原产地证明书、烟草真实性证书等。

五、保险单

保险单（Insurance Policy / Certification）是保险人与被保险人之间订立的保险合同的凭证，也是被保险人索赔、保险人理赔的依据。

保险单主要内容如下：

（1）保险人及保险公司。

（2）保险单编号。

（3）被保险人，即投保人。在 CIF 或 CIP 条件下，出口货物由出口商申请投保，在信用证没有特别规定的前提下，信用证受益人为被保险人，并加空白背书，以转让保险权益。

（4）标记。标记指运输标志，应和提单、发票及其他单据上的标记一致。通常在标记栏内注明"按××号发票"（as per Invoice No.×××）。

（5）包装及数量。应与发票内容相一致。

（6）保险货物名称。可参照商业发票中描述的商品名称填制，也可填货物的统称。信用证有时要求所有单据都要显示出信用证号码，则可在本栏空白处表示。

（7）保险金额。按信用证规定金额投保，若信用证未规定，则按 CIF 或 CIP 价格的110%投保。

（8）保费及费率。保费及费率一般没有必要在保险单上表示。该栏仅填"AS ARRANGED"。但来证如果要求标明保费及费率时，则应填好具体保费及费率。

（9）装载运输工具。海运货物应填写船名和航次。如果需在中途转船，如投保时已确定二程船名，则把二程船名也填上。

（10）开航日期、起运地和目的地。开航日期为"as per B/L"（见提单），地点参照提单填写。

（11）承保险别。本栏是保险单的核心内容。它主要规定了保险公司对该批货物承保的责任范围，也是被保险人在货物遭到损失后，确定是否属保险公司责任的根据。本栏应按投保资料缮制，并要严格符合信用证条款的要求。

（12）赔付地点和赔付代理人。一般为保险公司在目的地或就近地区的代理人。

（13）保险单签发日期和地点。保险单的出单日期不迟于提单或其他货运单据签发日期，以表示货物在装运前已办理保险。

（14）保险公司签章。

六、运输单据

运输单据因不同贸易方式而异，有海运提单、海运单、航空运单、铁路运单、货物承运收据及多式联运单据等。我国外贸运输方式以海运为主，这里介绍海运提单的缮制及注意事项。

（1）托运人（Shipper）。一般即出口商，也即信用证的受益人，如果开证申请人为了贸易上的需要，在信用证内规定做成第三者提单也可照办，例如请货运代理做托运人。

（2）收货人（consignee）。该栏又称提单抬头，应严格按信用证规定制作。如以托收方式结算，则一般做成指示式抬头，即写成“To order”或“To the order of××”字样。不可做成以买方为抬头的记名提单或以买方为指示人的提单，以免过早转移物权。

（3）通知人（Notify Party）。这是货物到达目的港时船方发送到货通知的对象，通常为进口方或其代理人。但无论如何，应按信用证规定填写。如果信用证没有规定，则正本提单以不填为宜，但副本提单中仍应将进口方名称地址填明，以便承运人通知。

（4）提单号码（B/L No.）。提单上必须注明编号，以便核查，该号码与装货单、大副收据或（集装箱）场站收据的号码是一致的。没有编号的提单无效。

（5）船名及航次（Name of Vessel ;Voy. No.）。填列所装船舶及航次。如中途转船，只填写第一程船名航次。

（6）装运港（Port of Loading）和卸货港（Port of Discharge）。应填写具体港口名称。不同国家的卸货港如有重名，则应加注国名。卸货港如采取选择港方式，应全部列明。如伦敦 / 鹿特丹 / 汉堡选卸，则在卸货港栏中填上“option London / Rotterdam / Hamburg”，收货人必须在船舶到达第一卸货港前在船公司规定时间内通知船方卸货港，否则船方可在其中任意一港卸货。选择港最多不得超过三个，且应在同一航线上，运费按最高者计收。如中途转船，卸货港即填写转船港名称，而目的港应填入“最终目的地”（Final Destination）栏内。也可在卸货港内填上目的港，同时注明在××港转船”。

（7）唛头。与发票所列一致。

（8）包装件数和种类（Number and Kind of Packages）与货物描述（Description of Goods）。按实际情况列明。一张提单有几种不同包装应分别列明，托盘和集装箱也可作为包装填列。裸装有捆、件，散装货应注明“In bulk”。货物名称允许使用货物统称。但不得与信用证中货物的描述有抵触。危险品应写清化学名称，注明国际海上危险品运输规则号码，联合国危规号码，危险品等级。冷藏货物注明所要求的温度。

（9）毛重和尺码（Gross Weight & Measurement）。除信用证另有规定外，重量以千克或公吨为单位，体积以立方米为计算单位。

（10）运费和费用（Freight & Charges）。本栏只填运费支付情况，CFR 和 CIF 条件成交，应填写运费预付（Freight PrePaid），FOB 条件成交，一般填写运费到付（Freight Collect），除非买方委托发货人代付运费。程租船一般只写明“AS ARRANGED”（按照约定）。如信用证另有规定，按信用证规定填写。

（11）正本提单份数［Number of original B(s)/L］。按信用证规定签发，并分别用大小写数字填写，如“（3）THREE”。

（12）提单日期和签发地点。除备运提单外，提单日期均为装货完毕日期，不能迟于信用证规定的装运期。提单签发地点按装运地填列。如果船期晚于规定装运期，要求船方同意以担保函换取较早日期提单，这就是“倒签提单”（Anti dated B/L）；货未装上船就要求船方出具已装船提单，这就是“预借提单”（Advanced B/L），这种做法系国际航运界陋习，一旦暴露，可能造成买方索赔以至拒收而导致巨大损失。

（13）签署。按“UCP600”规定，海运提单表面应注明承运人名称，并由承运人或其代理人、船长或其代理人签署，签署人亦须表明其身份。若为代理人签署，尚须表明被代理一方的名称和身份。

（14）其他。其他即信用证要求在提单上加注的内容。如信用证规定“每份单据上均应显示信用证号码”“提单需提供贸促会证明”等。必须按信用证规定处理。

七、汇票

国际贸易中，主要使用的是跟单汇票，作为出口方要求付款的凭证。制作汇票时应注意下列问题：

（1）出票条款。信用证名下的汇票，应填写出票条款。包括：开证行名称，信用证号码和开证日期。

（2）汇票金额。托收项下汇票金额应与发票一致。若采用部分托收、部分信用证方式结算，则两张汇票金额各按规定填写，两者之和等于发票金额。信用证项下的汇票，若信用证没有规定，则应与发票金额一致。若信用证规定汇票金额为发票的百分之几，则按规定填写。这一做法，通常用于以含佣价向中间商报价，发票按含佣价制作，开证行在付款时代扣佣金的情况。

（3）付款人名称。托收方式的汇票，付款人为买方。信用证方式下，以信用证开证行或其指定的付款行为付款人，若信用证未加说明，则以开证行为付款人。

（4）收款人名称。汇票的收款人应是银行。信用证方式下，收款人通常为议付行；托收方式下，收款人可以是托收行，均做成指示式抬头。

八、其他单证

其他单证按不同交易情况，由合同或信用证规定，常见的有：寄单证明（Beneficiary's Certificate for Despatch of Documents）、寄样证明（Beneficiary's Certificate for Despatch of Shipment Sample）、邮局收据（Post Receipt）、快递收据（Courier Receipt）、装运通知（Shipping Advice），以及有关运输和费用方面的证明。

拓展阅读

如何制作单据

1. 制单依据

制作和审核出口单据的主要依据是买卖合同、信用证、有关商品的原始资料和国际惯例、国内管理规定等。在实践中，要注意以下几个方面：

买卖合同是制单和审单的首要依据，从商品名称、规格、数量、价格条件、运输方式、支付方式等均应符合买卖合同的规定，另外，贸易对方来函的有关内容也可使用。

在采用信用证支付方式的交易中，信用证取代买卖合同而成为主要的制作单据的依据，因为银行的付款原则是“只凭信用证而不问合同”，各种单据必须完全符合信用证的规定，银行才承担付款的责任，如果信用证的条款与买卖合同互相矛盾，可以修改信用证，以求得“证单一致”。否则应以信用证为准才能达到安全收汇的目的。

有关商品的原始资料，一般由生产单位提供的交货单和货物出厂装箱单等单据，显示货物具体的数量、重量、规格、尺码等。

此外，国际贸易中有关的国际惯例，如国际商会的《UCP600》、第522号出版物《托收统一规则》和《INCOTERMS 2020》等文件，也是正确处理一些单证问题的依据。

2. 制单步骤

（1）了解合同、交货单、信用证等信息，先制作发票。有的企业先制作货物明细单或货物出仓单，再填制发票。

（2）以发票为基础，根据合同、交货单、信用证、贸易对方来函等，制作包装单据、托运单、报检单、报关单、投保单、产地证、（被动配额）许可证等。

（3）如果需要时，制作出口商证明、装船通知、船公司证明、汇票等，分别将单据交有关方。

3. 制单的工作方式

（1）掌握必要的资料和数据：例如缮制装箱单或重量单，先要取得供货单位或加工仓库提供的商品包装资料；缮制商业发票，必须综合装箱单/重量单内容并参照信用证或合同条款。缺乏基础资料就无法进行制单工作，因此及时收齐各项基础资料是制单工作的前提。

（2）资料齐备后必须经过核对，例如装运数量与信用证规定出运的数量是否相符，商品的品质、规格、包装是否符合信用证规定，制单前还有许多计算工作需要完成，例如商品的数量、重量、尺码及总价等，某些商品根据行业习惯或客户需要还要提供具体的细码单要求，逐码核对和计算累积数量，也是非常重要的。

（3）出口单证一般以发票、装箱单为基础单据，发票是一切单据的中心，一般先缮制发票，然后按发票内容分别缮制海关发票、产地证、投保单等单证。报运需用的托运单、报关单等按正常的操作程序也是参照发票内容缮制的。

业务操作

根据信用证的要求和合同资料，许颖制作商业发票、装箱单、原产地证、汇票及装船通知。

1．发票

Exporter(Name, Address) HANGZHOU ABC GARMENTS & ACCESSORIES CO.,LTD. 470 BINWEN ROAD, HANGZHOU, CHINA		发 票 **INVOICE**		
To: XYZ CLOTH IMPORT&EXPORT CO,LTD. No.818 APPLE STREET, TORONTO，CANADA				
Issued by(Bank and Branch)		Invoice No. ABCPP1001		Date JUNE5,2017
		Order No.		Our S/C No. 2017EX1001
		Documentary Credit No. STLCN000326		
Vessel/Aircraft etc. Volendam/DY105-04	From NINGBO	Country of Origin of Goods CHINA		
To TORONTO		Terms of Delivery and Payment CIFC5% TORONTO BY L/C		
Marks and Numbers:	Description of Goods	Quantity	Unit Price	Amount
BOYS JACKETS TORONTO C/No.1-315 MADE IN CHINA	BOYS JACKETS 18PCS PER CARTON, COLOR: RED, FABRIC CONTENT: 100% COTTON	5,670PCS	CIFC5% TORONTO USD12.28/PC	USD69,627.60
	TOTAL:	5,670PCS		USD69,627.60

TOTAL AMOUNT: SAY U.S. DOLLARS SIXTY NINE THOUSAND SIX HUNDRED TWENTY SEVEN AND SIXTY CENTS ONLY

HANGZHOU ABC GARMENTS& ACCESSORIES CO.,LTD.

2．装箱单

Exporter (Name, Address) HANGZHOU ABC GARMENTS& ACCESSORIES CO.,LTD. 470 BINWEN ROAD, HANGZHOU, CHINA		装 箱 单 **PACKING LIST**		
To: XYZ CLOTH IMPORT&EXPORT CO,LTD. No.818 APPLE STREET, TORONTO,CANADA		Invoice No.: ABCPP1001 Date: JUNE5, 2017		
Shipping Marks	Descriptions of Goods	Quantity	G.W./ N.W.	Measurement
BOYS JACKETS TORONTO C/No.1-315 MADE IN CHINA	BOYS JACKETS 18PCS PER CARTON, COLOR: RED, FABRIC CONTENT: 100% COTTON	5,670 PCS	@10/ 9 KGS	@30×50×60 CM
	TOTAL:	5,670 PCS	3,150/2,835 KGS	25.193,7 CBM

PACKING: COVER 18PCS INTO ONE CARTON

SAY TOTAL THIRTY HUNDRED AND FIFTEEN CARTONS ONLY

HANGZHOU ABC GARMENTS&ACCESSORIES CO.,LTD

3. 原产地证

1. Goods consigned from (Exporter's business name, address, country) HANGZHOU ABC GARMENTS& ACCESSORIES CO., LTD. 470 BINWEN ROAD, HANGZHOU, CHINA 2. Goods consigned to (Consignee's name, address, country) XYZ CLOTH IMPORT&EXPORT CO.,LTD. No.818 APPLE STREET, TORONTO, CANADA	Reference No. HZ8/8093/0234 **GENERALIZED SYSTEM OF PREFERENCES** **CERTIFICATE OF ORIGIN** (Combined declaration and certificate) **FORM. A** Issued in THE PEOPLE'S REPUBLIC OF CHINA (country) See Notes overleaf
3. Means of transport and route (as far as known) ON/AFTER JUN15.2017 FROM NINGBO TO TORONTO BY SEA	4. For official use

5. Item number	6. Marks and numbers of packages	7. Number and kind of packages description of goods	8. Origin criterion (see Notes overleaf)	9. Gross weight or other quantity	10. Number and date of invoices
01	BOYS JACKETS TORONTO C/No.1-315 MADE IN CHINA	THREE HUNDRED(300)CARTONS OF BOYS JACKETS **********************	"P"	3,150KGS	ABCPP1001 JUN5,2017

11. Certification It is hereby certified, on the basis of control carried out, that the declaration by the exporter is correct. （商检局章） HANGZHOU JUN10,2017 ------------------------------------ Place and date, signature and stamp of certifying authority	12. Declaration by the exporter The undersigned hereby declares that the above details and statements are correct, that all the goods were produced in CHINA (country) and that they comply with the origin requirements specified for those goods in the Generalized System of Preferences for goods exported to CANADA (importing country) 杭州ABC服饰及配件有限公司 **HANGZHOU ABC GARMENTS& ACCESSORIES CO., LTD.**××× HANGZHOU JUN10,2017 ------------------------------------ Place and date, signature and stamp of authorized signatory

4. 汇票

BILL OF EXCHANGE

凭 Drawn under ……ROYAL BANK OF CANADA……　信用证 L/C NO. STLCN000326.

日期 Dated …2017-06-01………..　支取按……息……付款 Payable with interest @……..%……

号码 No. ABCPP1001　汇票金额 Exchange for USD69,627.60　杭州 Hangzhou 2017-06-25

见票………………………………日后（本汇票之副本未付）付交

AT…*********…sight of this FIRST of Exchange(Second of Exchange being unpaid)

Pay to the order of　BANK OF CHINA　the sum of

SAY U.S.DOLLARS SIXTY NINE THOUSAND SIX HUNDRED TWENTY SEVEN AND SIXTY CENTS ONLY

款已收讫
Value received

此致
TO:
ROYAL BANK OF CANADA
1046 LINKEN ROAD, TORONTO，CANADA

HANGZHOU**ABC GARMENTS& ACCESSORIES CO., LTD.**
×××

5．装船通知

HANGZHOU ABC GARMENTS& ACCESSORIES CO.,LTD.
470 BINWEN ROAD, HANGZHOU, CHINA

SHIPMENT ADVICE

TO: XYZ CLOTH IMPORT&EXPORT CO.,LTD.　　DATE: JUN20, 2017
No.818 APPLE STREET, TORONTO，CANADA
RE: L/C NO. STLCN000326 CONTRACT NO. 2017EX1001
WE HEREBY INFORMED YOU THAT THE GOODS UNDER THE ABOVE MENTIONED CREDIT HAVE BEEN SHIPPED.
COMMODITY:BOYS JACKETS
QUANTITY: 5,670PCS
GROSS WEIGHT: 3,150KGS
VALUE OF SHIPMENT: USD69,627.60
OCEAN VESSEL: Volendam/DY105-04
DATE OF SHIPMENT: JUN19, 2017
PORT OF LOADING:NINGBO
PORT OF DESTINATION:TORONTO
MARKS:BOYS JACKETS/TORONTO/C/NO.1-315/MADE IN CHINA
HANGZHOU ABC GARMENTS& ACCESSORIES CO.,LTD.

此外，许颖还从保险公司拿到了保险单，货运代理公司也寄来了海运提单。

6．保险单

中国平安财产保险股份有限公司
PING AN PROPERTY INSURANCE COMPANY OF CHINA,LTD.

货物运输保险单
CARGO TRANSPORTATION INSURANCE POLICY

发票号（INVOICE NO.） ABCPP1001　　保单号次
合同号（CONTRACT NO.） 2017EX1001　　POLICY NO. HZGJHYBX10030
信用证号（L/C NO.）STLCN000326

被保险人:
INSURED: HANGZHOU ABC GARMENTS& ACCESSORIES CO., LTD.

中国人民保险公司（简称本公司）根据被保险人的要求，由被保险人向本公司缴付约定的保险费，按照本保险单承保险别和背面所载条款与下列特款承保下述货物运输保险，特立本保险单。

标　记 MARKS & NOS.	包装及数量 QUANTITY	保险货物项目 DESCRIPTION OF GOODS	保险金额 AMOUNT INSURED
BOYS JACKETS TORONTO C/NO.1-315 MADE IN CHINA	315CARTONS	BOYS JACKETS	USD76,591.00

保险金额:
TOTAL AMOUNT INSURED: SAY U.S. DOLLARS SEVENTY SIX THOUSAND FIVE HUNDRED AND NINETY ONE ONLY
保费:　　启运日期:　　装载运输工具:
PREMIUM AS ARRANGED　　DATE OF DISPATCH JUN 19, 2017　　PER CONVEYANCE: Volendam/DY105-04
自　　经　　至
FROM NINGBO　　VIA　　TO TORONTO
承保险别:
CONDITIONS:COVERING ALL RISKS AND WAR RISKS
所保货物，如发生保险单项下可能引起索赔的损失或损坏，应立即通知本公司下述代理人查勘。如有索赔，应向本公司提交保单正本（本保险共有 1 份正本）及有关文件。
IN THE EVENT OF LOSS OR DAMAGE WHICH MAY RESULT IN A CLAIM UNDER THIS POLICY, IMMEDIATE NOTICE MUST BE GIVEN TO THE COMPANY'S AGENTAS MENTIONED HEREUNDER CLAIMS. IF ANY.ONE OF THE ORIGINAL POLICY WHICH HAS BEEN ISSUED IN ONE ORIGINAL(S) TOGETHER WITH THE RELEVANT DOCUMENTS SHALL BE SURRENDERED TO THE COMPANY.

INSURANCE AGENT AT DESTINATION:
TORONTO INSURANCE CO., LTD. ××××

赔款偿付地点
CLAIM PAYABLE AT　TORONTO IN USD
出单日期
ISSUING DATE JUN16,2017

地址（ADDRESS）:　中国平安财产保险股份有限公司杭州市分公司
邮编（POST CODE）:　PING AN PROPERTY INSURANCE COMPANY OF CHINA,LTD.HANGZHOU BRANCH
电话（TEL）:　传真（FAX）:　王×

7. 海运提单

Shipper HANGZHOU ABC GARMENTS& ACCESSORIES CO.,LTD. 470 BINWEN ROAD, HANGZHOU, CHINA	B/L No.:STBLN000270 **COSCO** 中国远洋运输（集团）总公司 **CHINA OCEAN SHIPPING（GROUP）CO.** **CABLE:COSCO DELING** **TLX:210746 CPCCN** ORIGINAL Combined Transport BILL OF LADING RECEIVED in external apparent good order and condition except as otherwise noted…
Consignee TO ORDER	
Notify Party XYZ CLOTH IMPORT&EXPORT CO.,LTD. No.818 APPLE STREET, TORONTO, CANADA	

Pre-carriage by	Place of Receipt	
Ocean Vessel　Voy. No. Volendam/DY105-04	Port of Loading NINGBO	
Port of Discharge TORONTO	Place of Delivery	

Marks & Nos. Container / Seal No.	No. of Containers or Packages	Kind of Packages. Description of Goods	Gross Weight KGS	Measurement
BOYS JACKETS TORONTO C/NO.1-315 MADE IN CHINA COSU3202732/ 978984	315CTNS	BOYS JACKETS 18PCS PER CARTON, COLOR: RED, FABRIC CONTENT: 100% COTTON	3,150.00	25.1937 CBM

TOTAL NO. OF CONTAINERS OR PACKAGES (IN WORDS)	SAY THREE HUNDRED AND FIFTEEN CARTONS ONLY

FREIGHT & CHARGES	Revenue Tons	Rate	Per	Prepaid	Collect
FREIGHT PREPAID					

Ex. Rate:	Prepaid at	Payable at	Place and date of issue NINGBO, JUN19, 2017
	Total Prepaid	No. of Original B(s)/L THREE(3)	Signed for the Carrier CHINA OCEAN SHIPPING (GROUP) CO. NINGBO BRANCH AS CARRIER 李四

LANDEN ON BOARD THE VESSEL
DATE _ JUN19,2017 BY **CHINA OCEAN SHIPPING（GROUP）CO.**
NINGBO BRANCH 李×

做中学，学中做

请根据下面的销售确认书制作一张商业发票。发票号码为 LT596，发票日期为 2016 年 11 月 20 日。

售货确认书
SALES CONFIRMATION

编号 No:HZD788
日期 Date:Nov8, 2016
地址 Add: HANGZHOU

The Seller: The Buyer:

The Seller	The Buyer
Zhejiang ×× Import&Export Co.,Ltd.	NNA Luggage company
No.1180,Binan Road Hangzhou,China	50018 Scandicci Florence , Italy
Tel:+86-571-××××××××	Tel：+39-55-××××××××

The undersigned Sellers and Buyers have agreed to close the following transactions according to the terms and conditions Stipulated bellow:

品名、规格、包装及运输唛头 NAME OF COMMODITY&SPECIFICATIONS, PACKING AND SHIPPING MARK	数量 QUANTITY	单价 UNIT P.	金额 AMOUNT
FOLDING LUGGAGE NO.LZLG001 PACKING:IN BOXES OF EACH,4 BOXES TO A CARTON SHIPPING MARKS: NNA HZD788 PALMI NO.1-280	1,120PCS	CIF PALMI USD 9.36/PC	USD 10,483.20
		TOTAL	USD 10,483.20

总值 TOTAL VALUE: SAY U.S. DOLLARS TEN THOUSAND FOUR HUNDRED AND EIGHTY THREE POINT TWENTY ONLY.
装运港 port of loading：SHANGHAI, CHINA
卸货港 port of discharge：PALMI, ITALY
装运期限 SHIPMENT: Latest DEC15, 2016
付款方式 PAYMENT:T/T 100% in advance
保险 Insurance:To be effected by the Seller for 110% invoice value covering all risks.

任务十八　外贸业务善后

情境引例

6 月 25 日，许颖收到了杭州金为国际货运代理有限公司寄来的海运提单，这样信用证要求的所有单据都备齐了。许颖要做的是到中行杭州滨江支行交单结汇，以便早日收到货款。在交单之前，要仔细核对单据，以做到单证一致，正常收款。

流程图解

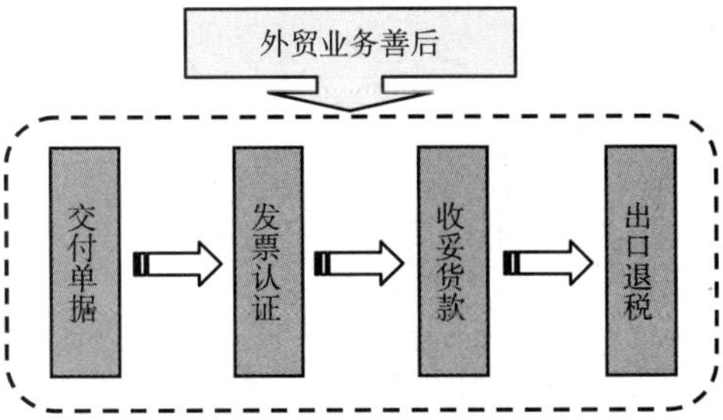

知识准备

一、审核单据

在信用证项下，单据在提交给银行之前企业要审核一次，银行在向国外寄单之前也要审核一次，审核的工作方法及要点基本一致。

（一）基本方法

1．纵向审核法

纵向审核法是指以信用证或合同（在非信用证付款条件下）为基础对规定的各项单据进行一一审核，要求有关单据的内容严格符合信用证的规定，做到“单证相符”。

2．横向审核法

在纵向审核的基础上，以商业发票为中心审核其他规定的单据，使有关的内容相互一致，做到“单单一致”。

（二）单证审核的要点

（1）检查规定的单证是否齐全，包括所需单证的份数。

（2）检查所提供的文件名称和类型是否符合要求。

（3）有些单证是否按规定进行了认证。

（4）单证之间的货物描述、数量、金额、重量、体积、运输标志等是否一致。

（5）单证出具或提交的日期是否符合要求。

（三）信用证项下交单常见不符点

（1）信用证过期。

（2）信用证装运日期过期。

（3）受益人交单过期。

（4）运输单据不洁净。

（5）运输单据类别不可接受。

（6）没有“货物已装船”证明或注明“货装舱面”。

（7）运费由受益人承担，但运输单据上没有“运费付讫”字样。

（8）启运港、目的港或转运港与信用证的规定不符。

（9）汇票上面付款人的名称、地址等不符。

（10）汇票上面的出票日期不明。

（11）货物短装或超装。

（12）发票上面的货物描述与信用证不符。

（13）发票的抬头人的名称、地址等与信用证不符。

（14）保险金额不足，保险比例与信用证不符。

（15）保险单据的签发日期迟于运输单据的签发日期。

（16）投保的险种与信用证不符。
（17）各种单据的类别与信用证不符。
（18）各种单据中的币别不一致。
（19）汇票、发票或保险单据金额的大小写不一致。
（20）汇票、运输单据和保险单据的背书错误或应有但没有背书。
（21）单据没有必要签字或有效印章。
（22）单据的份数与信用证不一致。
（23）各种单据上面的唛头不一致。
（24）各种单据上面的货物的数量和重量描述不一致。

拓展阅读

信用证项下单据中常见的错误出单日期

1. 汇票日期早于发票日期
2. 汇票日期早于提单日期
3. 发票日期晚于交单日期
4. 保单日期晚于提单日期
5. 装箱单日期早于发票日期
6. 产地证日期晚于提单日期
7. 检验证书日期晚于提单日期
8. 出口许可证日期晚于提单日期
9. 受益人证明或声明日期早于提单日期

二、交单结汇

（一）交单

交单是指出口商（信用证受益人）在规定时间内向银行提交信用证规定的全套单据，这些单据经银行审核，根据信用证条款不同付汇方式，由银行办理结汇。

交单应注意三点：一是单据的种类和份数与信用证的规定相符；二是单据内容正确，包括所用文字与信用证一致；三是交单时间必须在信用证规定的交单期和有效期之内。

交单方式有两种：一种是两次交单或称预审交单，在运输单据签发前，先将其他已备妥的单据交银行预审，发现问题及时更正，待货物装运后收到运输单据，可以当天议付并对外寄单。另一种是一次交单，即在全套单据收齐后一次性送交银行，此时货已发运。银行审单后若发现不符点需要退单修改，耗费时日，容易造成逾期而影响收汇安全。因而出口企业宜与银行密切配合，采用两次交单方式，加速收汇。

（二）结汇

如果结算方式是电汇，则根据合同约定向国外客户寄送有关单据（例如提单的传真件），然后通知客户付款。

如果是信用证业务，主要收汇方式如下。

1．出口押汇

议付行收取单据作为质押，按汇票或发票面值，扣除从议付日起到估计收到开证行或偿付行票款之日的利息，将货款先行垫付给出口商（信用证受益人）。议付是可以追索的。如果开证行拒付，议付行可向出口商追还已垫付之货款。

2．收妥结汇

议付行收到单据后不续做押汇，将单据寄交开证行，待开证行将货款划给议付行后再向出口商结汇。

3．定期结汇

议付行收到单据后，在一定期限内向出口商结汇，此期限为估计索汇时间。

拓展阅读

问题单据的具体处理

对有问题的单据必须进行及时更正和修正。否则，将影响安全收汇。在规定的有效期和交单期内，将有问题的单据全部改妥。

有些单据由于种种原因不能按期更改或无法修改，可以向银行出具一份保函（通常称为担保书），保函中交单人要求银行向开证行寄单并承诺如果买方不接受单据或不付款，银行有权收回已偿付给交单人的款项。对此银行方面可能会接受，不过最好不要这样做。因为出具保函后，收不到货款的风险依然存在。同时要承担由此产生的其他费用。交单人向银行出具保函一般应事先与客户联系并取得客人接受不符单据的确认文件。

请银行向开证行拍发要求接受不符点并予付款的电传（俗称“打不符电”）。有关银行在收到开证银行的确认接受不符单据的电传后再行寄送有关单据，收汇一般有保证，此种方式可以避免未经同意盲目寄单情况的发生。但要求开证行确认需要一定的时间同时要冒开证行不确认的风险并要承担有关的电传费用。

由于单据中存在不符点，原先信用证项下的银行信用已经变为商业信用，如果客人信用较好且急需有关文件提取货物，为减少一些中间环节可采用托收方式。

上述各项措施主要是从有效控制货物所有权的前提下，以积极、稳妥的方式处理不符合有关规定的单据，避免货款两空情况的发生。因为只要掌握了代表物权的运输单据，买方就不能提取货物。如果买方仍然需要这批货物，那么买方也会接受有不符点的单据。这里必须切记的是，不符单据是有很大风险的，对不符单据的接受与否完全取决于买方。

三、出口退税

出口退税（Export Rebates）是一种国际惯例，是一个国家或地区对已报关离境的出口货物，由税务机关将其在出口前的生产和流通的各环节已经缴纳的国内增值税或消费税等间接税税款退还给出口企业的一项税收制度。退税工作由企业持证的专职或兼职的办税员负责。出口退税主要是通过退还出口货物的国内已纳税款来平衡国内产品的税收负担，使本国产品以不含税成本进入国际市场，与国外产品在同等条件下进行竞争，从而增强竞争能力，扩大出口创汇。

出口退税过程包括增值税发票认证、外币结汇、收集退税材料、申报退税等步骤。

（一）增值税发票的认证

1. 增值税专用发票的开具

增值税专用发票的开具是通过增值税开票系统进行的。纳税单位经过税务机关的认证，取得了增值税一般纳税人资格后，就可以安装增值税防伪开票系统。防伪开票系统由金税卡、系统软件、IC 卡及读卡器、实物发票、打印机组成。在上述基础上，开票流程如下：

（1）购买空白发票。

开票单位要到税务机关购买增值税发票，此时要带上 IC 卡，税务机关出售发票后会将发票的电子信息读到 IC 卡上，如发票号、版本、开票限额等，这些信息与同时购买的纸质发票一致。

（2）插入 IC 卡。

购买发票后，回到企业，将 IC 卡插入本单位开票系统读卡器，此时，发票的电子信息将被读入开票系统。

（3）打印发票。

在系统中输入发票信息之后，就可以打印发票了，此时要注意，系统开具的发票是顺号的，在打印实物发票之前必须将系统开具发票的号码与从税务机关购得的实物发票号码核对一致。

发票打印出以后，加具开票单位的发票专用章，就可以将发票送给购货单位了。如果发票有错，则需要作废，此时在作废实物发票的同时，也要作废系统中的发票。

增值税专用发票样式如图 8-1 所示。

2. 增值税进项发票的认证

增值税进项发票的认证在税务机关的认证系统进行。纳税人在取得增值税进项发票以后，就可以到税务机关大厅进行增值税发票的认证，认证的目的是确认增值税发票的真假，只有通过认证的发票才能抵扣或退税。

办理发票认证时，要将发票准备好，在每月月底前拿到国税申报大厅，由税务工作人员将发票信息扫入系统，由系统自动进行比对，就可以确认发票的真假。对于开展了网上认证的地区，纳税人可以在自己单位将发票通过扫描仪扫入，将数据文件传给税务机关就可以完成认证。增值税发票认证的期限为从开票之日起三个月，目前当月认证的发票必须在当月抵扣。

浙江增值税专用发票　　No. 04744707

校验码 3300102140　　**发票联**　　开票日期：2016年7月22日

<table>
<tr><td rowspan="4">购货单位</td><td>名称</td><td colspan="4">浙江××有限公司</td><td rowspan="4">密码区</td><td colspan="3" rowspan="4"></td></tr>
<tr><td>纳税人识别号</td><td colspan="4">330165744×××91</td></tr>
<tr><td>地址电话</td><td colspan="4">杭州市滨文路470号　××××××××</td></tr>
<tr><td>开户行及账号</td><td colspan="4">中国银行滨江支行8001××××520809001</td></tr>
<tr><td colspan="2">货物或应税劳务名称</td><td>规格型号</td><td>单位</td><td>数量</td><td colspan="2">单价</td><td>金额</td><td>税率</td><td>税额</td></tr>
<tr><td colspan="2">男式全棉针织长袖T恤

合计</td><td>2301</td><td>件</td><td>21 600</td><td colspan="2">13.162 393 16</td><td>13.16

¥284 256</td><td>17%</td><td>2.24

¥48 384</td></tr>
<tr><td colspan="2">价税合计（大写）</td><td colspan="8">⊗叁拾叁万贰仟陆佰肆拾元整（小写）332 640</td></tr>
<tr><td rowspan="4">销货单位</td><td>名称</td><td colspan="5">金华市××有限公司</td><td rowspan="4">备注</td><td colspan="2" rowspan="4"></td></tr>
<tr><td>纳税人识别号</td><td colspan="5">330702704××××82</td></tr>
<tr><td>地址电话</td><td colspan="5">金华市双龙南街330号××××××××</td></tr>
<tr><td>开户行及账号</td><td colspan="5">金华商业银行　6224××××03400738</td></tr>
</table>

收款人　　复核　　开票人

图8-1　增值税专用发票

（二）外币结汇

外币结汇是指外汇收入所有者将其外汇收入出售给外汇指定银行，外汇指定银行按一定汇率付给等值的本币的行为。企业办理结汇的步骤如下：

（1）外汇货款到账后，银行会通知企业到账货款的客户名称及金额，企业内勤通过“国际收支网上申报系统”办理该笔外汇货款的涉外收入申报及核销单信息录入。

（2）企业内勤通过电子口岸，办理该笔外汇货款的结汇申请（凭关单结汇），办理完毕后，通知银行人员进行货款结汇，提交结汇单据。

（3）企业内勤收到银行的结汇单据后，将人民币结汇联（上有汇率和人民币金额）交给相关业务人员，业务人员填写回款单后一并交财务。

（三）收集退税材料

出口企业在申报办理出口货物退税时，必须按照出口货物退税政策的有关规定，向税务机关附送有关退税的真实、有效的凭证，包括：出口货物报关单（出口退税专用联）、结汇水单或远期收汇证明、增值税专用发票及专用缴款书（或完税分割单）、海关完税凭证、外销发票及销售明细账，属于进料加工贸易的，还必须提供《进料加工手册》复印件及《进料加工贸易申请表》，属于代理出口的，还必须提供代理出口协议及《代理出口货物证明》等。

除收集以上材料外，企业还需要以账上销售的顺序逐月按同类产品归集填报一式四份的《出口退税申报表》；根据购进出口货物增值税专用发票抵扣联和专用缴款书的装订顺序，填报一式四份的《出口退税进货凭证登录表》；根据发票、报关单、远期收汇证明单、代理出口证明单等，填报《出口发票、出口报关单登录表》一式四份；根据消费税出口专用缴款书，填报《出口退税进货凭证登录表》；根据每次申报报送的资料汇总填报《出口货物退税单证汇总表》。

用于申报退税的所有单证必须合法有效，各种单证与填报的登录表、申报表等内容必须一致。

（四）申报退税

外贸企业登录电子口岸出口退税申报系统进行退税申报，操作步骤如下：

1．基础数据采集

依次录入出口明细申报数据、进货明细申报数据。

2．数据加工处理

进货出口数量关联检查→换汇成本关联检查→预申报数据一致性检查→生成预申报数据。

3．预申报及预审

（1）税务机关反馈预申报审核结果。

（2）根据反馈的预申报审核结果调整申报数据，准备正式申报。

4．退税正式申报

执行“预审反馈处理——确认正式申报数据”，将数据提交到正式申报环节。

（1）生成申报数据并打印申报表。

（2）整理装订单证。按照出口明细表顺序逐票整理装订单证：增值税专用发票、（消费税须报）消费税（出口货物专用）缴款书、收汇核销单、出口报关单、出口发票。

（3）上门申报退税。携带申报表（主要包括汇总表三份、进货明细表一份、出口明细表一份）、申报单证和电子申报数据（软盘或U盘）到申报大厅办理退（免）税申报。

业务操作

收集到所有单据后，许颖认真审核了这些议付单据。审核之后发现，商业发票没有盖章不符合信用证要求，还好其他单据和内容都没有问题。因此，许颖在发票上加盖了公司的发票章以后就可以办理交单结汇的业务了。

做中学，学中做

1．2017年1月，某公司出口5 000只玩具熊，商品税则号为9503002100。该公司从当地一家工厂采购玩具熊，增值税发票上的含税价格为每只 25 元。请计算该批商品出口后能获得多少退税？

2．某公司欲出口一批山地自行车，商品税则号为 8712003000。在向工厂询价时获知某工厂 2017 年 2 月含税售货价格为每辆 158 元，请计算工厂内销该山地自行车的不含税价。

参考文献

[1] 迈克尔·所罗门. 消费者行为学[M]. 10 版. 卢泰宏，译. 北京：中国人民大学出版社，2014.

[2] 黎孝先，石玉川. 国际贸易实务[M]. 6 版. 北京：对外经贸大学出版社，2016.

[3] 吴百福，徐小薇，聂清. 进出口贸易实务教程[M]. 4 版. 上海：上海人民出版社，2003.

[4] 章安平. 进出口业务操作[M]. 北京：高等教育出版社，2012.

[5] 章安平，张海燕. 外贸业务综合实训[M]. 北京：中国人民大学出版社，2014.

[6] 叶红玉，俞晓峰. 外贸业务实训教程[M]. 北京：中国商务出版社，2011.

[7] 鲁丹萍. 国际贸易理论与实务习题和实训指导书[M]. 北京：清华大学出版社，2014.

[8] 刘珉，赵鸿生. 国际贸易实务[M]. 北京：中国人民大学出版社，2014.

反侵权盗版声明

举报电话：（010）88254396；（010）88258888

传　　真：（010）88254397

E-mail：　dbqq@phei.com.cn

通信地址：北京市万寿路 173 信箱

电子工业出版社总编办公室

邮　　编：100036